流光
——世界纺织史

［英］玛丽·斯科斯 著
刘生孝 译

中国科学技术出版社
·北京·

图书在版编目（CIP）数据

流光：世界纺织史 ／（英）玛丽·斯科斯著；刘生孝译. -- 北京：中国科学技术出版社，2025.5.
ISBN 978-7-5236-0795-4

Ⅰ. F416.81

中国国家版本馆CIP数据核字第20246Z0C16号

著作权合同登记号：01-2024-2985

Published by arrangement with Thames & Hudson Ltd, London
World Textiles © 2003 and 2022 Thames & Hudson Ltd, London
Text © 2003 and 2022 Mary Schoeser
Art direction and series design by Kummer & Herrman
Layout by Samuel Clark
This edition first published in China in 2024 by China Science and Technology Press Co., Ltd, Beijing
Simplified Chinese Edition © 2024 China Science and Technology Press Co., Ltd

本作品中文简体字版权由中国科学技术出版社有限公司所有
版权所有　侵权必究

策划编辑	王　菡　高立波
责任编辑	王　菡
责任校对	吕传新　张晓莉
责任印制	徐　飞
封面设计	北京云佑莱花设计工作室
正文设计	金彩恒通

出　　版	中国科学技术出版社
发　　行	中国科学技术出版社有限公司
地　　址	北京市海淀区中关村南大街 16 号
邮　　编	100081
发行电话	010-62173865
传　　真	010-62173081
网　　址	http://www.cspbooks.com.cn

开　　本	889mm×1194mm　1/32
字　　数	332 千字
印　　张	9.125
版　　次	2025 年 5 月第 1 版
印　　次	2025 年 5 月第 1 次印刷
印　　刷	北京华联印刷有限公司
书　　号	ISBN 978-7-5236-0795-4/F・1272
定　　价	98.00 元

（凡购买本社图书，如有缺页、倒页、脱页者，本社销售中心负责调换）

谨以此书献给特里·E. 麦克莱恩（1950年至2016年），感谢他对我夜以继日笔耕不辍的体谅。

1　18世纪绣花天鹅绒《古兰经》折页传单

目录

6　引言

第一章
11　史前材料与技艺

第二章
37　染料与织机时代
约公元前 3200 年至前 600 年

第三章
65　贸易及趋势
公元前 750 年至前 600 年

第四章
93　政教合一
公元 600 年至 1500 年

第五章
119　西方思想和风格的传播
1300 年至 1900 年

第六章
143　来自东方的影响
1450 年至 1900 年

第七章
167　从靛蓝到伊卡特的表面图案制作工艺
公元 600 年至 1900 年

第八章
193　棉花和亚麻的重要性
1500 年至 1950 年

第九章
219　新技术与纤维
1600 年至今

第十章
247　纺织品的艺术
1850 年至今

274　术语表
278　参考书目
286　插图鸣谢
290　鸣谢

引言

史前和现代纺织品之间的比较表明，线性历史几乎毫无逻辑可言，在这种情况下我们完成了从简单到复杂，或从简朴到华丽的过渡。古代使用的许多材料、技艺和形式至今仍在使用，它们既是世界许多地区的生产要素，也是纺织艺术的主要成分。正是这种传承，让纺织品成为所有人工制品中独一无二的存在。事实上，纺织品不同于木制品或石制品，因为它们通常需要创造"原料"才能完成最终的产品制作。而创造原料的过程使纺织品的制作流程变得更为复杂，从而展现出人类的聪明才智。可以说，不同的纺织品是各种文化机制的指向标，能够让我们了解技术、农业和贸易，甚至典礼、朝贡、语言、艺术和个人身份等各个领域的走势。

纺织品与文字的关系尤为重要，因为许多纹饰具有楔形文字的特性（可见于匈牙利语名词 irásos，意思是"书写/书面"）。此外，纸莎草纸上的墨水和树皮布上的颜料之间具有相似之处，也能证明这两者之间的关系。事实上，这两者之间几乎没有区别。许多纺织术语都体现了这种联系。例如，印度的全色彩绘和印花"手工绘染布（kalamkari）"这一名称来源于波斯语中的"kalam"，意为"笔"。印度尼西亚蜡防印花法需要用铜碗状的"tulis"来传送所需的蜡，而"tulis"也是"笔"的意思。而欧洲"在布料上手绘各种细节"的术语，名为"penciling"，意思是"铅笔绘图"。伊斯兰术语"tiraz"最初表示刺绣品，后来泛指伊斯兰文化中所有带有铭文的纺织品。另外，马达加斯加的丝绸上织有各种图案，人们认为这些图案是一种语言；而在马达加斯加的词汇中，"书写"和"准备织布机"是同义词，而最好的条纹布是"zanatsoratra"，字面意思是"正在写字的孩子们"或"所有元音字母"。实际上，纺织品研究是古文字学的一个分支。在这个分支领域中，破译和年代测定揭示了尘封在织物"笔迹"中的各种故事。

纺织品上不管有没有铭文，都能传递各种各样的"文本"信息：表达

2 右图，纺织品兼具功能性和装饰性，人们可以从不同角度来解读它们。这是一件制作于1710年至1730年的壁袋。上面的图案展示了代表信仰、希望和慈善的各种人物，以及柏拉图认定的四种基本美德。这件织品对于研究古典主义、基督教、西方女性观念以及女红在年轻女性教育中的作用都具有重要意义。它由素丝塔夫绸、丝棉、银线和镀金线，以及金线花边和彩色穗带编织而成。同时，它还证实了当时的恩加丁（瑞士格劳宾登州）所具备的精美材料及制作者的技能和品位。

忠诚、做出承诺（类似于现在的钞票，它只具有纯概念性的价值）、保留记忆或提出新观点。人们通过结绳文字（quipu）来保存各种记录。印加人或其他古安第斯文明用这种结绳的办法来记账和交流信息。最古老的结绳文字迄今已经有大约4600年的历史了。不少科学家对纺织品进行人类学和民族志学研究，其目的就是教会我们如何重新解读这些织物语言。"故事情节"来源于具有社会意义的各种元素；"句法"则往往只能通过考古和保护分析才能揭示出来。同样，当今世界上最具创意的那些纺织品也运用了纤维、染料和技术等相关词汇。纺织品可以具有教育意义也可以是散文或诗歌等。人们使用或者再利用这些方式为它们增添了更多层次的含义。人类的敏感性可以追溯到石器时代，而所有这些含义都能有效地帮助我们对那些敏感性进行窥探。

最新的科学年代测定方法已经确定了衣虱和体虱之间的DNA差异。这种差异可以追溯到大约19万年前，远远早于所谓的认知革命。在认知革命期间，原始人发展出了语言系统，并将其理论化，用来替代梳洗打扮。然而，纺织品与这两者相交，既具有表现力，又具有舒适性，但这一事实尚未纳入人类发展的研究范畴。认知神经科学家和认知心理学家证实，我们的大脑在复杂表面、装饰图案、曲线形状、三维特征和多种颜色上投入了更多的学习时间。从根本上讲，该行为是为了找到规律并发现差异，这是所有智力探索的本质。动手制作这一行为，和对重大结果进行观察一样，囊括了视觉和理论的分析与学习，还包括对各种想法的记录与分享，这一过程不亚于纺织品本身所起的作用。那么，现在是否有人会提出以下观点：我们是因为开始缝纫和编筐之后才变得聪明起来，而不是因为变得聪明以后才开始缝纫和编筐？

从纺织品中获得线索，也帮助人们对各种土著文化有了更加均衡的理解。在最近一个冰河时期（结束于距今2万年至1万年前）末期，全球气候变暖，导致某些地区丧失了大量植被。随后，各个群落不得不重新使用观测和操作技能来寻找定居场所，从而将食物供给置于自己的掌控和保护之下。然而，人们经过几个世纪在纺织材料与技艺方面的亲身实践，相关技能已经得到了很大的提高。由此，我们可以轻易推断出它们对农业和畜牧业的贡献：人们不仅开始使用绳索和布条来犁地和放牧，更重要的是改变了一些表达概念的方式。例如，"haft"一词不仅有"捆绑"和"安装把手"的意思，还有"让动物适应某一特定牧场"的意思。正因如此才有了"游牧（hafted flocks）"这种说法。现在，经学者们证实，人们生产纤维、皮毛和羽毛并将其用于服装和住所，是为了应对全球变暖。也就是说，人

3 从西藏某寺庙所挂幔帐（幡）的一处细节中领略其物料之丰富：用金银线织成锦缎。人们对恩赐及世俗财富与安全的希望，形成于18世纪至19世纪。这些希望都体现在"点金石"这一最为瞩目的主题上。点金石是印度教和佛教传统中实现愿望的宝石。

们之所以开始发展农业，是因为需要纺织品，而不是为了食物。那么是否可以认为，同样是这些技能促进了冶金技术的发展呢？当然，至少在公元前11世纪，人们就能将黄金加工成细线了。冶金技术和纺织技术联合应用于机械制造业，后来二者的关系逐渐密切起来。同时，染料科学和纤维科学先后在有机化学领域占据主导地位，这也从另一层面促成了二者的密切关系。

　　几个世纪以来，世界范围内的普遍联系和广泛影响使得各种纺织品风行全球。虽然我们能在《世界地理索引》中找到有关地理和文化分类的指南，但本书的目的并非按照国别来分述各种纺织品，而是对前述主题进行概述，进而对这些联系和影响一探究竟。所以本书不会过多地交叉引用许

引　言　　9

多对纺织品而言非常重要且互有关联的话题，比如材料、方法、贸易、技术和社会结构等。相反，接下来的十章将这些话题都强调了两遍，这足够说明它们之间存在着密切的联系了。作者从已知的以及所知不详的文献入手，找到了这一主题的切入点。同时，在写作过程中，参考了读者可能已经知悉的各种材料。本书不会重点讨论纺织品的时尚趋势、其他消费形式、性别问题、审美特征和个体因素。纺织品具有丰富性和多样性，而纺织品的涵盖面又很广阔，许多方面有待探索。

那么接下来将会讨论这其中的部分领域。

第一章

史前材料与技艺

尽管石器时代的化石较少，但 13 万年前保存下来的白尾海雕的爪子表明，克拉皮纳尼安德特人可能制作过项链或手镯。在非洲南部、马格里布、西班牙和近东地区发现了距今大约 14.2 万年至 7 万年前使用的人类装饰物品：穿了孔和上了色的海洋软体动物贝壳。其中，年代最早的装饰品发现于摩洛哥的比兹蒙洞穴（Bizmoune Cave）。非洲和西亚邻近地区拥有最早的解剖学意义上的现代人。人们普遍认为，那些装饰品证明了这些现代人具有象征性思维。在没有其他记录的情况下，它们也代表了最早的纺织技艺。当时的人们已经创造出了细线、纱线和粗线，从细到粗，它们因直径不同而有所区别。距今大约 4.5 万年前，更广泛的证据表明当时已经有了贝壳、牙齿、象牙或石头制成的串珠和吊坠等装饰品。在伊比利亚半岛艾维纳斯洞穴（Cueva de los Aviones in Iberia）发现了穿孔和上色的海洋贝壳，距今约有 5 万年的历史。土耳其乌卡集兹利洞穴（the Ucağızlı Cave）和黎巴嫩卡萨阿吉尔遗址（Ksar' Akil）出土了大量的海洋贝壳串珠，距今约有 4.2 万年的历史。在法国拉奎那发现了距今约 3.8 万年前的石制和齿制串珠。旧石器时代、中石器时代和新石器时代统称为"石器时代"，这一时代始于 258 万年前。虽然最早的证据只能追溯到距今约 7.4 万年前的新石器时代，但也比那些装饰品要早得多。证据表明，当时人们将石器捆绑在木柄上，已经有了可手持和可投掷的工具。显然，石器时代的工具制造者们已经意识到了旋扭法的重要性。旋扭法是一种技巧，能将部分拉伸载荷转化为侧向压力，从而增加物品的强度。根据新的发现，借助更加系统的考古方法和更加精确的放射性碳年代测定法，科学家们不断对石器时代的物品进行重新评估。在过去的几十年里，他们对纺织品的成分和技艺进行了深入研究。最近在法国东南部的阿布里杜马拉斯遗址（Abri du Maras）发现了一段 6 毫米长的绳索碎片，它附着在一个 60 毫米长的薄石制工具上。经过光谱学和显微镜鉴定，这条绳子（可追溯至距今约 5

4 几千年前首次使用的绒球和流苏饰带，至今仍是人类和动物部落服饰的重要元素。这些羊毛织成的样品中含有贝壳和色彩斑斓的甲虫胸腔等贵重物品。印度拉贾斯坦邦的妇女喜欢将它们戴在头上或系在腰上。

万年至 3.9 万年前）由针叶树等非开花树木的树皮内层纤维组成。一开始，按照逆时针方向拧，也就是"S"旋扭法。随后，三股绳按照反方向（"Z"旋扭法）拧在一起，做成一根三股绳。要做到这一点，制作者必须了解成对、集合和算术等基本的数学概念。有观点认为，尼安德特人在认知能力上不如现代人。但是，在距今约 9 万年至 4.2 万年前尼安德特人居住地发现的这段绳索对这一观点形成了有力的冲击。

用搓好的绳索将石头绑在木柄上。但除此之外，把绳索缠绕在工具的把手处也会帮助人们更好地掌控工具。现在的很多工具也都保留了这一特征。如前所述，许多词汇可以证明纺织技术与工具开发之间的密切关系。于是我们又遇到了这样一个词汇：现在，"haft"仍然有"固定"或"连接"的意思，同时也表示"把手"本身。人们还可以通过缝合来加固物品。锥子和针这些具有细小孔洞的工具可以帮助人们缝合皮肤上的伤口。在南非的布隆伯斯洞穴（Blombos Cave）中发现了用于穿孔（和编筐）的骨锥，这些骨锥有 7 万多年的历史。而最近在西伯利亚的丹尼索瓦洞穴（Denisova Cave）中发现的一根骨针可能有 5 万年的历史。在科斯

14 　流光——世界纺织史

捷尼基遗址（Kostenki）和玛兹梅斯卡亚洞穴（Mezmaiskaya）的那些发现表明东欧和俄罗斯存在一些能够狩猎猛犸象的民族，这些民族可以追溯至距今约3.2万年至2.5万年前。那些与欧洲格拉维特文化大致同时代的文物可以追溯至距今3万年至2万年。借助这些工具，人们更容易将找到的装饰品串成线，就像现在的珠宝商一样。然而，我们在法国南部的儿童洞

5 搓好的材料对于工具的制作而言非常重要。这套苏族皮制弓盒和箭袋大约于1880年完工，它有力地证明了这种重要性。这套工具上面有玻璃种珠子、红毛贸易布、用棉线绑好的金属锥，以及染了色的马毛和筋。我们可以明显看到，用来捆绑（或固定）石箭的已加工兽皮，指向木柄（也称为"把手"）的方向。同时，兽皮也包住了弓的中心区域。

第一章 史前材料与技艺   15

6　图中的衣物是 1921 年发现于丹麦，可追溯至公元前 1390 年至前 1370 年。这套艾特韦女孩穿的衣服包括一条用绳索做成的短裙。西欧"维纳斯"雕像上也出现过这种绳裙。经过对比发现，这种构造可以追溯到距今大约 2.5 万年前的旧石器时代晚期。最近，科学家对所用羊毛进行了锶同位素分析，结果表明这些羊毛并非产自丹麦。相反，这位 17 岁左右去世的年轻女子，曾穿梭于德国南部与南日德兰半岛（丹麦）或德国北部的某地之间。

穴（The Grotte des Enfants cave）墓葬中发现，头骨的摆放位置非常精确，这说明一定有某种支撑结构，可能是头巾、帽子或发网。本章重点讨论了线或绳这类基本必需品以及所有文明共同的操作技巧，从而探讨了这些支撑结构的构建方式。这些纺织技术早在陶器发明之前就已为人所知，并在许多文明中一直延续至今，成为制造实用性、装饰性和象征性物品的主要手段。

　　人们往往不会将筋和肠子视为真正的纤维，但有两种证据表明，先民早在很久之前就通过旋扭法将它们做成了细线。第一种是世界各地的部落和半游牧民族都有使用它们的记录；现在的萨米人（拉普兰人）仍然用经过旋扭的驯鹿筋来织造细线。人们习惯了将筋和肠子，尤其是肠子用于其他用途。例如，将它们用来修理小提琴的琴弦和网球拍的网线，或用于手术缝合。第二种也与这些用途有关。在 20 世纪中期合成纤维出现之前，肠线制造行业非常繁荣（制作羊肠线的原材料通常是脱水和旋扭后的羊肠，但偶尔也有马肠和驴肠）。用肠线做成了车床以及钟表等精密仪器的履带。

16　流光——世界纺织史

这些都反复揭示了绳索对人类活动的重要性。

据说，现存最早的制作绳索的证据并不是绳索本身，而是那些串在一起的"小玩意儿"或留在陶土上的印痕。但是，大多数早期幸存下来的绳索，都是由某种树木的韧皮纤维做成的，例如可追溯到距今大约 1.8 万年至 1.5 万年的三股绳。该绳索发现于法国南部的拉斯科洞穴（the Lascaux caves）。芬兰出土了用两股柳树韧皮绳索编成的网，可追溯至公元前 8000 年。此外，立陶宛和爱沙尼亚出土了北欧中石器时代（约公元前 6000 年至前 4000 年）的椴树韧皮网。在加泰土丘（Çatalhöyük）遗址（大约公元前 7300 年至前 6700 年，位于现在的土耳其境内）发现的橡树韧皮拼接纤维是一种特例。其特殊之处在于，它采用了编织法而不是搓捻法。因此，它是世界上现存最早的此类纺织品。原产于中国台湾地区的构树为本地的原住民、波利尼西亚人、密克罗尼西亚人和美拉尼西亚人提供了韧皮纤维。在美洲，人们将像仙人掌一样结实多肉的龙舌兰制成绳索，里面经常混有皮毛和羽毛。距今大约 11500 年前，安第斯山脉吉塔雷罗洞穴（the Guitarrero Cave）的居民将这些碎片搓成二股绳。目前，世界各地的篮筐编织工仍然通过这种史前工艺来利用那些植物和类似植物，因为这种手艺从未实现机械化。例如，各种棕榈树生长在全球的热带和亚热带地区。它们的整片树叶能从中央主脉伸出长长的侧脉。现在，太平洋和加勒比的一些岛屿及其他地方仍然会将这些树叶织成帽子、垫子、绳子、袋子、筐子、扇子、扫把、菜罩和凉鞋。在沿海的阿曼，人们会将沙漠棕榈的叶子加工成挤奶碗，然后在表面裹上山羊皮防止渗漏。此外，人们也会对那些从主脉上剥下来的侧脉（或小叶）进行加工，或者将它们分成窄条。很多合乎要求的其他材料，如竹、藤蔓类攀爬棕榈、藤、根茎、筋和生皮等，也会做成窄条。经过多次分割和旋扭，棕榈、露兜树（因巴拿马草帽而闻名）和新西兰亚麻等叶纤维就会产出各种细线。佛罗里达州的温多弗沼泽地（Windover Bog）就出土了大约公元前 6000 年的样品。在俾路支省的夏希小丘发现了一张用沙漠棕榈叶织成的网，由两股"Z"形纺纱和"S"形折细线织成，可以追溯到公元前 4000 年。

人们必须将丝兰、龙舌兰、剑麻和一些棕榈纤维（原产于美国西南部和拉丁美洲）从制浆的叶子中刮除，但许多植物材料无须进行预处理。草茎和芦苇（两者都像竹子一样呈中空状）只需收割和脱水即可，而柳树、榛树和其他阔叶树苗，以及灯芯草和所有棕榈类材料，则只需要通过浸泡来使它们变得柔韧就行。树皮也可以就地取材。榆树和桦树是北半球最为常见的树木，它们的内层树皮可以剥下来制成薄片。美国宾夕法尼亚州的

7 左图。早在公元前1万年至前8500年,人们就在从尤卡坦半岛到墨西哥,一直到美国史前西南地区一带发现了皮毛和羽毛纱线。在后者的编筐文明中,我们发现了这个公元前500年至公元750年的毛毯残片。从图片上看丝兰或龙舌兰线缠绕在经纱上,上面还铺着一层兔腹毛。

8 毛利人将阔叶新西兰亚麻剪成条状,然后编成辫状,其构造就像天然的棕榈叶一样。

梅多克罗夫特岩棚出土了最早的桦树类样品,那是一些大约有1.7万年至2.2万年历史的辫状细条。因为树皮片材具有坚固、柔韧和防水等特点,后来的采猎者们将它们广泛应用于各种生活场景。美洲的几个原住民部落将它们绑在腿上,用作保护套具。俄勒冈州罗克堡洞穴(Fort Rock)出土了许多保存完好的蒿草鞋,有9000年至1.3万年的历史。它们采用碎树皮编织而成,至今仍是世界各地鞋类的滥觞。19世纪,北美林地广泛使用白桦树皮制成的独木舟,所以当时的人们直接将这种独木舟统称为"桦树"。热带地区的居民会用棕榈叶制作临时饭盒。与之类似,北部森林的居民发现,可以将树皮片材加热,使之软化变形然后做成容器。这样,就可以用矛状的别针(也可用作手柄)将其存放在适当的位置备用。

各种荨麻(包括苎麻,一种原产于东亚的植物),还有来自柳树、橡树、酸橙树以及家种亚麻和大麻的韧皮(亚麻和大麻可以制成所谓的亚麻布），这些材料来源丰富且随处可见。因此，虽然它们很难染色而且制备时间很长，但它们都是特别常用的生产纤维的原料。这些纤维的处理方式大致相同。植物经过脱水或加热、浸泡（被露水、雨水或河水等水分分解）等工序之后，再次脱水处理。然后，经过捣碎、捶打和精选内层纤维等步骤，将残留的茎皮去掉（野生亚麻除第一道工序外，其余步骤均可免除）。类似的方法可以用来制作树皮纤维，但制作过程更加耗时（往往需要先浸泡，再用木灰或碱液煮沸，之后才能开始制作）。从原产于西班牙和北非的一种阔叶灯芯草中，可以提取细茎针草纤维，其过程也是如此。不过，在浸泡时，使用的是盐水而不是淡水。

我们所知最早的亚麻纤维有 3.4 万多年的历史，在格鲁吉亚共和国祖祖安那洞穴（the Dzudzuana Cave）提取的土壤样本中发现了许多长度很短的细线。它们经过旋扭、染色，或许还有梭织等工序制作而来。但是，这种亚麻和其他树皮都是世界闻名的野生品种。此后很久到公元前 8700 年，才在黎凡特地区出现了家种亚麻的种子。当然这类亚麻种子也出现在了新月沃土东部的美索不达米亚文明之中。现存的纺织品碎片大多经过搓捻得来。其中，最早的碎片发现于大约公元前 9000 年至前 7000 年的各种遗址之中，例如叙利亚的泰尔·艾斯沃德（Tell Aswad）和泰尔·哈鲁拉（Tell Halula）遗址，犹太沙漠的那哈尔·海马尔（Nahal Hemar）遗址，

9　图片上方是一个鹿皮包，包上有一些用筋缝制的玻璃珠，用作装饰。包的前面放着一个用桦树皮做成的篮筐，筐口采用包边的方式裹起来。同时，制作者将筋用作细线，以平氏缝接的方法将那些蓝色和红色的羊毛包胴布片缝在筐身，形成装饰图案。19 世纪，美国北部玉米带（从新英格兰地区和马里兰州南部一直到密苏里河下游）生活着很多东部林地印第安人，这两件物品都由他们制作而成。

第一章　史前材料与技艺　　19

以及土耳其的卡育努（Çayönü）遗址。

　　至少在公元前 3000 年，人工栽培的亚麻就已经传播到伊拉克、叙利亚和埃及尼罗河地区了。在那里，我们已知最早的服装是一件 V 形领亚麻恤衫，这件衣服拥有褶饰的袖子和胸衣，人们称为塔尔汗裙，可以追溯到大约公元前 3100 年至前 2800 年。大约公元前 6000 年至前 5000 年，人们在高加索山脉向北直到瑞士和德国这一带发现了亚麻种子。当时，这种植物很可能用来榨油。而在公元前 4000 年至前 2500 年在瑞士湖区也发现了具有重要意义的亚麻，其种子一直到大约公元前 3700 年都是用来榨油的。公元前 4000 年，英国也开始效仿。相比之下，大麻布是从中亚开始，扩散至整个欧亚大陆，同时也向东传播。虽然日本的绳文时代（也称为绳纹时代）并没有纺织品留存下来，但绳文初期和早期（约公元前 8000 年至前 2500 年）的陶器上留下了绳索的印痕。该文明因此得名，意为"绳纹"。科学家曾从公元前 8000 年的某个文明遗址中复原了一些大麻种子。长期以来，人们认为这些种子由野生树木和藤蔓的纤维制成。在中国北方，人们在与仰韶文化有关的一处遗址中发现了一些种子，它们可以追溯到公元前 5000 年至前 3000 年。从南方引入苎麻和棉花之前，大麻一直是当地除鹿肠和鹿筋之外最重要的纤维。虽然学者们对大麻的传播速度一直争论不休，但它也是一直向西传到了瑞士和德国。经过放射性碳测定，在那里发现的一些种子可以追溯到公元前 5500 年至前 4500 年。然而，它并没有取代树皮。

10　有结网能够形成一个强韧的结构，它可以实现很多功能。这是一套两股亚麻绳结。经过放射性碳测定，它可以追溯到大约公元前 390 年至前 350 年。位于现在中国新疆境内的塔里木盆地曾经出土了一件铸造金属容器，存放于如图所示的网状物中。秘鲁的卡拉尔古城（约公元前 2600 年）是新大陆上已知最早的城市中心。人们用类似的手法将芦苇编织成体积很大的袋子，然后在袋子里装满石头，做成各种建筑物的内墙。

人们依旧继续使用榆树、橡树和椴树的韧皮纤维。而到目前为止，亚麻是欧洲新石器时代最主要的纤维作物。

起初，人们在温带草原上种植并使用亚麻与大麻，与热带雨林和北方林地相比，温带草原上植物生长速度较慢，而且植被也较为单一。然而，亚麻和大麻这两种植物与常见于恒河三角洲的韧皮植物黄麻有所不同。它们的适应能力很强（世界上现有大约 230 种亚麻），除了可用作纤维外，还有很多其他用途。例如，压榨亚麻种子可以生产亚麻籽油，用于制作帆布等耐风雨织物。现在，炼油之后的亚麻种子仍然是赭石绘画的基础原料。赭石是一种含铁黏土，旧石器时代的不同民族都知道它可以产生从红色到金黄色的各种色度。压实的种子残渣还可以用来喂养反刍动物，如牛、猪和骆驼等。此外，人们会把这些种子磨碎，用来制作面包、止痛膏药和茶水饮料，或者将它们与蜂蜜混合之后制成止咳药。它们开花之后，可以为蜜蜂提供花蜜（蜂蜡和蜂蜜的用途非常广泛，可用作保护涂层，也可分别用于防腐和染色）。大麻之所以能够广泛传播，一定程度上是因为它可以在干燥、贫瘠的土壤中生长。这种特性造就了一种更加精细的纤维，通常也称为"亚麻"。大麻废渣可用作燃料，其种子具有食用价值。此外，某些品种的大麻可产生麻醉树脂，这种物质具有历史悠久的药用价值和致幻功能。

一些植物和树木的内皮也为鞣革提供油脂和收敛剂，它们的着色鞣质是少数几种容易被植物纤维吸收的物质之一。这些都进一步证明了利用动物尸体和内皮之间的共生关系。肠、筋和内皮还有其他的共同特点。它们都很结实、柔韧且有光泽，但缺乏弹性。此外，在一段时间内，它们不易渗漏。因此，韧皮纤维常用于堵缝，而大麻具有很强的抗海水腐蚀性能，所以长期以来，许多海上用具都与它有关。重要的是，它们在大自然中随处可见，长度也很合适，用起来非常方便。这一组物质中，蚕肠最有弹性，其长度超过 100 米。其制作方法是，先将蚕腺浸泡在弱酸溶液中，然后经过拉伸来获得蚕肠（中国北方曾发现一个"剪开"的蚕茧，可追溯到公元前 4000 年。河南仰韶文化遗址中也发现了为儿童编织的丝质包装纸，可追溯到公元前 3630 年，它们是最早的能证明梅赫尔格尔家蚕存在的证据，人们从贾湖遗址 8500 年前的古墓中发掘出骨针、粗糙的纺织工具，以及能够证明丝素蛋白存在的生物分子土壤。结合前面家蚕存在的证据，这种土壤或许可以说明人们对蚕肠的利用，要早于从完整的蚕茧中缫丝）。亚麻纤维的长度通常可达到 30～100 厘米，而大麻纤维的长度则为 90～250 厘米。如果人们需要更长的纤维，这两种物质都可以进行打结或拼接。事实

11 图中是新几内亚妇女使用的防雨帽兜。它用赭石和颜料上色,呈辫状,上面有很多装饰性的小结。其长度约为 50 厘米。该物件是众多史前文物的典型代表。这些文物由各种"原汁原味的"纤维制成,无须纺织,步骤非常简单。

上,常用的纤维长度为 3～4 米,而有些树和藤的内皮太硬,无法进行纺织,所以必须经过拼接或连接才能正常使用。因此,拼接法慢慢流行开来。拼接内皮的用途各不相同。古埃及人用它们来制作相对精细的亚麻布(最早的样品出土于法尤姆,可追溯到公元前 5000 年左右),而现代的毛利妇女则将它们制成结实的绑绳。

绞肠纤维和韧皮纤维拥有相同的用途,这是它们的另一个相似之处。它们都能制作优质的绳索、缆绳、网格、筛子、网罩、陷阱、渔线和把手。这些都是游牧、畜牧、捕鱼和农耕民族必不可少的"作业"工具。有史以来,人类进行过很多可以视为纺织技艺的活动。目前所有的证据都表明,这些纤维,连同芦苇、草和树苗秆等,都是迄今为止人类纺织活动最早的原料。而且,如果无法顺利获得某种原料,就会用另一种来取而代之。人们曾经采用稀松织法制成了一种网状布,这种布的名称中保留了前述的替代方式。它通过调整尺寸来增加硬度,经过反复旋扭后的亚麻线制成。之所以反复旋扭,是为了获得额外的强度和稳定性:现在,人们将这些布称为"肠线"或"肠纱"(具体名称取决于它们的构造),并用作刺绣的底布。纺织术语处于不断变化的状态之中,有时候如果只看表面,往往会造成误导。此外,现在的"肠线"提醒我们,石器时代的纤维和原料完全可以通过改变自身结构(改变间距、连接方式、旋扭程度、纤维粗细等)和点缀彩色饰品(而不是本身高度着色)的方式来满足实际的需求和多样化的愿望。

旧石器时代晚期,人们是如何制作头巾、帽子或发网的?将工种分为缝纫、编筐和织布,这种分类方法虽然看似方便,但往往令人费解。关于构造问题便需要去关注这些工种的共通之处。它们可以分为三个动作:旋

22　流光——世界纺织史

扭、成环和交织。其中，旋扭是最基本的操作，主要为了增加强度。在缠绕的过程中使用的螺旋手势，正是"模仿"了这种拧线的螺旋纹。用来加固或连接边缝或其他部分的平氏缝接，是一种基本的缝纫手法，人们称之为花茎针法。这种针法可以增加织物的装饰性。同样的工艺也可以用来制作捻制纺织品。在西半球曾发现过这种纺织品，可以追溯到公元前8500年。最简单的方法是将成对的绳索旋扭在一起，然后一根在前一根在后地绕。通过重复旋扭-缠绕-旋扭-缠绕这一过程，二级元素被锁定在螺旋元素中。经过搓捻的纬纱层层叠叠地挤在一起，形成了一个坚实而柔韧的表面。不过，"锁定"这一步骤仍然意味着纬纱之间可以有很宽的间距，由此在篮筐和布料中都能产生镂空结构。因为必须通过连续旋扭才能操纵螺旋，所以无论哪种情况，该技艺都非常适合相对较短的元素。如果需要更长的元素时，可以将这些较短的元素拼接起来。

　　成卷法也通过两种方式利用了螺旋手势。树苗秆、绳索或芦苇束、草、韧皮纤维等通过一种包裹或平氏缝接的方式捆绑在一起。这种方式将捆扎物绕在两根或更多的杆上，又或者专门利用捆扎材料通过前文提到的成捆法捆绑在一起。辫状材料不论在编结之中还是编结之后也都可以成卷。通常情况下，只需要针和锥就能实现。如果捆绑材料足够牢固，可以串起或穿过那些线圈，甚至都不需要针和锥也可以实现。臂长以内的捆绑往往最好操作，而且中芯可以拼接起来或者保持连续。尽管如此，后者还不是真正的纺纱工艺，因为许多合适的材料，如藤条，可以长达135米。无论中芯是什么，通常以螺旋形进行排列，从而做成垫子或非常坚固的碗和筐。卷曲陶艺很可能就是从这种技艺发展而来。用黏土给筐做里料这种手法也是制陶术的前身，这与新石器时代各种文明的全面发展阶段有关。然而，涂有沥青的绳筐同样具有防水功能。这种堵缝技术有着悠久的历史，至少从公元前9200年左右（约旦河谷的吉甲一号遗址）持续至20世纪初期（加利福尼亚州约库特人南部山谷）。同样古美索不达米亚地区也有涂满沥青的筐状河船，在伊拉克一直沿用至20世纪。

　　螺旋结构与强度有关，但由于搓捻法、成卷法和包裹法需要两个独立的元素才能实施，所以这些螺旋结构会很重。成环技艺只需一个元素，因此它能更好地制作出非常轻便灵活的结构。基本的环状仍然是一种平氏缝接"缝纫法"：起初沿着一条紧绷的水平线细绳进行走线，然后进入上一行。这种手法称为"连接"。现代的勾花网就是采用这种技艺制作出来的。在缝纫和相关针法中，按照这种方法来完成平氏缝接：在针线再次向前移动前，先向后绕一圈，形成锁眼针迹。同样的手法可称为"有结网"。

第一章　史前材料与技艺　　23

12 树木、藤蔓和植物韧皮纤维可能在结构纹理和尺度方面发生变化。这副乔克韦面具于 1860 年后发现于中非,之所以能够产生重大影响,正是得益于这些变化。头饰采用套环和打结的方式制作而成,上面还用串珠和手缝的茧衣做了点缀。它为距今约 2 万年的人们应该如何使用珠子提供了一个很好的样板。

24　流光——世界纺织史

13　通过搓捻法和成卷法做成的篮筐，往往会通过纹饰来突出其特有的螺旋结构。来自美国亚利桑那州的哈瓦苏派浅口卷筐将黑色的"魔鬼爪"与柳木融为一体。卷筐的后面是一个阿拉斯加特林吉特筐。它由云杉根搓捻而成，分为好几个部分，上面饰有铁线蕨和分筋草做成的图案，看起来像刺绣一样。虽然搓捻法和成卷法常常用来制作这种如雕刻一般的结构，但这两种技艺在编织、刺绣和缝纫方面有明显的相似之处。

这种手法尤其适合用来制作渔网和古时候的发网。于是它催生了许多其他套环技艺，包括单针或多针编织法。人们在以色列纳哈尔·赫马尔洞穴（the Nehal Hemar）发现了很多物品，其中包括单针"无结编织"或称为"Nålbinding"。在丹麦曲布林韦格（Tybrind Vig）的渔村遗址，发现了另一块由酸橙韧皮纤维制成的碎片，可追溯到公元前 4200 年左右。虽然它们都与网有关，但通过连接法和成环法做成的物件使用起来都非常牢固。例如，厄瓜多尔有一种用剑麻为原料制成的环状手提包，名为希格拉（shigra）。它最初是一种盛水容器。

　　交织法是使用原料的最后一种手法，这种方法要求反正手交叉进行（也就是缝纫领域里的奔跑针）。在编织过程中，纬纱（在编筐领域被称为"织工"）每隔一行就交替完成一次正反手过程（称为"平纹编织"，最早的证据来源于加泰土丘的发现物，可追溯到公元前 6700 年至前 6500 年）。巴勒斯坦杰利科村附近的勇士洞穴出土了现存最大的平纹编织亚麻布（尺寸为 7 米 ×2 米，上面饰有涂满黑色沥青的布条和未染色的条纹），以及坚硬的辫状芦苇席碎片。它们都可追溯到公元前 4000 年至前 3000 年。如果将这段条理分明的阶段变成"反手两次、正手两次"或者节奏更加明显

第一章　史前材料与技艺　　25

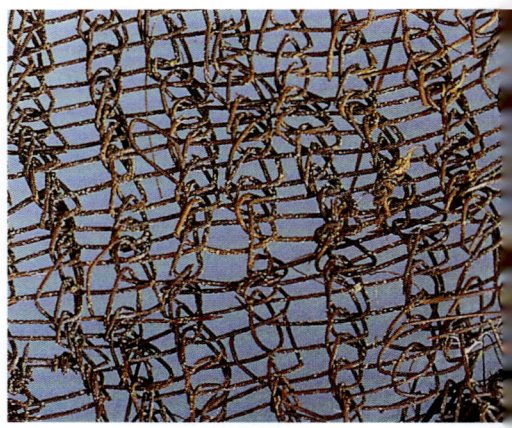

14 左上图。这件物品发现于以色列死海附近的纳哈尔·赫马尔洞穴,可追溯到公元前 6300 年左右。长期以来,人们一直认为它里外都涂有沥青。然而,科学家后来经过分析,发现它是一种古老的胶水,其年代可以更加精确地追溯到距今大约 8310 年至 8110 年前。这种胶水的主要成分是胶原质,而胶原质很可能来源于动物皮肤。人们将它用作黏合剂和防水物品。

15 右上图。科学家在中国新疆塔里木盆地发现了一个以马鬃为原料的环形发网,可追溯到公元前 400 年。从细节可以看出,通过上面两行的一个绳圈,从右往左带回一个反手绳圈。这种结构虽然牢固但松散,因此它常被称为"无结网"。如果将一些绳圈拴紧,就会形成"有结网"。

的"反手两次、正手一次"(成对角线地向前移动),织物就会发生变化。这种变化在布料结构中称为"斜纹",在席垫制作中称为"编辫法"。

"编辫法"也称为交织法。人们往往称其为交错编织法。这种手法通常作用于对角线,因此操作起来更加灵活,网眼编织法也是如此,该手法首见于德国境内新石器时代的陶瓷印痕。大约公元前 3000 年以前,织网法和网眼编织法在北欧占绝对优势。但是,人们在一些幸存下来的样本中发现了其他技艺,且其中一些发生了变化。这些样本包括席垫、篮筐、印痕或偶尔出现的布料,它们分别来自距今约 10200 年前的安第斯山脉搓捻碎片,距今约 9000 年的中东样品,以及公元前 5000 年左右的中美洲样品。在这些技艺中,搓捻法和打结或旋扭织网法占主导地位,而且它们无须使用真正的织机就能完成纺织任务。不过,精细纤维搓捻布至少需要在绷紧的经纱上加工才能制作出来。此外,如果将两股经纱缠绕起来,并在其间插入中芯,那么搓捻法也可以进行侧向操作。这种经纱搓捻法通常被称为"假织"，因为它的成果与机织布极为相似。经纱缠绕法（索马克地毯）和经纱套环法出现了类似的问题。

"经纱"和"纬纱"这两个术语主要与织机有关：经纱处于紧绷状态，而纬纱穿过经纱。因此，连接法和成环法所依赖的紧绷绳索也可以称为经纱。现在，许多从业者区分"无源"和"有源"来避免混淆。然而，材料的硬性与柔性性能才是关键因素。如果一种材料（或起点）足够坚硬，那么所有的旋扭法、成环法和交织法等技艺都能顺利施展；如果不够坚硬，让材料处于紧绷状态就可以达到所需的硬度。将经纱的两端附着在固定点上，或者在一端增加砝码，又或者从固定端使劲拉拽（就像人们编头发一样），通过这些方式就能让经纱处于紧绷状态。它们分别演变为卧式落地和双杆立式织机、经纱加重织机和背带式织机（织工紧绷型织机）。不过，虽然有很多方式可以固定两根树干、一根树枝和一块岩石，或脚趾和手（冰岛足纺中保存下来的最后一种方法），但窄带和皮带的制作者可以轻易找到替代方案。

来自安纳托利亚半岛乌鲁恰克村（Ulucak）的石制砝码首次证明了经纱加重织机的存在。科学家在那里发现了 11 个环形砝码样品，可以追溯到公元前 6200 年至前 5800 年。然而，他们同时也发现了公元前 6400 年至前 6300 年间的纺锤螺纹和平纹植物韧皮织物，说明人们在更早以前就用过织机了。经纱加重型织机发源于公元前 7000 年以前的欧洲东南部，安纳托利亚半岛很可能也是发源地。在匈牙利多瑙河中游流域发现了公元前 6000 年至前 5500 年的石制砝码。后来还有在亚美尼亚阿雷尼一号洞穴（Areni-1 Cave）发现的石制砝码（可追溯到公元前 4000 年至前 3800 年），以及现

16 将各种原料通过系、绑和交织等手法制成的围墙和栅栏已经得到了广泛应用。图片中的样品展示了捆绑法和对角交织法（编辫法）这两种技艺。

第一章 史前材料与技艺 27

17 左图。这是一条来自公元 19 世纪或 20 世纪初印度尼西亚帝汶的窄带。上面的条纹中，两段纹饰的纬捻织物与两段经面平纹织物交替出现。这条窄带加上了串珠和红布流苏才算完整。这件物品充分说明，不同的技艺可以沿着同一经线自如地结合起来。

18 右图。这件阿伊努和服染成了靛蓝色，加上刺绣图案，并使用了贴花棉布。虽然它代表了后来的传统，但这件衣服的主要面料展示了一种古老技艺。当时的人们将榆树内皮制成有结细绳，然后做成棕色的细线，再通过保存下来的古老技艺将细线织入这件衣服之中。

在土耳其阿尔斯兰特佩遗址发现了一处意义重大的宫殿（可追溯到公元前 4000 年），里面也存有类似的砝码。直到后来，从格陵兰岛和斯堪的纳维亚半岛到近东的大片区域才有了关于经纱加重织机的记载。毋庸置疑，人们将它用于织布：科学家在瑞士也发现了一些新石器时代的物件，通过这些物件，可以看出人们用织机砝码将大型扁平物体用纬纱缠绕在一个没有综线的垂直支架上，现在的阿拉斯加还能见到这种手法。其他织机完全由木材和绳索制成，不易留存，所以我们无从得知它们的早期形态。尽管如此，科学家在埃及和美索不达米亚找到了一些具有代表性且工艺成熟的卧式落地织机。其中最早的织机发现于公元前 3600 年左右的拜达里大圆盘内（根据最近研究，其年代或可往前追溯到公元前 4400 年至前 4050 年）。有三根支撑杆横跨在这些织机的经纱上，其中的分纱杆和综线杆这两种支撑杆用来控制经纱的交替，并为纬纱预留一个"梭口"或开口。自动分纱有几种形式（见第二章），而这一功能正好表明该装置是一台真正的织机（许多其他遗物也体现了这些支撑杆的重要性，例如桨的把手，或者直到 19 世纪才出现的耙子或其他长柄工具的把手。这让我们看到了"织机"的其他价值）。人们从大约公元前 4000 年以后的遗址中发现了更多有关宽幅织机纺织法的证据。在安纳托利亚半岛、北欧和法国东南部，科学家们找到了这一时期留存下来的布料。尽管如此，纬纱往往也只比布料宽两倍而已。因此，即使不用梭子，纬纱也能轻松穿过梭口，或者只用手指就能将经纱

第一章　史前材料与技艺

19 左图。公元前2600年的苏美尔乌尔帝国（伊朗西部）出土了一把竖琴。竖琴上面的装饰图案中，有一个筐面的储物罐。这些图案说明了纺织技艺与定居群落发展之间的密切关系。图案中狼和狮子在搬运食物和饮料；雕刻刀别在狼的腰带上。驴在弹竖琴，琴弦很可能是用肠线制作而成。琴的形状像耙子。耙子在很多语言中被称为"织机"，因为它仿照了用于编织的"长织机"的外形。"长织机"也称为"耙型织机"。左下角的蝎形人身上有一部分辫状物。这表明，当时的人们乐意用纺织技艺及相关术语来比拟自然和宇宙的奥秘。

20 右图。这本关于新石器时代纺织品的图册出版于1861年。绘制者是瑞士考古学家费迪南德·凯勒（Ferdinand Keller）。他因1853年至1854年间对瑞士湖区民居的调查和对拉特尼文化遗址的研究而闻名。描绘了交织（1-3，6）；卷绕（3-4）；纬纱缠绕（7）；开网打结（8）；全部没有使用织机。

交织、缠绕或包裹起来。所有这些都再次证明了长韧皮纤维的好处，它可以根据需要来进行弯折和拼接。

显然，即使没有真正的纺纱技艺或织机，人们还是可以生产出品类繁多的纺织品。留存到20世纪的采猎民族中有很多不会纺纱的织工，而日本北部的阿伊努人仅仅只是其中一例而已。阿伊努人将榆树内皮做成精细的有结绳索，然后将它们用作细线进行纺织。此外，如果将桑树或者榕树的各种内皮剥下来进行浸泡，就成了既不用纺纱也不用编织的纺织面料

30　流光——世界纺织史

了。树皮布被称为塔帕布,因原产于波利尼西亚岛的卡帕布料而得名。非洲中部、印度尼西亚和美洲(尤其是遥远的西北地区),以及从中美洲一直到南美洲的安第斯山脉、亚马孙流域和格兰查科地区,都能看见树皮布的身影。在制作树皮布的过程中,因浸泡而产生的胶质泥状物经过捶打之后,形成又大又薄又软的片材。随后,可以用赭色土和鞣酸(单宁)等现成的着色剂给这些片材上色或盖印。经过稍长的发酵过程,再紧紧压在

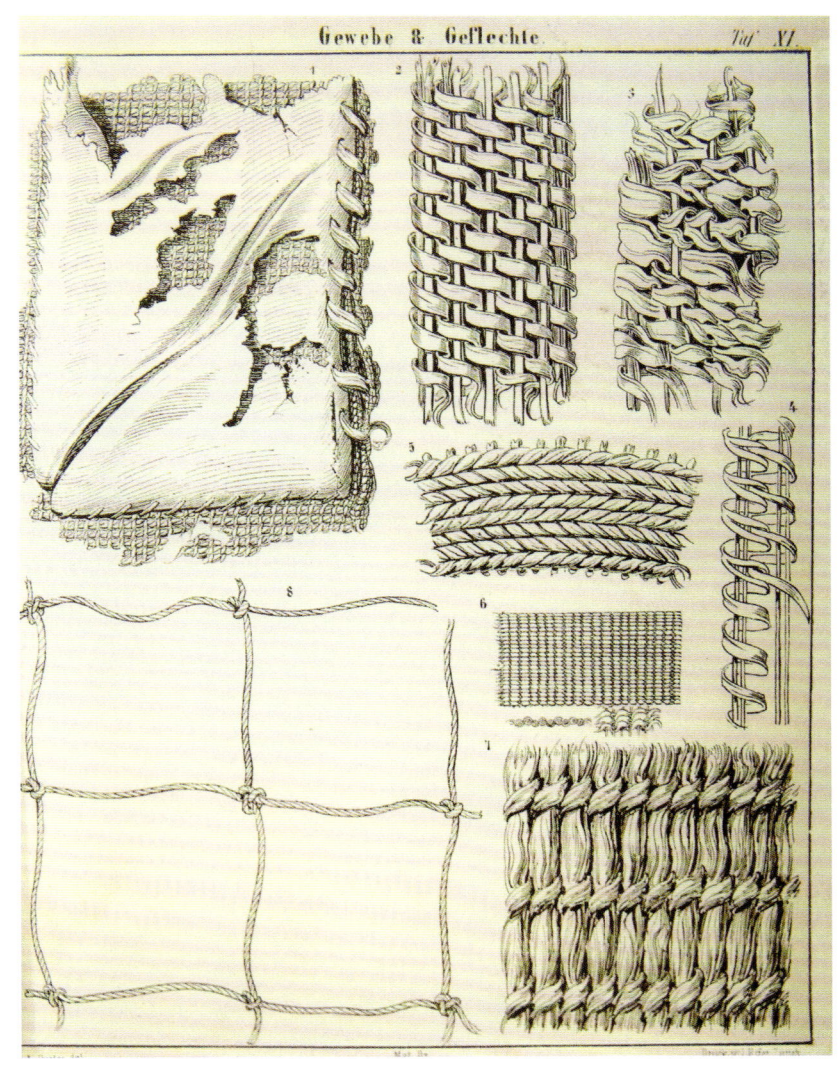

第一章 史前材料与技艺 31

21　这种短小的树皮布，尺寸约为 28 厘米 ×75 厘米。与其他文明的同类产品相比，它的尺寸要小很多，而前者有它的两倍那么大。如果需要更大的尺寸，可以将两块或者多块布拼贴起来。直到 20 世纪，喀麦隆男士一直穿着长及腿肚的"短裙"，这种短裙可以大幅度地收拢起来。薄而软的树皮布也具备同样的功能。

一起，无须捶打，就能形成整整齐齐一层又一层的芦苇状纸莎草条。这就是著名的古埃及人造纸术。纸莎草和现在仍然广泛用于造纸的细茎针草也是史前纤维的原料。

　　来源于植物纤维中纤维素化合物的胶质非纤维素物质，经过化学分解之后生成树皮布和纸，留下完好无损的自黏性糊状物（而不是通过洗掉所有其他物质，只留下纤维素这种方式来获得纤维）。制毡法是另一种无需纺纱或编织的史前纺织法。与树皮布和纸的制作方式相比，它是一种机械工艺。在此过程中，碱性湿气、热量和压力的共同作用，能让表面附有鳞片组织的羊毛和其他一些毛发纤维粘在一起，制成有型的或成型的片材。科学家在安纳托利亚半岛的贝策苏尔坦（Beycesultan）遗址发现了最早的充分记录的毛毡样品，可追溯到公元前 2600 年左右。虽然留存下来的文物很少，但这并不代表当时的人们使用得少。从最古老的草原游牧民族（从乌克兰一直延伸到西伯利亚西南部，上面几乎没有任何树木）很早就开始收集动物纤维，并将其压制成防护服和帐篷毡。制毡法从西伯利亚和蒙古国一直传到突厥-蒙古国部落所占领的所有区域。库尔德部落位于最早养羊的那些地区。对它们而言，毛毡一直是最重要的物品。人们常说，在新大陆从未发现过单独的毛毡。但是在安第斯山脉附近的厄瓜多尔生活着一群土著的萨拉古罗人，他们喜欢戴毡帽。虽然印加人在 1455 年入侵了厄瓜多尔，但科学家认为这种毡帽在入侵之前早就留存下来了。

32　流光——世界纺织史

大约在公元前 8500 年，伊拉克北部高地的人们驯化了绵羊。然而，为了做出真正的白色羊毛外套，他们又花了 4000 多年进行选择性培育。人们很早就将羊毛用作纺织纤维，最早的明证来自俄罗斯新斯沃博德纳亚村的北高加索迈科普文化（the North Caucasus Majkop culture）遗址（公元前 3700 年至前 3200 年）。纺织技艺需要使用片板或圆盘以及简易支架，而人们早就掌握了将鞣酸用作染料的两种染色技术。此外，在伊朗的被焚之城发现了 1000 多片碎布（公元前 3100 年至前 1800 年），它们均由当地的绵羊毛和山羊毛制成。其中包括斜纹布和环纹布。这表明当时的工艺已经非常成熟，能够做出复杂的布料构造了。

虽然现存的羊毛纺织品非常少，但很多发掘遗址都与早期的动物驯化有着密切的关系。这些遗址能够充分证明当时的人们已经掌握了先进的纺织技艺。例如，伊拉克西北部的耶莫（Jarmo）遗址出土了石制纺锤螺纹以及平纹编织和方平组织印痕，可追溯到公元前 7250 年至前 7000 年；伊朗西南部的亚赫亚山丘（Tepe Yahyā）遗址含有一些编织线，可以追溯到公元前 5000 年，是该地区最早的编织法证据。到公元前 3500 年至前 3000 年，远至东南方向的苏美尔地区，养羊已经成为当地人的主要产业。苏美尔是一种美索不达米亚文明，位于波斯湾附近，这里出土的纺织品非常丰富。到公元前 3000 年左右，原本仅存于里海沿岸地区的毛毡和其他羊毛织物，穿过安纳托利亚半岛，沿地中海东部向西北方延伸至现在的德国和瑞士（但不包括意大利）。在安第斯山脉地区，有一种野生骆驼名为原驼，它的纤维可以追溯到大约公元前 8000 年至前 7000 年。原驼经过驯化之后成了羊驼，而多毛的美洲驼是羊驼的近亲。当地发现的这两种动物的骨骼

22　将羊毛等表面附有鳞片组织的纤维经过压制之后，就能做成毛毡。滚压是常用的手法。图片中是 20 世纪中期贝赫尔克·约穆特（Behelke Yomut）的库尔德妇女正在进行滚压的场景。

可以追溯到公元前 4000 年左右。早在公元前 3000 年，智利沙漠地区的各种滨海文明就开始使用纺制的骆驼纤维了。随后，以此为原料的精致纺织品慢慢发展起来了。在土耳其中部马厩中发现的野生绵羊骨骼可以追溯到距今约 9000 年至 8000 年。这种绵羊每年脱毛一次，产出一种可再生的成缕纤维，用手就能轻易将它们捻在一起。现在仍未驯化的里海摩弗伦羊和苏格兰岛索厄羊，以及那些能产山羊绒和马海毛的山羊（后者主要养殖在南非），也具有这种特质。

除了用来制作毛毡的动物纤维外，大多数动物纤维都需要经过纺制才能使用。但是，如果它们像人类头发和马鬃一样长，只需经过旋扭之后便能使用，那么这道工序也可以省略。因此，人们使用相对较短的毛发纤维这种做法（一些骆驼和山羊的毛甚至比绵羊毛还短），促进了真正纺纱法（称为"粗"纺）的发展。通过动物纤维的制备过程，我们也能看到制作韧皮纤维的最后阶段：用连枷击打法和精梳法去掉多余的颗粒，并将纤维排列整齐形成一捆；同时，用粗纺法从这捆纤维中抽出一根，然后通过旋扭法最终制成结实的精纺型纱线。随着毛发纤维的引入，纺纱法的发展也具有不确定性。从公元前 7000 年开始，纺锤螺纹可以视为粗纺的标志。通过改变纺锤螺纹的形状和重量，可以得到想要的纱线粗细和质量。但纺锤也可单独用于旋扭法和合股法，而且只需让纤维沿大腿向下滚动就可以轻易地完成纺制过程。最早的粗纺羊毛线样品只能追溯到公元前 4000 年至前 3500 年。在地中海北部的许多新石器时代晚期遗址中发现了粗纺亚麻和大麻纤维，由此可以推断，粗纺羊毛已经在同一地区出现了。大约公元前 6000 年至前 5000 年，人们在印度河谷〔巴基斯坦的梅赫尔格尔（Mehrgarh）遗址〕种植了一种棉花。此外，厄瓜多尔和秘鲁沿海地区也种植了另一种棉花，当地瓦卡普列塔遗址（Huaca Prieta）生产的棉纱可以追溯到公元前 5000 年左右。这两种棉花的种植促进了棉花粗纺工艺的独立和重要发展。在约旦的杜维拉（Dhuweila）遗址，科学家发现了一些可追溯到公元前 4450 年至前 3000 年的棉线。但是，这些棉线可能是从印度或现在的非洲国家苏丹和埃塞俄比亚通过红海进口过来的，因为那里的人们已经了解了不同种类的棉花。

至少到公元前 4000 年至前 3000 年，制线成了一种高度发达的工艺，许多地区也开始使用卷线杆了。而早在公元前 3000 年，绵羊、山羊和骆驼纤维就因其保暖性、多孔性和弹性而得到了广泛认可，而最精细的韧皮纤维和棉纤维则因其凉爽和贴身舒适被广泛认可。到新石器时代晚期，人们已经使用了一系列复杂的原料、纤维和相关技术。然而，目前为止仍然凑不出一幅完全连贯的关于发展态势的画面，而且每个新发现都能改变其

23 这是七种前哥伦布时期的秘鲁手织棉布。说明了平纹织物和不同直径的手工粗纺纱可能会产生的效果。这样的纱线有一些轻微的不规则感，而且有些地方故意扭曲得过紧。它们有助于将这些开放式编织物固定在适当的位置。

轮廓草图。例如，科学家在巴勒斯坦犹太沙漠的赫梅尔洞穴（the Hemel Cave）发现了公元前 7160 年至前 6150 年的物品，包括粗绳、网状物、席垫和以亚麻为主要原料通过纺制和合股等工艺制成的纱线，以及一些平纹织布。其中一种布料染成了蓝色，装饰着串珠和贝壳，但在 1995 年之前，人们认为只有在耶莫遗址发现的布料印痕比这些发现物更古老。现代纺织考古学的研究领域越来越广，借助越来越先进的显微镜、光谱学、组织化学、植物考古学、动物考古学和 DNA 分析等设备、知识和技术，这门学科的生命力越发旺盛。2021 年初，科学家在朱迪亚沙漠的穆拉巴特洞穴（Muraba'at Cave）发现了一个完好无损的篮筐，它有 10500 年的历史。但这一发现仅让人兴奋了几个月，之后便在肯尼亚发现了一处约有 78000 年历史的墓穴，墓中有一名儿童，从骨骼可以看出，他的上半身包裹在一块易腐烂的裹尸布中，而头部则安放在一个现已消失的枕头上。这一证据表明，人们对材料的利用与早期人类仪式行为之间存在着共生关系。因此，我们目前已有的关于石器时代的知识，只能帮助我们了解青铜时代和铁器时代遗留下来的复杂而巧妙的纺织传统，而这些传统的影响一直延续到现在的游牧民族和部落民族。

第一章 史前材料与技艺　　35

24 左上图。这个篓子发现于朱迪亚沙漠的穆拉巴特洞穴，至今有 10500 年的历史。它由一种未知的植物材料搓捻而成。篓子由两人协作制成，科学家认为其中有一人是左撇子。它的存储容量为 90～100 升。篓子有一大一小两个盖子。它被视为世界上最古老的全篓。

25 右上图。在哥伦比亚首都波哥大市皮斯瓦地区的一个洞穴中出土了这具穆伊斯卡木乃伊。它是当地墓葬的一个典型代表。这些墓葬证明了许多早期纺织品的存在，表明了它们的文化重要性。当时的人们巧妙地使用当地的材料，造就了纺织品的多样化。在纺织史学家眼中，这些样品正是展现其多样性的有力证据。

第二章
染料与织机时代
约公元前3200年至前600年

公元前 3200 年至前 600 年大致与青铜时代和铁器时代相吻合。科学家基于冶金技能的相关证据划分了这两个时代。与前面的石器时代一样，这些名称都只是文化标志，而不是绝对的时间范围。在安纳托利亚半岛，铜器时代早在公元前 6500 年就开始了。但是在其他地方，它只比青铜（铜锡合金）加工时代略早一些。英国的青铜时代则要晚得多，始于公元前 2200 年至前 800 年。不同地区的铁器时代也不尽相同，分别始于公元前 1200 年至前 600 年。然而，就技能和工具而言，这几个世纪最好被称为"染料与织机时代"。染色工艺发源于对化学反应的经验观察，织机是最早的机器，也是最早形成的标准化、集约化的生产模式。在这一时期，这两项新发明都有了更为丰富的证明材料，不仅有考古、图画和文字方面的商品销售和转运以及物资分配证据（后者出现在大约公元前 3500 年至前 3000 年以后的苏美尔地区），而且还有纺织品实物证据：越来越多留存下来的纺织品发现于中国、埃及、瑞士和秘鲁等地。虽然其他看似重大的发展进程也能证明当时的先进技能，例如大约公元前 3200 年发明的轮子（可能是苏美尔人受到纺锤螺纹的启发而发明的），以及不久之后发明的犁，但它们都不如前面的实物证据更有说服力。人们对金属材料的了解在染色工艺的诸多方面也起着至关重要的作用（可能染色工艺也促使人们去了解金属材料）。这种了解与剪山羊毛或偶尔剪绵羊毛等其他纺织工序有关。这种说法见于公元前 2300 年美索不达米亚地区阿卡德城遗址的文献记载，而人们必须使用有弹性的铁才能制作这种剪刀。

起初，旧石器时代的各个民族使用有色氧化铁土（赭石）这种形式的铁来装饰生者的躯体和死者的骨骸。古代人类使用红赭石的最早证据可以追溯到距今大约 28.5 万年前。该证据来源于肯尼亚一处编号为 GnJh-03 的直立人遗址。而在西班牙东南部尼安德特人居住的阿维翁尼斯（Aviones）海蚀洞中，还保存着 11.5 万年前的赭色和穿孔海贝、红色和黄色着色剂，

第二章 染料与织机时代 约公元前3200年至前600年 39

26　虽然缺乏纺织品的实物证据，但纺织技艺和人们使用纺织品的证据仍然通过其他媒介保留下来了。在展示纺纱和编织场景方面，科学家发现了一件用经纱加重织机作为装饰图案的希腊雅典式装饰瓶。从图案中我们可以看出，经纱悬挂在上部横梁上，下面用砝码将它们拉紧。这种宽度的织机需要两名织工来操作。左边的织工正在向上拍打刚插的纬纱。装饰瓶另一边的情况请见第46幅插图。

以及贝壳容器中的复合颜料混合物。赭石也能给植物纤维进行永久性染色。即使到了现在，生活在亚马孙流域和中非地区的人们还会把植物纤维埋进有色土中，将它们染出浓郁的棕色色调。为了获得纯度更高的赭石，人们将泥土放入水中，等到较重物质下沉以后才会捞出，接着把剩下的液化黏土倒出来，就像用海水制盐一样通过蒸发使其脱水，得到赭石颜料之后再磨碎备用。南非的布隆伯斯洞穴出土了距今约10万年前的沉积物。科学家在这些沉积物中发现了一个加工车间，用来生产一种富含赭石的液化物质。这种物质由经过磨石和锤石处理后的骨头和木炭混合而成，储存在两个鲍鱼壳中。赤铁矿是一种天然存在的红氧化铁。西班牙有三个尼安德特人洞穴，里面的绘画作品使用的就是这种颜色。这些洞穴可以追溯到距今

40　流光——世界纺织史

约 6.67 万年至 6.48 万年前。在那些没有赤铁矿的地方，例如法国的多尔多涅河谷和洛特河谷（约公元前 4 万年），洞穴居民则使用锰氧化物和炭黑来作画，并发现黄色赭石经过加热之后就会变红。

上文提到的那些工序，如使用水基溶液、研磨或浸渍、加热或煮沸，以及发酵（内皮制备过程中的浸泡阶段），都是真正染色工艺的基本步骤。其中，有三步必不可少。第一，必须提取染料物质，通常是通过发酵来达

27　赭石和其他土质颜料等"史前"着色剂现在仍然是许多画家调色板的底色。下图中，雅特穆尔人将这些着色剂用在了一副平纹篮编藤制面具上。这副面具 1950 年发现于新几内亚岛的图姆巴努姆地区。

第二章　染料与织机时代　约公元前3200年至前600年

到这一目的。第二，纤维必须能够吸纳染料。第三，纤维必须能留住染料。许多来自根、皮、叶、花和昆虫的染料，根据它们需要助剂的阶段，分为不溶型、媒染型和直接型。这种过于简单的分类掩盖了巨大的复杂性：染色工艺往往需要复杂的染前和染后处理，而且染色工必须了解染料、纤维和染浴的 pH 值（酸性、中性或碱性）。因为动物纤维由蛋白质组成，所以它们很容易吸纳大多数染料中的酸性物质。众所周知的红色染料茜草变体中含有茜草色素。这种色素会在冷染浴中给羊毛上色。不过，这种未经媒染处理的颜色很浅，终会褪色。另外，强碱会破坏蛋白质纤维。这种情况在瑞士"湖居人"的纺织品中非常明显。在碱性环境中找到这些纺织品时，只有亚麻制品留存下来了。相反，植物纤维由纤维素组成，更难染色。它们只有在酸性环境中才能染上大多数颜色。但是，如果酸性太强，这些纤维就会遭到破坏（因此，在德国中北部酸性地下水中发现的早期青铜时代的纺织品中，混合纤维布中的羊毛仍然存在，但植物纤维已经消失了）。因此，人们必须考虑哪些染料适合哪些纤维。

有一类染料，虽然属于不溶型，但适用于所有纤维。只要降低它们的含氧量，他们就会溶解并沉积在各种纤维周围。当氧气再次增加时，染料物质又恢复到不溶状态，露出自己的本色。其中，只有骨螺染料（虽然也能从中获得不同程度的红色染料，但人们通常将其称为"泰尔紫"）以白色分泌物的形式直接来自软体动物。这种光敏性染料，现在已经减少使用了。因此，这种染料可以直接涂在被海水浸湿的纱线上。现在，墨西哥西南部的瓦哈卡地区仍在使用这种方法。该染料的着色剂几乎与菘蓝和木蓝中尿蓝母的性质一样。事实上，所罗门群岛的土著人和亚马孙地区的印第安人都发现，将木蓝叶和酸橙等水果一起咀嚼就会产生一种类似于"分泌物"的物质，这种物质可以逐渐融入树皮布或者给树皮布染色。然而，这一时期的人们都在大缸中使用骨螺、靛蓝和菘蓝这三种染料。关于后者的最早的考古学证据来自米诺斯文化时期的克里特岛（公元前 2500 年至前 2000 年）以及塞浦路斯的皮尔戈斯-马夫罗拉基（Pyrgos-Mavroraki）遗址（公元前 1900 年至前 1800 年）。

虽然都号称"纤维杀手"，但靛蓝（几乎在所有热带和亚热带地区都能找到）的性能要比菘蓝强得多。有一种高碱性溶液只适用于植物纤维，但浓缩后的靛蓝着色剂可以溶解在这种溶液中。相比之下，菘蓝（原产于西亚、北非和欧洲）的来源要少一些，对纤维素的染色效率也要低得多。但是，在以馊尿为原料的发酵缸中，它能轻而易举地给羊毛上色（因为馊尿中的氨是一种温和的碱，特别适用于动物纤维）。如果将骨螺放入菘蓝

28 克什米尔人对手工雕版印刷和染色工艺的描绘突出了媒介红染缸和靛蓝染缸之间的区别。前者（右）是金属制品，可加热至沸点；后者（左下）是体积更大的、不用加热的黏土容器。布料在容器中反复起降，从而完成染色过程。这幅图画创作于1850年至1860年。从画中我们可以看出，染色工人正将一种白色物质涂在一块靛蓝布上。但实际上，在开始染色之前，布料上就已经刷了一层防染材料。

那样的染缸中（pH值为9，50℃），则可以将羊毛染成亮紫色。而且，公元前600年以前的楔形文字配方（这是人们已知的最早的）显示，亚述染色工早已将骨螺与铁和鞣酸媒染剂混合在一起，从而获得一种接近黑色的颜色。菘蓝当之无愧地成了欧洲毛织品的蓝色染料（通常是对纤维进行染色，而不是给布料染色）。尽管向阳性植物的果实可以做成染料，而且一旦它们与铜发生接触就会呈现色泽良好的蓝色（铜是一种可以将色牢度最大化的媒染剂，适用于植物纤维而不是动物纤维），但科学家认为，菘蓝才是在加泰土丘（约公元前6500年）发现的蓝色韧皮纤维服装的着色剂。要想解决这些争论，必须进行检测，而检测往往受到样品数量稀少、品相不佳或污秽不堪等因素的限制。例如，加泰土丘发现的朱砂颜料样品是否像后来的东周丝绸一样用于染色，目前尚不清楚。这种朱砂颜料由磨碎的辰砂制成，可追溯到公元前8000年至前7000年。然而，有充分的证据表明，染色工意识到了金属的益处或害处：在印度，那些使用传统方法的人仍然喜欢用锡制容器来染红棉，而用泥土或黏土制成的染缸来染靛蓝棉。出于类似的原因，波斯的沸腾（非靛蓝）锅是由铜或铸铁制成的。

从贝类动物中萃取紫色染料势必会产生成堆的空壳。最早的贝壳空壳是公元前 2000 年后由米诺斯人留下的。大约公元前 1500 年至前 1200 年产

29 下图是瓦哈卡地区发现的手织裙装（包臀裙）的一部分。这处细节证明了骨螺紫的亮度。这种布料完全由手纺纱在背带式织机上编织而成。其他颜色则白靛蓝和拉丁美洲的胭脂虫红制成。公元前 1000 年，这种染料开始偶尔用于动物纤维，但直到 1500 年左右才成为一种重要的棉花染料。

生的壳堆依然留存在黎凡特地区，这里面包括一些位于比布鲁斯的壳堆。叙利亚人已经在比布鲁斯这个重要港口开展了广泛的贸易，商品包括紫色毛线和布料等广受欢迎的纺织品。从黎凡特再往南，西顿和泰尔这两个腓尼基人定居点也发现了这样的壳堆，只是它们出现的时间要稍晚一些。人们在以色列也找到了大量的沉积物，分别可以追溯到公元前 13 世纪至前 4 世纪。来自贝类动物的蓝紫色染料具有丰富的色度，因此大受欢迎，甚至出现了仿制品。紫色地衣染料是一种直接染料。因为它能生产一系列紫罗兰色，所以广泛用于羊毛和丝绸上。这些紫罗兰色遇酸可以成为红色，遇碱可以成为蓝色（这种情况就像石蕊试纸一样，紫色地衣染料也能给石蕊试纸染色）。而埃及人无法制出贝类动物的紫色染料，所以他们将紫色地衣染料浸泡在馊尿中，等它发酵之后再用它把羊毛染成蓝紫色。紫色地衣染料原产于黎凡特和东亚地区，但欧洲各地的染色工都对它的变种了如指掌。人们在动物纤维上加碱，而极少数人会加苏打碳酸盐等中性盐，可以快速制成几种直接染料（现在称为"碱性"或"中性"染料）。紫色地衣染料就是这些直接染料中的一种。亚述染色工也用它来将姜黄染成羊毛上牢固的金黄色。

在这一时期使用的染料中，姜黄（发现于印度及其东边的国家）和红花（一种原产于南亚和东印度群岛的蓟）是橙黄色直接染料，特别适用于棉花、亚麻和丝绸〔到公元前 2450 年至前 2000 年，家蚕丝绸生产已经从中国北部传播到印度河流域的旃胡达罗（Chanhu-daro）遗址〕。在几乎没有技术知识的情况下，人们经过观测发现，用媒染剂明矾等收敛剂或柠檬汁等对植物纤维进行后处理，可以使颜色更加持久，其分别呈现棕褐色或鲜艳的颜色。明矾也可以让家蚕丝上的染料变得更加鲜艳，而家蚕丝是最能吸纳染料的一种纤维。它还可以用作那些对染料不太敏感的短纤维野蚕丝的媒染剂。这些野蚕丝来源于几种原产于安纳托利亚、印度、中国和日本的野蚕。鞣酸是收敛性最强的植物物质，它们可以被植物纤维快速吸收，对丝绸也极为有益，能够增加丝绸的硬度和重量。碱可以将不溶性的鞣酸沉淀出来。这种鞣酸可以单独使用，因为它们在棕褐色到棕黑色之间具有丰富的层次。它们也可以用作棉花和亚麻的媒染剂。虽然鞣酸与北半球的橡树有关，但是在许多植物的内皮和果实中都发现了鞣酸，尤其是漆树、榄仁（随后几个世纪以来印度重要的出口产品）、中国和土耳其的五倍子等。而原产于东南亚和东印度群岛的几种金合欢属深棕色儿茶中也含有浓缩的鞣酸。在碱的作用下，姜黄和红花会产生永久的红色，因为这个原因出现了一种以收敛剂、碱、棉花、韧皮和丝绸为基础的地理类群。尤其是亮黄、橙红和玫瑰红，对印度、南亚和远东的宗教、祭祖和宫廷仪式而言非常重要。而这种重要性正是地理类群的主要特征。这表明，在印度河流域（今巴基斯坦）摩亨佐-达罗遗址发现的公元前3000年晚期的红棉布并没有使用茜草染色，因为那里还没有种植这种性能最强的、原产于小亚细亚、希腊和黎凡特地区的茜草品种（染色茜草）。

靛蓝染料就是这种"碱传统"中的一员，它与印度密切相关（见第七章）。尽管印度染料的使用在全球各地都独立出现，但在公元前3000年至公元400年更加先进的蓝染技术很可能已经从该地区或者经由该地区传播开来。红花染料向西传播，它最远可能已经传到了南欧。人们甚至在种植藏红花的地方也栽培了这种植物。埃及的"两兄弟之墓"（约公元前1650年至前1567年）出土了50多件木乃伊包裹物。科学家对这些淡黄色亚麻制品进行了检测，发现了未经媒染的红花染料。这些包裹物中，只有两件尚未褪色，它们的黄色要更加深一些。检测证明，这种黄色是一种名为铁锈黄的金属氧化物。现在，中东和印度仍将碎铁和醋进行混合来制作这种铁锈黄，而醋本身是由树液制成的。要找到明矾就比较困难了。明矾是一种收敛性很强的盐（通常由铝和钾制成）。海水蒸发之后就能形成明矾，因此，人们轻易就能获得这种材料。明矾的应用领域非常广泛，除了染色（虽然这样会让羊毛纤维变得更难处理），还常用于鞣制皮革、给纸施胶、制造医药和防火材料等方面。后来有记载说，埃及人用加了明矾的茜草来套染靛蓝，得到的物质可以替代骨螺。然而，如果我们仔细观察红色染料，特别是与明矾密切相关的茜草，就可以看出地中海东部地区直到公元前1500年左右才开始大量使用明矾。

虽然在一些更早的遗址中也发现了染红纤维的痕迹，但年代最早的、证据确凿的样品只有两例，分别是一件出土于乌尔（约公元前2500年至前2100年）皇家陵园大陪葬坑的衣服，和一块埃及第六王朝（公元前2345年至前2181年）的亚麻布，两者都未经媒染，而是用赤铁矿这种氧化铁来进行染色。事实上，经过科学家的检测，所有来自夏朝（公元前1991年至前1786年的中国）的红色亚麻染料都是红赭石。在巴勒斯坦埃及人定居点发现的纺织样品也是这种情况。这些样品最早可追溯到公元前1570年左右。在图坦卡门墓（公元前1350年）及之后的遗址中也发现了很多文物。只有这些文物能够证明埃及人同时使用明矾和茜草来给亚麻布染色，所以它们才可能会一起出现。亚麻布在埃及文化中非常重要，而红色在他们的殡葬和宗教仪式中也非常重要。或许正因如此，人们才会为了制作亚麻布而将这种古老的鲜红色颜料保留下来，直到他们找到合适的替代品（茜草）为止。即使在那时候，这种替代品也必须以根或植物的形式从巴勒斯坦进口，而且当地的人们并没有很快就接受它。最早的关于茜草的象形文字只能追溯到第二十王朝（公元前1186年至前1069年），这一事实就是前一论断的依据。科学家在美索不达米亚的文字材料中找到了一个公元前1300年左右的阿卡德语单词，意思是加了明矾并染成了茜草红色的羊毛。当时，美索不达米亚和印度河流域之间的海上贸易很可能将明矾技术传播开来。在叙利亚，科学家也发现了公元前1400年左右的阿卡德语文字材料，其中只出现了"茜草"一词。几十年后，地中海东部地区开始了广泛的明矾贸易，而上述在埃及和叙利亚找到的证据正好证明了当时的记载。

早期美索不达米亚语中表示红色的词汇专指胭脂酮酸和胭脂红酸这两种虫红〔印度、缅甸和东南亚有球菌虫胶（Coccus lacca）这种昆虫，它可以分泌虫漆这种红色染料，也称为虫胶〕。已知的胭脂虫至少有九种。其中，四种含有胭脂酮酸，这四种中有两种寄生于橡树，常见于南欧和北非，

30　左下图。这是一幅绘制于公元前1991年至前1786年的关于埃及阿穆人（被认为是现在贝多因人的祖先）的图画。这位中土画师用红赭石呈现了精美的图案。画中也出现了亚麻布，而当时的人们可能也用红赭石来给真实的亚麻布染色。

31　右下图。这是一块来自马其顿南部地区的大麻纤维织物。该织物面上的丝绸和羊毛刺绣线，人们用茜草染红色，用胭脂红酸染猩红色，并用尿蓝母（靛蓝或菘蓝）染深蓝色，之后用这种深蓝色与黄色进行混合之后就变成了绿色。这些颜色和图案所体现出的品位至少可以追溯到公元前400年。

第二章　染料与织机时代　约公元前3200年至前600年

以及某些中东地区；另外两种则更常见于以色列。胭脂红酸有两种来源：一是所谓的"土耳其"或"亚美尼亚"胭脂虫，这种胭脂虫常见于土耳其东部阿勒山周围的草地上；二是在拉丁美洲寄生于仙人掌的胭脂虫。有三种具有亲缘关系的根胭脂虫，被称为"波兰"胭脂虫。它们同时含有这两种酸，常见于德国东部到乌克兰的广大地区。西伯利亚和俄罗斯也有相关物种。它们都可以将白色羊毛染成色泽良好的永久红，但必须用明矾进行预处理。要想获得真正的光泽，则需用锡进行预处理。这种锡红色后来被称为"猩红色"，人们将之视为珍宝。

植物纤维不能很好地吸收昆虫红。因此，虽然在法国南部阿达乌斯特（Adaouste）洞穴中的新石器时代地层中发现了干胭脂虫残骸，而且在洞里的内皮上也发现了红色染料，但这些染料不太可能来自地层中的那些胭脂虫。从后来的记载和语言学证据来看，罗马时代的西欧人仍然不知道如何对胭脂虫进行预处理。靛蓝以及巴西木等染料木都可以用作染料。后来的胭脂虫和它们一样也成了从美洲到欧洲的重要出口商品。然而，科学家检测了大约150个可追溯到公元100年的秘鲁样本，其中只有3个含有胭脂虫染料。在后来的1400年中，含有胭脂虫染料的样本也并不多见。其余样本中的染料都来自印加茜属植物——欧洲茜草根染料的近亲。不过，秘鲁的一些帕拉卡斯染色工（公元前900年至前200年）肯定已经发现了锡或明矾对虫红的影响。不出所料，这种知识似乎并没有得到广泛的传播。他们一直将这些只适用于羊毛的配方小心翼翼地保管着（科学家仍然没有发现公元500年以后的太多实证文物）。帕拉卡斯染色工也使用骨螺，留存下来的有120多种颜色。所有这些颜色都来自为数不多的几种染料，包括靛蓝和来源不明的黄褐色，它们都是存量最为丰富的天然染料。

织工们不同程度地利用了这些染料（用于印刷和图案染色，见第七章）。在当时有许多素布，而这些布料既是平纹织物又只有一种颜色。在寒冷地区，很多毛织布料都需要经过一种名为"缩密法"的制毡处理。这道一边给绒毛加水一边打凸成形并重击定型的工序，能够消除编织痕迹以及随之而来的不整齐或纱线不坚韧等问题。这道工序完成以后就会产生结实而紧密的布料，称为"毛料织物"，既防水又挡风。由于宗教原因，白色羊毛在犹太群落中占主导地位，而埃及人则不辞劳苦地将亚麻制品漂白（这一时期，人们仍会将纺线拼接和旋扭之后用于制作塔尔汗服饰）。即使在这些地方，人们也会用不同的颜色作为装饰，比如镶边条纹或紫色羊毛边条。西欧纺织品中最博采众长的早期样品当属瑞士"湖居人"（约公元前3000年）的作品。他们的平纹亚麻织物因复杂的锁边手法而别具一格，有

32 科学家在塔里木盆地车尔臣遗址1号墓中发现了一具婴儿木乃伊,可追溯到公元前1000年。一顶亮蓝色的羊绒帽覆盖在深红色的由羊绒织成的布上。整块布再用红蓝交错的绳索捆绑起来。在如此早的年代,这种亮蓝色是当时蓝色染料存在的唯一证明。红色染料可能来自西伯利亚一种已知的根胭脂虫。高加索塔里木地区的居民曾与西伯利亚地区有过接触。木乃伊的头下面有一个松散编织的枕套。婴儿两侧分别有一个牛角和一个由山羊乳房制成的护理装置。

些还带有交织成辫的流苏。这些纺织品上饰有经过交织和搓捻并裹着补充的经纱(所以可能是彩色的)纬纱条纹或几何图案。这些图案也是用缝线固定的种子珠制成的。有结网制作法不仅为人们提供了各种网状物,而且形成了很多灵活的接缝方法。织网技艺在北方有些悠久而广为流传的历史(来自丹麦曲布林韦格遗址的针织网或"无结织网"碎片可追溯到公元前4200年)。然而,种子珠和纬纱漂浮物的使用也将瑞士的编织文化与大约公元前2000年意大利北部的发现物联系起来,并且法国东南部也发现了同样的传统。

有了染色纱线,人们可以使用几种颜色的羊毛,或者把几段经纱紧紧地压在一起,又或者将一组顺时针纺的经纱(S捻)与另一组逆时针纺的经纱(Z捻)并列。无论通过哪种方式,他们都可以在整块布料上使用条纹来做装饰。其他地方有充足的证据证明了这一点。湖居人已经有了集大成之作,所以这些就不足为奇了。后一种技艺于公元前2000年之后出现在斯堪的纳维亚和西北欧。科学家发现了那个时期的砝码,这表明当地人已

第二章 染料与织机时代 约公元前3200年至前600年 49

33　这是来自由帕查卡马克棉质经纱制成的狭长挂毯，可追溯到公元1000年至1350年。这块挂毯的主要原料为驼绒纬纱。制作者使用胭脂虫红将二股纬纱染成三种颜色：粉红色、棕粉色，以及加上铁媒染剂染成的紫黑色。来自印加茜属植物的红色染料是1500年秘鲁纺织品的代表性染料，但这块挂毯却使用了胭脂虫红染料来达成同样的效果。

经引进了用于羊毛编织的经纱加重织机。然而，在丹麦及其北部现存的粗纺布只能追溯到公元前 1800 年左右，而来自公元前 1700 年至前 500 年的含有粗毛的毛织布料存在着不均匀的纺织密度，这表明人们更喜欢双梁管式经纱织机，这种织机更适用于非弹性植物纤维。尽管如此，至少在德国，管式织机仍在使用，帮助那些移居丹麦的哈尔德莫斯妇女（Huldremose Woman，公元前 350 年至前 41 年）制作了精细的羊毛。

科学家在奥地利发现了公元前 1000 年至前 400 年的精纺布料，这种布料与哈尔施塔特采矿文化有关。从中我们可以看到，一系列的斜纹织法让条纹和格子图案形成了更为复杂的组合方式。其中，许多组合图案都体现了当地特有的颜色，如铜红、蓝色和橄榄绿。这些复杂组合在那些精纺布料中占据了主导地位。

这种文化沿着多瑙河向东延伸到匈牙利，向西延伸到法国东部，后来

34 这条来自丹麦的腰带可以追溯到公元前 1300 年至前 1000 年。其将一组 Z 捻（外）经纱和一组 S 捻（内）经纱通过经面织法并列在一起时，就形成了条纹。流苏部分则与石器时代的细绳裙结构非常相似。

第二章　染料与织机时代　约公元前 3200 年至前 600 年

从西班牙传播到英国。在那里，斜纹格子图案以高地格子的形式留存下来。人们也使用其他动物纤维，包括獾、山羊和马。在不列颠群岛，最早的凯尔特纺织品发现于北爱尔兰的阿莫伊（公元前750年至前600年）。从这些纺织品中，可以看出当时的人们使用了先进的纺织技艺。例如，这些技艺制出了我们目前为止已知最早的不均匀斜纹织物。这些织物包括一条用人字斜纹布织成的黑色马鬃腰带，其两端精心镶有流苏。不过，现在人们已经不再使用人字斜纹布了，而这条腰带也只剩下一些残骸了。这些北欧和中欧的技艺可能来自东部邻国，但是，科学家在东欧和中欧几乎没有发现公元前2500年至前1000年左右的纺织品，因此很难证明这些技艺是经传播而来。已发现的纺织品中，仅有一块来自安纳托利亚的斜纹布（公元前3000年），一块发现于高加索西北部塔斯卡亚（Tsarskaya，新斯沃博德纳亚）的格子布（公元前2500年至前2000年），以及一块使用早期哈尔施塔特羊毛织成的带有圆点重复图案的V形斜纹布（公元前1270年至前1120年）。话虽如此，凯尔特格子布与在新疆哈密发现的公元前1000年左右的格子布非常相似，这种相似性证明高加索人确实向东迁移了，也体现了纺织品作为文化档案的重要性（在塔里木盆地的且末县发现了一名公元前800年左右的车尔臣人，他身材高大，留着长长的亚麻色头发和胡须，身着红紫色羊毛恤衫和马裤。从他身上发现的纺织品也与凯尔特格子布极为相似）。

纺织品上一些串珠、流苏、线圈和刺绣的装饰，可以让它们更加丰富多彩。科学家在今土耳其的特洛伊城发现了蓝色、白色、绿色和黄色，还有金色的彩陶串珠。其中金色串珠可以追溯到公元前2300年左右。它们掉落在织机砝码之间，说明人们用一根纬线将它们穿起来，再用另一根将它们固定在适当的位置（美洲原住民也用这种方式来制作贝壳串珠腰带）。科学家在不少地方都有一些偶然的发现。在埃及的一个边区村落〔克尔玛（Kerma）遗址，约公元前1800年〕和一处京畿重地（图坦卡门墓，公元前1350年），科学家发现了一些饰有大量织入并缝固的彩陶串珠的服装，以及类似的镶珠网状罩衣。在迈锡尼文化盛行的克里特岛上也有一些遗址（公元前1450年至前1300年），科学家从中发现了更多彩陶串珠，还有金片和包有金箔的木制"亮片"。

最早的绒毛结构像流苏一样附着在纺织品上，科学家在瑞士发现了一些公元前3000年左右的物品。人们将绒毛插入席垫和篮筐中。旧石器时代，人们喜欢在头上装饰一些动物软毛。这种喜好延续到了青铜时代。在当时的德国北部和丹麦（公元前2000年至前700年），人们普遍都在头

35 巴伐利亚山脉中的哈尔施塔特盐矿保存着种类最全的欧洲史前纺织品。这些样品来自东方集团，可追溯到公元前8世纪至6世纪。从中我们可以看到许多用由经过菘蓝、淡黄木樨草和野生茜草染色的羊毛制成的斜纹织物，其中一些由该地区发现的最早的精细羊毛纱线制成。最下面两行可以看出是平板编织的花纹布。

第二章 染料与织机时代 约公元前3200年至前600年

36　上图。这条18世纪的贝壳串珠腰带可能是易洛魁人（豪德诺索尼）的用品。这种编成串珠的样品非常罕见，一次穿九个管状壳珠到皮质纬线上，再由折返的纬线固定。这条纬线交替地缠绕每条经线，并穿过每个小珠。由贝壳串珠做成的物品可以用来帮助人们背诵祭文或经文，让部落间的公文显得更加庄重正式，并纪念各种会议和条约。那些经常使用紫色的人往往头脑清醒，为人稳重。

37　左图。19世纪末或20世纪初，卡瓦伊苏部落特甬（Tejon）部族的阿兹特克人在加利福尼亚的特哈查比群山中制作了这个种子罐。人们将鹌鹑羽毛和红色羊毛流苏插在罐子的盘绕材料下面。

54　流光——世界纺织史

冠和头罩上加上绒毛（通过锶同位素可以分析证实这两个地区之间的联系：公元前1370年丹麦艾特韦女孩的羊毛衣物来自英国黑乡）。在塔斯卡亚发现了一件饰有红色绒毛的紫色仿亚麻布内衣，而在大约同时代的乌尔王朝（约公元前2500年）皇家陵墓中，出土了一条由长线做成的长绒毛。这件物品让挖掘者想到了刻在苏美尔遗迹上的短裙。有两种方法可以做出这种"假"绒毛。第一，在搓捻时将线插入卷曲物之间。早在公元前2000年，太平洋干燥的沙漠海岸和安第斯山脉的高原地区就发现了这种方法。公元前500年左右的中美洲以及现在毛利人和夏威夷酋长的羽冠中也能看到这种方法。第二，通过交织的刺绣针迹做出同样的空隙将长线固定在中间位

38　埃及人于公元前2000年左右制作了现存最早的连续纬编线圈。在大约公元9至10世纪，埃及人制作了图中的亚麻样品。这是一个袖带的碎片，下面有一条用织锦法编织而成并用茜草染色之后的窄带；上面的绒毛应该是穿在里面的，用来抵御恶劣天气。

第二章　染料与织机时代　约公元前3200年至前600年　　55

39 公元前200年至公元200年之间，秘鲁纳斯卡人制作了这块大棉板（143厘米高）。他们用交织针法将亮色羽毛固定在了棉板的整个面上。

置。这种针法很可能来自青铜时代早期的丹麦和青铜时代中期的杰利科。克尔玛遗址中，除了一些绒毛是由长长的羽毛倒钩做成，大多数绒毛是由放入方平组织布料中的倒"U"形亚麻线做成的。已知最早的连续不断的纬编线圈绒毛发现于底比斯附近的德埃巴哈利建筑群（Deir-el-Bahari），可追溯到公元前2000年左右，比克尔玛绒毛要早200～400年。而最早的几近乎完整的希腊服装（约公元前1000年）和意大利北部微兰诺威墓（公元前9世纪晚期）中的残片，上表面都覆盖着纬线圈。此外，公元前600年以后的埃及人还在继续使用这项技艺。不过，人们不再用它来制作几何图案，而是开始制造一种非常粗糙的绒毛圈。

当时，关于综片棒的概念已经慢慢形成而且逐渐传播开来（或者当地人突然创造出了这些概念）。综片棒大致上是一些长条和线圈经过编排之后形成的物件，它们以各种方式永久性或临时性地连接到那些选定的与它们一同抬起的经纱上。织机砝码和纺锤螺纹都有相关的文物留存下来,但综片棒却没有实物证据。但是,埃及古墓中和希腊花瓶上的那些图画和模型都能够证明,这一时期的经纱加重织机、卧式织机和立式织机都使用了综片棒。同时还有许多发明创造,这种综片棒是其中的典型代表。有些图案必须使用综片棒才能编织出来,一些结构效果也是如此:在编织过程中,把纬纱按照螺旋形缠绕在置于布上的一根综片棒上,然后把棒抽出来,就形成了纬编线圈。在制作网眼时,这些综片棒能够保持住每一个依次进行的合股,直到下一个就位。这种技艺广为流传,在丹麦(约公元前 1400 年)和秘鲁(约公元前 1100 年)的记载中都能找到关于它的早期证据。

40 左下图。在埃及的一处古墓中,科学家发现了这个亚麻布纺织作坊的模型,可追溯到公元前 2030 年至前 1640 年。从模型中我们可以看到,织工们正在操作一台卧式落地织机。织机上有一根坚硬的综片棒(中间的棒),而另一根(右)在准备经纱。
41 右下图。这台背带式织机例证了所有综片织机的共同特点。一些线圈将综片棒(c)固定在一些经纱(k)上,综片棒可以将这些经纱同时挑起来。这一动作凌驾于分纱杆(b)之上,为纬纱或纱筒(l、e)创造了自然的梭口或开口。平纹织物就做成了。额外的综片或分纱棒能做出更为复杂的编织图案。顶杆(a)固定在一根柱子或树干上,由靠在紧绷带上的那名织工把它拉紧。该织工用木棍或"剑"(d)来顺着插进来的纬纱进行拍打。

 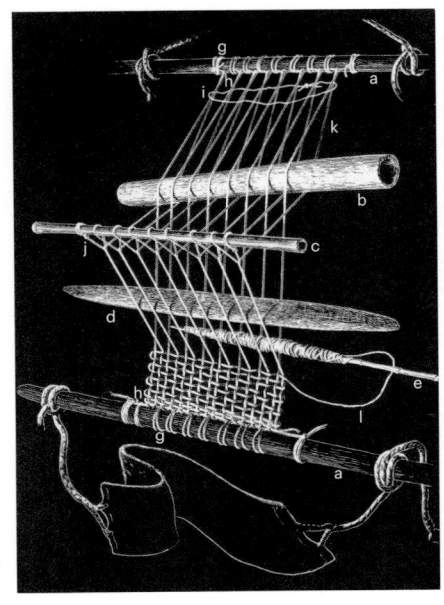

第二章 染料与织机时代 约公元前3200年至前600年 57

织工也用综片棒来托起那些手工挑选的带有"拼凑"(下凸)图案的经线(就像中国青铜器上印着的那些图案一样)。制作复杂织物也需要使用额外的综片棒,例如:来自哈尔施塔特的增补纬纱四页斜纹织物,来自爱尔兰的三页斜纹织物,以及来自秘鲁的薄纱织物。在公元前 2000 年的秘鲁,综片织机得到了高度发展。哈密和塔里木盆地的布料(公元前 1800 年至前 700 年)上重复出现了相同的图案错误,说明他们也使用了综片织机。经纱加重织机需要使用头带这样的窄件,在使用这些窄件时,织工往往仍会使用手指而不是综片棒来进行操作,而综片棒会用作辅助工具来制作复杂图案。从瑞士、高加索和哈尔施塔特各种文化中留存下来的纺织品表明,这些一直以来都是经面的头带无论如何都需要使用穿了线的卡片来进行编织。如果旋转这些卡片,它们就会自动抬高或压低经纱(通常是四根,每根穿过一个角),从而形成梭口。

因此,很多手指加工技艺便这样留存下来了,例如交错编织法、网眼编织法、卡织法、搓捻法和包裹法。如果将包裹法用于相邻的无源元件上,则称为"盘绕法"。使用织机进行纺织时,也可以镶嵌图案。织工对纬纱进行人为操纵,只让它们出现在需要的地方,而不是从一边布端延伸到另

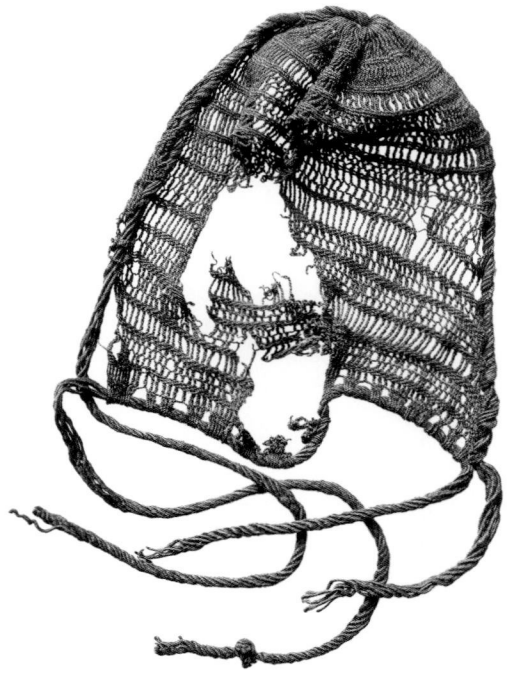

42 这件丹麦青铜时代的发网采用网眼编织法制作而成。它的水平骨线非常抢眼。可以看出,在进行下一次扭转时,可能会插入一根杆来暂时固定先前对垂直细线的扭转。

58 流光——世界纺织史

43 这块重新拼接的瑞士亚麻布通过经纱加重织机制作而成，可追溯到公元前 3000 年左右。从中我们可以看出，如果加入额外的纬纱，就有可能做出更加复杂的图案。这种覆盖在底布上且不从一边布端延伸到另一边布端的附加物被称为"凸纹纬纱"。

一边布端或作为已制成织锦的一种增补。这种嵌入式挂毯技艺在公元前 1400 年至前 1330 年的埃及非常常见。周围的布仍然是用平纹组织织成的亚麻布，但插入的画面则是用染色羊毛做成的。科学家认为，这种创新手法（类似于链式针迹刺绣）来自黎凡特地区的移民。根据公元前 1980 年至前 1530 年左右的墓葬情况来推断，这些移民大部分都是女性。这种手法也可能来自后来的叙利亚和巴勒斯坦等地区的工人。他们是图特摩斯三世统治末期（约公元前 1504 年至前 1450 年）的俘虏。因为在那个时期，巴勒斯坦人已经会使用经线加重织机了。这种织机的摆放方式可能启发了埃及的挂毯织机。挂毯织机大致上是将一台卧式落地织机直立起来，并通过这种纬面技艺来完成整件物品。大约在同一时期，埃及确实出现了通常在经线加重编织过程中用作顶带的多色卡织窄带（但也与经过搓捻的布料有关），但它们似乎只是一种独立的存在。

色彩鲜艳、结构复杂的纺织品享有盛誉，且广受欢迎。在叙利亚厄尔巴岛发现了一些公元前 3000 年的文字记录，其中记载了叙利亚与巴勒斯坦和美索不达米亚南部地区的纺织品贸易（到公元前 2000 年左右，来自印

第二章　染料与织机时代　约公元前3200年至前600年

度河流域的棉花和棉花种子等原料也流通到了美索不达米亚南部地区。这些原料经波斯湾抵达乌尔王朝，用来交换当地的布料）。然而，这一时期的叙利亚人面临着来自美索不达米亚北部的亚述人的竞争。当时，亚述商队已经在安纳托利亚南部的卡内什（库尔特佩）建立起来了。唾手可得的财富引发了因贪婪而自相残杀的战争，并最终导致了该地区的毁灭，因为到公元前 1800 年左右，大多数安纳托利亚定居点都成了废墟。因为大约公元前 1800 年以后出现了贸易和各种扩张主义，所以也涌现出了更多有关布料、技能或工人本身（尤其是妇女）交易的证据。公元前 1800 至前 1200 年，乌加里特城兴起了一个以贸易为基础的沿海王国。那里出土了一些公元前 1400 年至前 1200 年的泥板，上面用苏美尔语、阿加底亚-巴比伦语、胡利安语（美索不达米亚胡里特人的语言）、塞浦路斯语、爱琴海语和赫梯语的楔形文字，以及埃及的象形文字记载了它的统治范围。乌加里特的行政文件用有史以来最早的以语音为基础的文字书写而成。这些文件也显示了养羊、羊毛加工和染色工艺的重要性，其中包括使用骨螺进行染色（这些主题也用线形文字 B 进行了记录，这种迈锡尼文字可以追溯到公元

44　从这两块挂毯织物的碎片中，我们可以看出经纱直径和织物结构变化所带来的不同效果。从顶部开始：埃及双罗纹挂毯，里面的亚麻经纱上覆盖着羊毛和亚麻纬纱（公元 400 年）；秘鲁粗缝挂毯，经纱为棉线，纬纱为驼绒（公元 1000 年至 1500 年）。

前1450年左右）。乌加里特间接地从东亚到现代阿富汗地区获取原料，其中包括制作猩红羊毛所必需的锡。乌加里特船通常充当"中间人"的角色。至少从公元前1650年开始，乌加里特船只促进了黎凡特、埃及和米诺斯克里特岛之间的纺织品贸易。因此，这一时期的米诺斯圆盘织机的砝码随处可见。科学家在整个克里特岛、基克拉泽斯群岛、小亚细亚海岸、爱琴海北部岛屿，以及希腊本土的东南海岸地区都发现了这种砝码。其中，大多数可以追溯到公元前1800年至前1600年。一些学者将这些发现与克里特编织技艺和紫色染色技术的传播联系起来。此外，马里石碑（公元前1800年至前1750年）等文献证实，叙利亚和美索不达米亚的贵族们非常喜欢米斯诺长袍。

　　赫梯文明在其鼎盛时期（约公元前1475年至前1200年）逐渐控制了安纳托利亚和叙利亚的大部分地区，并推进到美索不达米亚，远至巴比伦，因此统治了地中海东部的一个关键角落。虽然赫梯人有分工明确的织工和染色工群体，而且他们得到了内部流动商贩的反哺，但乌加里特人每年都会向赫梯人进贡用骨螺染色的羊毛。与此同时，乌加里特、泰尔、比布鲁斯和西顿作为国际贸易港口的重要性日益增强。这四座城市都在今叙利亚境内，但后三者当时归属于腓尼基人。早在公元前1700年左右，腓尼基人也进行染色羊毛的贸易，但直到公元前1000年，他们才因在羊毛市场中占主导地位而闻名。他们航行到非洲和西班牙的大西洋海岸寻找贝类动物，同时出售羊毛、廉价染料、染色布料和其他纺织品。因胭脂虫红染料而自视甚高的安纳托利亚人主动用黄金和白银来换取亚述人的锡（用作媒染剂）和纺织品，而腓尼基人自己则从西班牙，甚至可能远至英国，来获得锡。尤其是在公元前10世纪所罗门王统治时期，敢于进行航海冒险的腓尼基人的确为以色列人从事过贸易业务（所罗门王建立的以色列舰队曾沿红海地区开展贸易，在组建过程中得到了腓尼基人的帮助）。公元前1200年左右，随着赫梯王国和埃及帝国的灭亡，叙利亚港口的贸易商们获得了完全的独立。他们在商业领域有着举足轻重的地位，因此，即使亚述人征服了他们（公元前858年至前824年），但他们也仍是自由之身。反过来，亚述人从奢侈品贸易中获得了巨大的收益，他们将猩红布料用作贡品，并开发商队路线和建立商队旅馆（客栈），以此来巩固和扩大他们的领土。

　　公元前1300年至前600年是流离失所和文化扩散的时期。在此期间，乌加里特消失，迈锡尼希腊崩塌（虽然大约公元前800年之后，希腊开始推进殖民运动，将骨螺染色工艺从亚得里亚海沿岸传播到意大利南部和西西里岛）。大约在公元前1200年，埃及、巴比伦人和赫梯人之间的联盟解

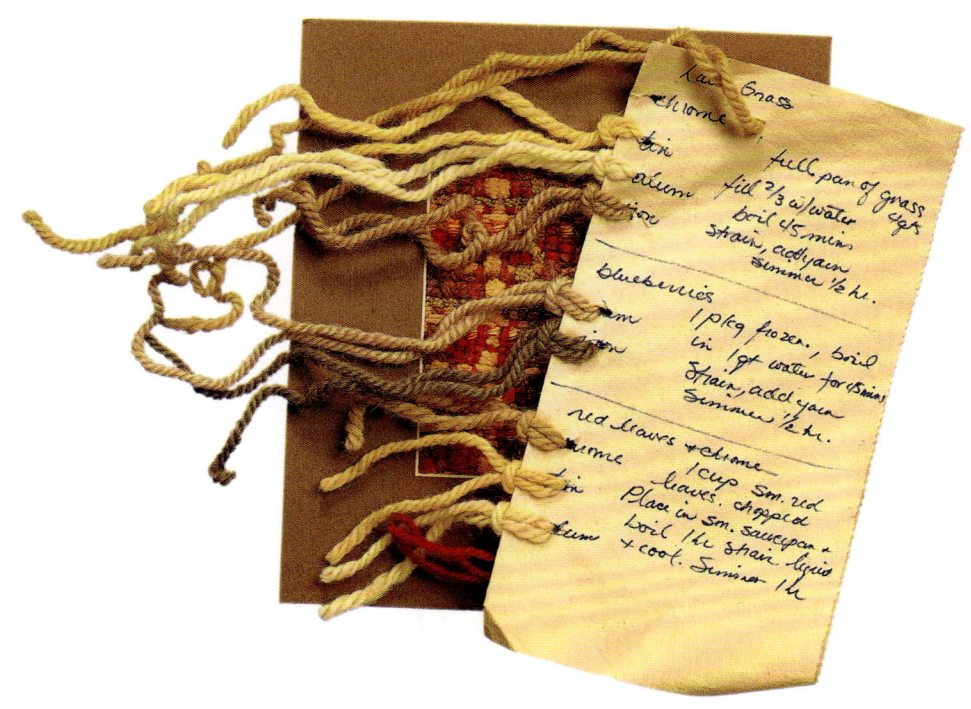

45　这是一些使用草坪植物等易得原料进行染色之后的毛线。在染色的过程中，它们从上到下分别使用了铬、锡、明矾和铁作为媒染剂。而使用锡作为媒染剂的毛线，光泽效果非常明显。红线是使用骨螺染色而成。紧随其后的是另外一个样品，它使用一种染料在不同纤维制成的纱线上进行"布料交染"而制成。

体，这标志着中东、北非和地中海欧洲青铜时代的结束。虽然埃及已经将势力扩展到非洲的努比亚，但它从公元前1075年开始，进入了长达400年的"黑暗时代"。北部的利比亚人和南部的努比亚人纷纷入侵埃及。很多年以后，埃及才由数量更多的其他入侵者——非洲库希特人重新统一起来，埃及的文明也被入侵者同化。与此同时，在公元前9世纪至前7世纪的大部分时间里，美索不达米亚北部的亚述人在中东地区发动了破坏性的战争，最终将他们的控制范围扩大到美索不达米亚南部，远至叙利亚地区，并沿着地中海向南延伸到埃及以及底比斯。公元前612年，巴比伦人和米堤亚人打败了亚述人，为波斯人（今伊朗人）的崛起铺平了道路。在这样动荡不安的环境中，留存下来的纺织品非常少。在大约公元前2000年至前338年的大部分时间里，大草原和希腊爱琴海地区都没有留下任何遗迹，而叙

46　一件希腊装饰瓶上面的图画形象地展示了制线和纺纱技艺。右数第二的人物拿着一根卷线杆，从这根杆上垂下来一个纺锤，她正在用这个纺锤进行粗纺。这些技能是随着希腊殖民运动而传播过来的。

利亚、美索不达米亚及更远的南部和东部地区，也几乎什么都没有。尽管如此，公元前1200年至前800年左右的荷马时代流传下来一些萨迦（传说）。同时，科学家也发现了一些工具以及其他文字和图画证据。它们能够证明，当时的人们广泛使用各种经过装饰的布料。图案编织法和各种染色丰富的羊毛现在都成了故事的载体，告诉人们它们作为物物交换、交易、贡品和贸易对象的日益重要的地位。

第三章

贸易及趋势
公元前750年至前600年

希腊人开始为期两百年的扩张期（约公元前 750 年）以及埃及重新统一（约公元前 730 年）之后不久，安纳托利亚开始使用最早的金属货币（约公元前 700 年至前 640 年）。考古证据表明，早在公元前 7000 年人类就开始有了贸易。但是，在本章所讨论的这一时期，贸易成了领土扩张的主要动机，由此引发的战争波及了已知世界的大部分地区。当时，纺织品已经是重要的贸易商品了（见第二章），但是在一些地区，纺织品的生产和分配发生了明显的并且是决定性的从机会主义到主动预期的转变。也就是说，人们是为了将来的分配而制作或获得纺织品，而不是出于眼前的需求。金属货币的传播非常缓慢。即使在使用金属货币的地方，纺织品往往也充当货币的角色。尽管纺织品依然是这一时期人类技能发展的重要证据，但本章更加详细地从购买（说服）力、社会地位以及美学和象征内涵等方面讨论了它们作为交换对象的价值。

赫梯人灭亡之后，安纳托利亚中部和西部一直处于真空状态。公元前 1200 年左右，它们迎来了新的主人。来自爱琴海北岸的色雷斯移民在这里建立了弗里吉亚王国，首都设在戈尔迪乌姆（Gordium）。接着，吕底亚人在大约公元前 700 年征服了该王国。吕底亚人起源于安纳托利亚西部沿海地区，他们的文化受到了地中海地区的影响，首都却设在内陆城市萨迪斯。科学家在戈尔迪乌姆发现了一组兼具装饰和实用功能的纺织品，可以追溯到公元前 8 世纪后期。这些纺织品可以证明，该地区有许多自创或现成的技艺和材料，包括染色的条纹和格子布、索马克地毯、纬编线圈、开叉织锦，以及用骨螺染成的紫红色羊毛和灰白色植物纤维做成的具有复合经面图案的缎带。它们的结构表明，当地人使用了一种更加先进的织机，上面有用细绳做成的可以制作图案的综片。制作工艺稍微简单一些的布料还有两种罩布，一种用来罩住羊毛，这些羊毛会用于制成毡并铺在底布上；一种用来罩住纱线做成的毡，这种毡的制作方法是将纱线交替摆放

47 到公元前600年左右，中国丝线和成品布贸易已经向西一直扩展到了现在的德国；在大约700年后的古罗马时期，它们的价格与黄金相当。这是在江陵马山（公元前340年至前278年）一处妇女墓中发现的一段刺绣袖筒。可以看到，织工将丝绸织成了薄纱。这是中国在公元前1500年至前1000年使用的一种复杂的编织结构。

第三章 贸易及趋势 公元前750年至前600年

在两个相反的方向，就像制作莎草纸一样。除了亚麻和羊毛制成的平纹织物外，还有马海毛织物，可能还有大麻织物。这些纺织品在许多方面都与为数不多的叙利亚文物极为相似。在那里，科学家发现了可以制作图案的综丝的痕迹，一些三页纬面编织物就是证据。这些编织物有的存在于织锦上，有的在公元200年左右的丝绸上。据公元前6世纪发行的《以西结书》记载，人们在大马士革进行了成熟的埃及精细亚麻布交易。这些亚麻布与来自阿拉伯半岛的绵羊和山羊以及来自希伯伦的白色羊毛一起出售，这些羊毛本身就很珍贵，而且染色之后颜色最为鲜艳。通过这种贸易，叙利亚得以保住了它作为思想传播载体的地位。事实上，到公元前404年至前343年为止，埃及人已经开始编织（尽管完全是用亚麻为原料）我们在戈尔迪乌姆见到的那种复合经面纹饰缎带了。

科学家认为，早已因纺织品而声名在外的叙利亚和安纳托利亚在这一时期又有了多项创新。在罗马历史学家老普林尼（公元23年至79年）的记述中，他认为刺绣起源于安纳托利亚的弗里吉亚人。这一论断虽然非常有名，但却错得离谱，因为安纳托利亚地区只是最早使用了一种特定的技艺（使用金属线）而已。当地最早的证据（约公元前1800年）表明，人们

48　这是一块叙利亚亚麻和羊毛纬面布的碎片，可追溯到公元200年至300年。上面的意象采用可制作图案的综片制成。从中我们可以看到，狩猎场景规模较小，并且在20厘米的空间内垂直重复了三遍。

49 这是一件以黑色图案为主的基里克斯陶杯，可追溯到公元前540年左右。在陶杯内部，描绘了酒神坐在船上的场景。这一场景提醒人们海上贸易对纺织品具有持久意义，而且告诉了人们海上纺织品的重要性。

曾使用纯金线来固定深蓝色的彩陶串珠。虽然目前为止尚未发现弗里吉亚时期的金属刺绣，但科学家仍然找到了一些公元前1200年以前留存下来的金制串珠、薄片和亮片。这些文物或来自该地区，或来自与之进行贸易的地区。此外，安纳托利亚与伊特鲁里亚人居住的托斯卡纳地区（公元前750年至前509年）有着频繁的贸易往来，这表明在托斯卡纳发现的一个金制发网、一件衣服和一块混有黄金的紫色亚麻布等文物很可能来自安纳托利亚。其中，这件衣服虽然已经破损，但其长度能够覆盖从腰到脚，而且用银线交织而成，上面饰有琥珀、彩陶和串珠，安纳托利亚有一位名叫麦得斯（Midas）的国王，意为"大富翁"，这足以说明当地矿产资源丰富。而且，弗里吉亚也是首次铸造金属货币的地方。克里萨斯是吕底亚最后一位土生土长的国王。公元前560年至前546年他在位期间，安纳托利亚的领土持续东扩。据说，他拥有数之不尽的财富，正因如此吕底亚才成了阿契美尼德波斯人（公元前648年至前330年）入侵的第一个国家。当时波斯人在萨迪斯建立了军事据点。

吕底亚与安纳托利亚海岸的大量希腊殖民地进行贸易，这些殖民地都与雅典周围的阿提卡地区结盟。通过对这些殖民地的控制，波斯人与希腊人进行了第一次直接接触，并继续进行现有的贸易。这或许能够解释科学

第三章 贸易及趋势 公元前750年至前600年

家为什么会在阿提卡发现一块公元前4世纪的亚麻布。这块布上绣着重复的几何图案，其间点缀着几只用后腿站立的小狮子，而这些小狮子采用缠绕在纤维芯上的金银金属线制作而成。公元前7世纪，希腊向北在黑海沿岸大肆扩张其贸易殖民地，而大约公元前700年至前200年，几个塞西亚马背文化部落占据着欧亚大草原。因此，希腊沿着上游海岸与这几个部落产生了联系。科学家在库班地区的"七兄弟"墓葬群中发现了丰富多样的纺织品遗留物，其中包括两块用矿物颜料和蜡混合而成的染料染色之后的羊毛布。一块是上面饰有希腊神话中的饰带，可追溯到公元前5世纪中期。另一块上面饰有用希腊字母命名的神话人物，可追溯到公元前300年至325年左右。这些发现物的来源非常明确，这表明他们可能是经由波斯人而获得了那块饰有鸭子和鹿头图案的樱桃红地毯（约公元前330年）。在其附近的另一处墓丘发现的一块绣着灰白色、绿色和蓝黑色的紫红色羊毛布（约公元前350年），可能也是用同样方法获得的。

我们必须区分刺绣本身是一种制作图案的技艺，也可以用作附加的装饰性物品，但这两者之间有着明显的差异。当然，普林尼没有看过希腊

50　这是一件略经打褶的古希腊女式长外衣。公元前520年左右，人们在大理石上绘制出这种效果，将其附着在科莱女神身上。织工使用经纱加重织机制成精细羊毛，再将这些羊毛织成大块矩形布料，从而做成这件外衣。虽然装饰性的卡织包边是布料的一部分，但面积很小的"粉末状"图案可能是经刺绣而成的附加物。

70　流光——世界纺织史

51 这块凸纹金匾制作于公元前4世纪上半叶,描绘了狩猎野兔的场景。它出土于克里米亚东部刻赤附近的库尔-欧巴考古遗址。该遗址中含有一个塞西亚古冢,而金匾只有一张邮票那么大。边缘有一些孔洞,可用于将其缝合在衣服上。

历史学家希罗多德(Herodotus)于公元前513年发表的著作。希罗多德指出,生活在今巴尔干半岛和乌克兰西部的色雷斯–达契亚人用刺绣来装饰衣物。考古发掘已经证明了这一论断的正确性。然而,人们也曾用刺绣来将邮票大小的、带有装饰性图案的金片固定在衣物上,而乌克兰西部的刺绣与这种用途有着最为密切的关联;科学家在托夫斯塔古墓(Tovsta Mohyla)发现了一具公元前4世纪的乌克兰–塞西亚贵妇的骨架,上面留存了数百件同种装饰品。长期以来,科学家一直认为,当时的人们通过既定的贸易来获取这些物品,他们用谷物、蜂蜜、皮毛和草原上其他物料来交换葡萄酒、橄榄油、陶器和纺织品以及其他商品。公元前500年左右葬在希腊北部的人的衣服上也有类似的缝合式金制装饰物。不过,科学家最近在帝王谷以东很远的地方(今俄罗斯的图瓦共和国)发现了一座公元前500年的塞西亚墓,里面存有大约9300枚装饰性金片。这表明,这种缝合式装饰物很可能制作于塞西亚文化地区。科学家正在对这些文物进行同位素分析,很快就能确定它们的发源地。

波斯帝国位于塞西亚地区的西部和南部,其鼎盛时期的(公元前550年至前334年)面积与美国大陆大致相当。波斯帝国同样以商业为重,为了促进贸易,它修建了第一条大型高速公路——王道,全长约2700千米。该公路始于希腊-安纳托利亚沿海殖民地以弗所,经过叙利亚,终点位于乌尔(伊朗西部)正东的苏萨。乌尔本身是某个帝国的中心地区,该帝国向更远的东部地区扩张,直到兴都库什山脉的西麓。在这种背景下,缝合式金属装饰物以及纬面联锁式和开叉式织锦(都与安纳托利亚和叙利亚有关)如何穿越波斯帝国,最终被埋葬于西伯利亚阿尔泰山巴泽雷克人的塞西亚古冢(公元前400年至前300年)之中,我们对此一目了然。这些古冢中出土了镀金的木制纽扣、金属片、由经过缝制且具有实用性的串珠和

第三章 贸易及趋势 公元前750年至前600年

黄铁矿晶体组成的图案，以及首批真正金属刺绣的实物证据：一些用外面裹有锡纸条的筋线来包边的带状物。巴泽雷克人墓葬中含有许多物品，它们在未来的许多世纪中都是中亚和东欧地区纺织品的典型代表，其中包括：捻筋缝制的白色大麻衬衫，接缝和包边时采用特有的红色羊毛针脚和实用性彩色穗带进行美化和加固，采用贴花装饰技艺缝制在布料、毛毡、皮革或毛皮上的毛毡和皮革，以及大量的平纹和四页斜纹羊毛布（其中大部分都染成了红色）。在那里发现的刺绣大部分是几何形状的，包括玫瑰花结、斜纹状的"V"形图案以及类似的菱形花纹。两千多年后，人们依然可以在巴基斯坦到俄罗斯的大部分地区找到这些纹饰。然而，科学家还有一些意外收获，其中包括一块棕色羊毛布，上面有成排的纬圈绒，一些行列上留有长圈，而另一些行列上的长圈则被剪开了。我们在戈尔迪乌姆见过这些纬圈绒，在更早之前的埃及也见过。其中以"库尔干5号"古冢中的一条以深红色为主的地毯最为出名。该地毯上铺着一层羊绒（羊绒做成了对称性的双结状，现在称为"土耳其结"），周边饰有骑马的人，而中间则是棋盘状的玫瑰花结。科学家根据这种纹饰风格来判断其发源地，得出的结论

52 左图。虽然最早的毛毡实物证据可能来自加泰土丘遗址（约公元前6000年），但更为确切的样品则出现得更晚一些。巴泽雷克地区发现的文物最为壮观，其中包括这件公元前500年左右的毛毡鞍褥（马鞍座毡）。

53 右图。科学家在西伯利亚南部的冰冻坟墓中也发现了一些纺织品，其中包括公元前6世纪和前5世纪的绒面地毯和碎片。图中的这块地毯来自巴泽雷克地区的"库尔干5号"古冢。它有一排对称结或土耳其结，用来制作三排左右的平纹编织底料。

却不尽相同。一些学者证明了用于制作巴泽雷克墓主衣服的羊毛来自阿尔泰绵羊，以此为主要依据得出结论：当地人对一些外来图案进行了本土化改造。而另一些学者则认为，该地毯由因绒毛地毯而闻名的吕底亚人制作而成。"库尔干5号"古冢中还有一块毛毡鞍褥（马鞍座毡），上面镶嵌着剪碎的羊毛织锦。这些碎片所在的底料使用胭脂虫粉染成了樱桃红色，并且像"七兄弟"墓中的文物一样兼有三种颜色：灰白色、棕褐色和蓝黑色。

第三章 贸易及趋势 公元前750年至前600年

虽然我们能从巴泽雷克鞍褥中窥见当地游牧民的共同品位,但这种鞍褥融合了其他意象,这些意象与新亚述和波斯艺术中的那些具有相似之处。这些物品或纹饰可能是受到了塞西亚北部地区或塔里木盆地的启发,又或是经由塞西亚北部路线、王道以及塔里木盆地北向贸易路线而抵达不同地区。但无论如何,它们都有力地证明了纺织品在两种不同文化融合过程中所起的重要作用。

科学家在巴泽雷克也发现了中国丝绸布料,有花纹织布,也有平纹织布。其中一块布料上饰有链式针迹刺绣。希腊的凯拉米克斯遗址出土了一块红色丝线刺绣的红色棱纹平布丝绸碎片,可追溯到公元前 430 年。科学家在荷米歇尔(Hohmichele)、霍赫多夫(Hochdorf)和巴登 - 符腾堡州(Baden-Württemberg)等三处哈尔施塔特遗址(公元前 600 年至前

54, 55　左下图,科学家在阿尔泰山的巴泽雷克"库尔干 5 号"古冢中发现了约公元前 400 年的鞍褥。该鞍褥由羊毛织锦组装而成,上面镶有金属薄片:较小的图案附在经胭脂虫粉染色的底料上,现在已经褪色了。右下图是来自苏萨的同时代的波斯左撇子弓箭手。他们身上也有类似的图案。这种相似性证明,两地虽然相隔遥远,但互有贸易往来。

74　流光——世界纺织史

500年）中发现了一些纤维织物。这三处遗址都位于今德国西南部。在这些织物中，科学家找到了欧洲已知最早的丝线。人们将这些丝线合股制成条纹布或纺织布料中的附加纬线，或将它们用于制作精美的刺绣。所有这些纺织品都按照当地风格制作，包括并饰有其他与哈尔施塔特人有关的复杂织物，包括精心制作的卡织包边和复杂的斜纹织物等。公元前6世纪，塞西亚人建立了一条从黑海上方的东欧经西伯利亚抵达中国边境的贸易路线，而这些丝线进一步证实了这条路线的存在。另一种闪闪发光的丝线来源于一种名为风扇贻贝的大型贝类动物。它产生的足丝是一种金黄色的软丝，也被称为"海丝"。公元前9世纪的叙利亚和美索不达米亚泥板上提到过这种丝线，并将其称为上等亚麻布。然而，人们直到20世纪末才开始在撒丁岛离岸岛屿圣安蒂奥科岛上收获这种足丝。希腊西部的哈尔基斯（Chalkis）出土了一些相关的碎片，可追溯到大约公元前595年至前570年。很久以后，160年至550年的希腊、罗马和中国的文献中偶尔也会提到这种足丝。但当时也有人认为它就是野蚕丝（1070年左右的埃及文物以及哈尔施塔特文物证实了这一论断）。在罗马帝国时期（公元前27年至公元476年），解密中国丝绸并以本土方式进行重新编织是一个相当大的产业。然而，解密和重编都很难实现。更重要的是，他们忽略了一个事实，那就是当时有更近的丝线来源。这些来源包括安纳托利亚西部，那里有当地的野蚕种群。附近的爱琴海科斯岛也有野蚕。据普林尼记载，科斯岛人发明了养蚕和丝织。这显然又是一种误解（科斯野蚕丝用破茧的碎片纺织而成。当时在中国、印度和叙利亚也采用其他品种的蚕茧碎片来纺织。直到3世纪初，中国人都只出口从破损蚕茧中提取的不太完整的丝绵，而禁止分销连续不断的质量更好的纤维）。无论发光的精细纤维来自哪里，它在当时都价值连城。

　　普林尼曾是一名罗马士兵，后来成为百科全书编纂者。他的观点反映了公元1世纪一些公认的事实和流行的民间传说。由于地理和时间的原因，他的观点没有涉及中国和波斯帝国。公元前326年，来自马其顿的亚历山大大帝征服了波斯帝国的大部分地区，并将其与希腊合并（他的父亲腓力二世前不久刚刚征服了希腊）。这一事件对贸易和纺织业产生了直接且持久的影响。在这个过程中，亚历山大摧毁了泰尔的大部分地区，但从波斯人手中夺取的黄金、白银和奢华纺织品为他提供了大量资金，用以修建更多道路、城市和港口。所有这些工程都由希腊人和马其顿人监工。他们将自己的语言、货币和生活方式向南一直传到印度河流域。公元前323年亚历山大去世后，这个所谓的希腊化世界被划分为六块领土，其中有两个分别名为托勒密王朝和塞琉古王朝的君主国。前者的统治范围包括马其顿、色雷斯和克里特岛，后者则包括安纳托利亚南部及其以东地区。它们的贸易往来最远至撒哈拉以南的非洲、阿拉伯和印度（为了获得印度的棉花）。埃及西部原本只是零星地尝试种植棉花，但在托勒密和罗马时期（公元前 305 年至公元 395 年），当地棉花种植终于成功。两个君主国的广泛贸易或许能够解释这种成功的原因。历史悠久的商队足迹纵横交错，穿过今伊朗地区（科学家在这里发现了一件罕见的亚述样品和几件阿尔金棉制服装，可追溯到公元前 725 年至前 600 年），连接着通往中国的几条道路。这些道路统称为"丝绸之路"。谁要是控制了这些通道，谁就能获利颇丰，因此"丝绸之路"控制权的争夺非常激烈。只有奢侈品才能经此运输往来，例如葡萄酒、橄榄油、金属武器和精美的羊毛纺织品运往东方，而茶叶、香料和丝绸则运往西方。一旦后者抵达希腊地区的港口，希腊商人就会将货物运往希腊、意大利和西班牙。因此，普林尼才会误认为这些东西起源于爱琴海沿岸地区。与此同时，罗马征服了意大利半岛的其他民族，在公元前 290 年统一了意大利，并在公元前 146 年征服了地中海的大部分地区。他们摧毁了迦太基（腓尼基人在北非一座港口，几个世纪以来一直主导着地中海西部海岸的纺织品贸易），迫使西班牙缴纳大额贡品，其中一半是胭脂虫粉。

  结果，人们的观念发生了微妙但重要的变化。普林尼反映了这一点，而且这种变化一直影响到我们自己的时代："文明"世界正在向西转移。在安纳托利亚以外的地方，罗马帝国最东端的叙利亚和犹太地区是充满异国情调的"东方"，它拥有的财富非常诱人，但总给人一种神秘甚至颓废的感觉。据说安东尼在公元前 33 年被定为叛贼时，人们指控他在地中海东部的奢靡生活中与克利奥帕特拉（埃及艳后）乐不思蜀。罗马帝国很快吞并了埃及，但却没能轻易接收纺织品贸易所带来的利润和它所创造的品味。雅典人自己对招摇的服饰不屑一顾，尤其是来自马其顿的服饰。公元前 500 年左右，马其顿文化已经沦为波斯帝国西北边陲的一种文化。公元前 6 世纪和前 5 世纪的雕塑与花瓶上经常绘有简化之后的希腊服饰，经纱加重织机偶尔也会作为装饰物出现在这些物品上面，但这些装饰通常仅流行于该帝国的初始边界地区。尽管罗马人对希腊的一切都越来越钦佩和适应，但占主导地位的却是"庸俗的"马其顿风格。这是一种逐渐过渡的转变，以希腊化世界初期腓力二世（公元前 330 年）的丧服为代表。他躺在金棺之中，棺椁上面覆盖着平纹编织的羊毛布。这块羊毛布使用贝类动物染成了紫色，上面装饰着一些织锦图案，而织工使用金制金属线在该织

56 公元前333年，随着波斯国王大流士的战败，亚历山大大帝奠定了希腊化世界的基础，在这个世界里，纺织品沿着丝绸之路从地中海运往中国。这是一幅来自公元1世纪庞贝古城的马赛克图画（以一幅希腊绘画为蓝本）。图中，亚历山大穿着由搓捻和打结的矩形皮革制成的盔甲。

锦上面描绘了一些涡卷形图案以及神话中的生物。紫色在希腊人眼中只是一种低调的颜色，但罗马人却将其用作帝王的象征，很快就风靡了整个帝国。到公元220年为止，叙利亚某个地方的罗马葬礼上也开始使用曾经的帝王服饰了，这些服饰上不仅使用了金线织锦图案而且还嵌有紫色丝绸，不再用毛线。《戴克里先敕令》（公元300年至301年）的颁布更加凸显了这种奢靡之风。该敕令规定了整个罗马帝国所有普通商品的价格上限：到目前为止，使用骨螺染色之后的布料是最贵的，其次是使用胭脂虫粉染成猩红色的布料。

随着贸易和工业的蓬勃发展，丝绸以外的其他奢侈纺织品的原材料也得到了发展。科学家在意大利波河流域的蒙塔莱（Montale）遗址发现了

第三章 贸易及趋势 公元前750年至前600年

57　公元前 750 年至公元 600 年及以后这段时期内最为珍贵的纺织品是丝绸和金线。科学家在叙利亚的一座罗马墓中发现了这块嵌有图案的织锦碎片，可追溯到公元 220 年。为了做成深色效果，织工在紫色染料上花费了额外的费用：按重量计算，胭脂虫粉和骨螺的价格往往超过了黄金。

大约 4500 个纺锤螺盘,同时也找到了集约化绵羊养殖业的证据。这些资料表明,早在公元前 1750 年至前 1150 年,该地区就已经存在专门生产纱线以满足大陆需求的行业了。到了铁器时代晚期,对黎凡特织机砝码的研究表明,羊毛和甚至山羊毛织物已经是统治阶级的日用品了,而纺锤螺盘的砝码,如色雷斯的出土文物,则证明了人们日益增加的对优质细线的需求,而优质细线必须使用更轻的螺盘才能制成。经过选择育种,人们更加高效地获得了更长的绵羊毛,从而为各个中心地区发展集约化生产提供了更大的潜力。繁荣而安稳的哈尔施塔特西部文化(公元前 800 年至前 400 年)开发出了羊毛织物和精制毛料等品种,用于制作更为优质的纤维织物。同时,他们也提升了染色工艺和各种装饰技艺。我们从各种墓葬文物中可以看出,由此产出的布料不再局限于统治阶级使用,也慢慢走进了平民的生活。这一点也具有重要意义。托勒密时期的埃及通过引进绵羊来改良当地的牲畜品种。那里的染色羊毛主要用于十字环形针织和网眼编织以及用于制作镶嵌式织锦的纬线。这些织锦图案能够显示一些希腊罗马时期和公元 1 世纪以来基督教科普特教派的意象。然而优质羊毛的需求量很大,最迟到公元 200 年为止,叙利亚已经织成了最上等的"东方"羊毛——山羊绒。邻近的库什努比亚王国(麦罗埃苏丹)也开始种植棉花了。但棉花非常贵重,幸存的统治阶级服饰可以证明这一点。生产这种奢侈品不仅需要非常精良的灌溉系统,而且还需要得到那些掌管资源、织造工艺和重新分配的王权机构的批准,虽然该地区已经引入了金属铸币,但相关机构仍然经常使用布料或衣物等形式来支付织工的报酬。这些实物报酬和家庭生产的布料可用于偿还债务、物物交易或购买奴隶,有时也用于雇佣织工。这种情况在这一时期的所有文化中都很常见。古典时代的雅典(公元前 520 年至 323 年)有这方面的文字记载。在当时的雅典,纺织品制造与贸易都是获利颇丰的经济活动。

尽管家庭纺织仍在继续,正如人们还在继续使用亚麻,罗马高卢人(公元前 121 年至公元 486 年,到公元前 51 年为止,从阿尔卑斯山和莱茵河延伸到今法国的大西洋海岸)向罗马南部地区出口了大量的羊毛布料。还有文献记录表明,在公元 1000 年的整个欧洲,大量农场和修道院使用经纱加重织机生产大型矩形粗纺羊毛,其尺寸通常由法律规定,因为人们要将其用作标准货币。而公元 1 世纪,欧洲已经引入了立式框架织机,促进了织锦和纬纱缠绕技艺的发展(尽管实验考古学现在已经证明,经纱加重织机可以制作织锦)。精纺斜纹织物的装饰性越来越强。科学家发现了人们在西罗马帝国最后几十年间(410 年至 476 年)制作的带有金制织锦的卡织缎带以及华丽的丝绸和黄金刺绣。此外，他们还找到了公元5世纪至9世纪的法兰克人和盎格鲁-撒克逊人的皇家陵墓，其中的文物表明，人们对科普特织锦、绒毛地毯和拜占庭丝绸（以东罗马帝国的首都拜占庭，也就是后来的君士坦丁堡，现在以伊斯坦布尔命名。罗马帝国分裂约20年后，君士坦丁于324年重建了这座城市）的兴趣日益浓厚。一直到7世纪，上等丝绸都来源于首都的皇家作坊以及埃及和叙利亚的省级中心城市。从500年到600年，只有泰尔和贝鲁特等地区的少数私人作坊能够制作上等丝绸。哪怕撇开这些享有盛誉的产品不谈，这一时期的西方纺织品仍难以形成一个平衡的局面。

东亚地区则是另一番景象。迄今为止，东周（公元前770年至前256年）和汉朝（公元前202年至公元220年）出土的纺织品是同时期全球规模最大的。它们可以分为三种基本类型：第一种是平布，包括丝制塔夫绸，它的数量最多，中国农民用它们来交税。第二种是实用性纺织品，包括鞋、绳、耐用的布料等。这些物品在中原地区和现在的新疆地区都有发现。第三种类型包括精心制作的、流传更广的各种布料。其中包括经过刺绣、染色和织机压花等工艺制成的华丽丝绸和薄纱。这些丝绸和薄纱出土于东周时期的李洲坳墓（约公元前620年，墓中含有300多件大麻和丝绸织品，包括最早和最大的薄纱）、江陵马山女子墓（公元前340年至前278年），以及长沙的马王堆汉墓（公元前170年至前140年）和诺彦乌拉（约公元前100年至公元100年）的200多座匈奴王陵。匈奴王陵中的文物证明，汉朝自公元前112年以来每年都要向西扩张，而诺彦乌拉出土的文物与马王堆非常相似，这说明汉代朝廷拥有三个官方作坊。一般来说，这些纺织品都是"锦"，一种基于中国丝线的长度和强度制作而成的经面复合平纹

58　这是一只来自埃及俄克喜林库斯城（Oxyrhyncus）的羊毛童袜，可追溯到公元2世纪。它采用十字环形针织法制作而成，这种单针技艺也见于大约同时代的罗马和斯堪的纳维亚文物，也称为十字针织成环法。

59，60 这是一条公元500年左右的挪威羊毛缎带（右图为复制品）。人们使用这种卡织物品来加固包边处和接缝处。它们常用作装饰物，还有许多实际用途。远至东南方向的埃及和高加索等地区都能找到这样的缎带。

布。该工艺制作的纺织品沿着水平轴饰有多幅精巧的重复图案而且结合了多达六种经纱颜色，这表明当时的人们使用了多梭口剑杆织机或先进的多综片织机。关于多综片织机，世界上目前已知最早的证据是一种竹制模型，出土于同时期四川省天回镇老官山的西汉墓。在新疆的罗布泊、尼雅和营盘等丝绸之路沿线地区，科学家还发现了一些其他锦织品，上面的图案通常含有汉字。

　　这种将经线圈剪成绒毛的手法很可能是丝绒纺织品的原型。科学家已经发现了一些纬面纤维织物，由此引发了关于中国织锦技艺起源的争论。羊毛织锦（缂毛）在汉代和后来的中国并不罕见，但早在公元前400年，它就已经以窄带的形式出现了在塔里木盆地。当时，人们穿着一些将斜纹、成辫和复合布料缝制在一起的衣服，上面就系有这种窄带。同时代的文物还包括经过胭脂虫粉扎染成棕色和白色的格纹毛料。那些相同的定居点有力地证明了布料、人员和思想的流通：来自印度的佛教和靛蓝防染棉、楼兰纺织品上的希腊化图像、塞西亚意象、蒙古人骨骼以及与巴泽雷克文物的相似之处。人们引进并种植茜草，同时从东方出现了两种黄色的中国草

第三章　贸易及趋势　公元前750年至前600年　　　81

61 江陵马山女子墓是中国已知最早的完整墓穴，可追溯到公元前340年至前278年。尸身上包裹着35件物品，包括丝绸衣物（见第47幅插图）和带有锦缎丝质斗篷的寿衣。图中我们可以看到，该斗篷使用不同图案的缎带绑在一起。从侧面看（这里看起来是水平走线的经线），我们可以分辨出龙、舞者和凤凰的图案。

木染料。所有这一切可能意味着是从某种西方文化中学到了织锦技艺。然而，还有一种假设，那就是周朝的丝织工已经能够制作缂丝这种丝质织锦（目前只能追溯到420年至589年的南北朝时期），因为他们可以编织绦这种更为复杂的纬面丝带了。不过，在纺织领域往往都是先难后易。早期的建筑行业中经常出现"过度工程"这种情况，也是同样的道理。慢工出细活：大家族或皇室作坊中饱受推崇的那些非常耗时的技能，只有在脱离这种环境之后才会不再流行。此外，只要某种"行为"的成果超出了日常生活或宫廷生活必需品的范畴，那它就是原始工业化的一种形式了。这种操作通常是为了提高生产效率，进行标准化生产。这意味着技术更加简化，尽管这种简化不一定能够提升产品的美学价值。

中国纺织品具有商业化生产的所有标志。为了生产1千克蚕丝，织工

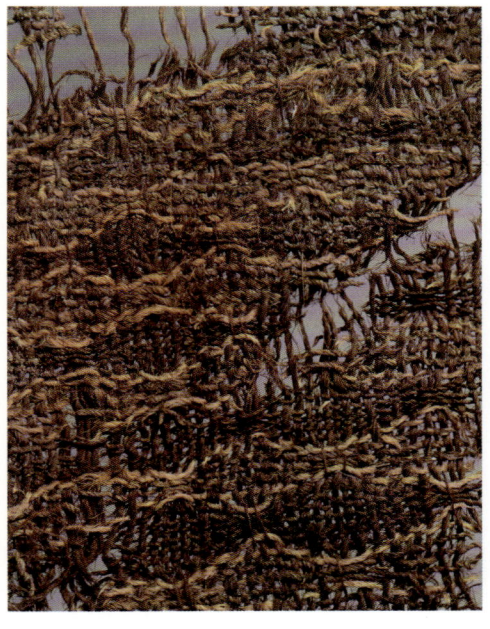

62　左上图是公元600年左右的薄纱织物。制作这种纺织品需要几根综片杆或剑杆。这些织物与秘鲁（发现于公元前9世纪的夏冬遗址）和大中华地区有关。蒙古国北部的诺彦乌拉出土了一块带有三菱图案的汉代（公元前202年至公元220年）丝绸碎片。我们可以从碎片的细节处清晰地看到它们特有的交叉经线。

63　右上图。纺织品和工匠在世界范围内广泛地流转，纺织技艺也随之扩散。这其中也包括使用变形纬纱的技艺。图中是出土于塔里木盆地的一块样品，可追溯到公元前400年左右。从中我们看到，淡黄色纬纱起伏交错在一起，却很少与经纱相交。

们大约需要卷绕5万个蚕茧，将它们搓捻在一起。周朝（约公元前1046年至前256年）时，纺锤轮的出现促进了这一工艺的发展，这种纺锤轮首先应用于韧皮纤维，然后才开始用于丝绸。因为丝线是绞绕（搓捻）而成，而不是纺制，因此这种纺锤轮可能并不是真正的纺轮（科学家认为，公元前500年至公元700年的印度人发明了纺轮，因为当地人必须要用它来纺制棉花和野蚕丝）。早期人们发明了脚踏织机，织工可以用脚踏板控制综片杆，从而解放双手，提高了效率。

公元前221年，秦始皇统一了六国。随后，秦朝推行标准化的度量衡、金属铸币和文字，并规定御用丝绸的宽度因构造不同而固定在50～63厘米。织工们使用天然丝制纬线，并免去脱胶工序，以此节省染料和人工。

第三章　贸易及趋势　公元前750年至前600年　　83

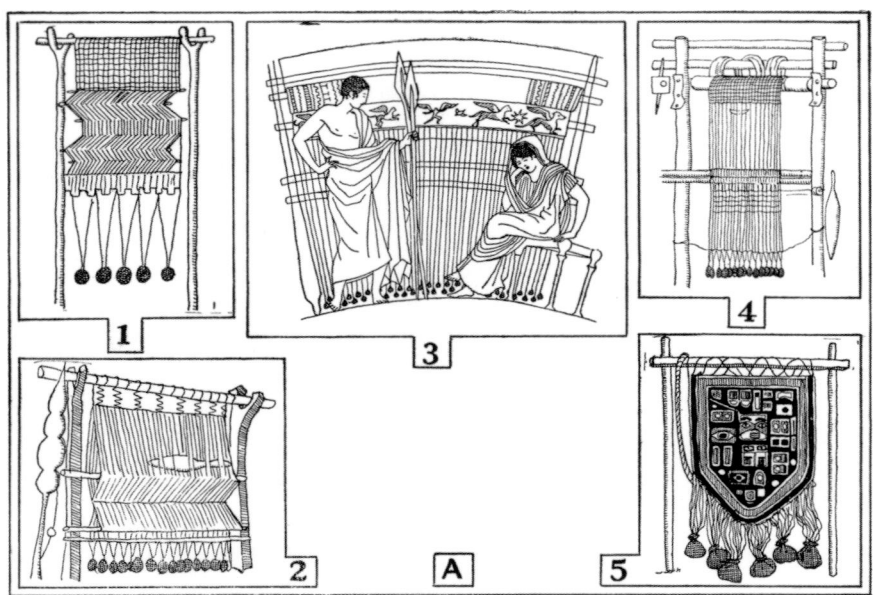

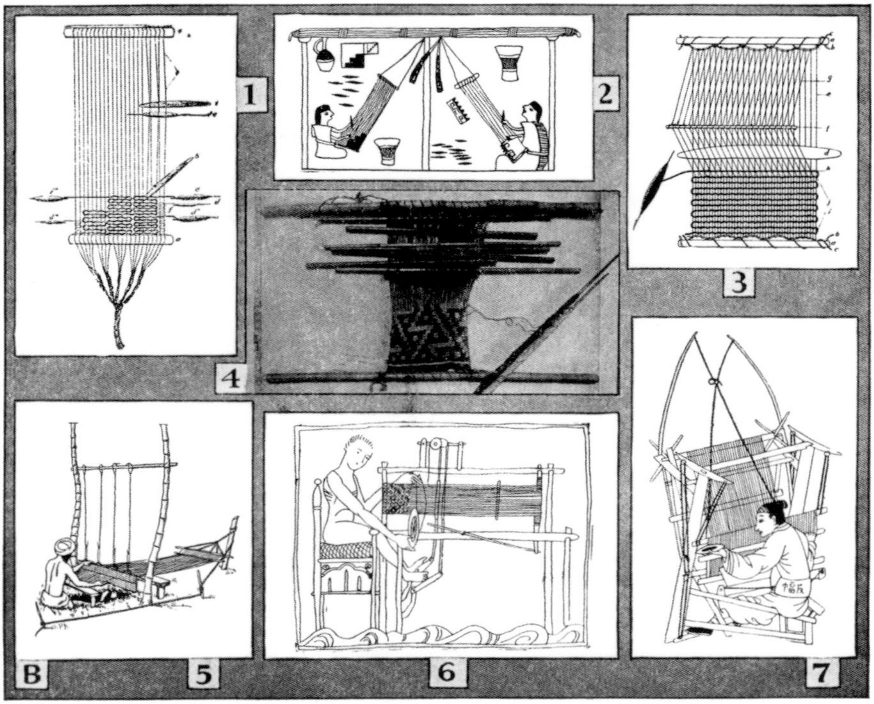

东汉（公元 25 年至 220 年）初期，中国悠久的养蚕技术传到日本，日本由此成为丝绸之路的东部起点。于阗是一个位于塔里木盆地（今中国新疆）塔克拉玛干沙漠南部边缘的古伊朗萨卡佛教王国。它可能在同一时期开始了养蚕业，但丝绸的确是从这片绿洲向南运到了印度。此后，中国的丝绸生产规模逐步扩大，甚至比东南部的官家作坊增加了十倍，后来在北魏时期（公元 386 年至 534 年）犹如雨后春笋般得到了迅速发展。

几个世纪以来，拜占庭帝国和其他地方都采用了怎样的机制呢？我们从中国的情况中能窥见一二。以服装和布料的形式向其他国家进贡纺织品，这种方法在扩张和保护领土方面发挥了重要作用，因为它们可以作为礼物来送给盟友，作为贿赂来收买敌人。只有皇室才能进行对外贸易。因此，皇家住所的需求促进了国际贸易，这种情况数百年前也常见于迈锡尼希腊（公元前 1600 年至前 1200 年）。那些常年往返于丝绸之路的人们获得了关于竞争对手的有用信息。7 世纪的中国僧人玄奘也是如此，他发现波斯的丝绸比中国的丝绸至少宽两倍。早在学者们解析各种纺织结构以加深对它

64　世界上有许多不同种类的经线加重织机（A）和双梁紧绷织机（B）。公元前 750 年至公元 600 年间，人们使用的是 A1-4（这种织机是新石器时代瑞士品种的改良版，目前有来自斯堪的纳维亚半岛、公元前 5 世纪的希腊和冰岛的样品；A5 出现得相对较晚，目前有来自海达阿拉斯加人的样品）。B1-4 这几款紧绷织机来自秘鲁，其中 B2 展示的是使用中的背带式织机。其余的图片分别是：一台卧式落地织机、一台脚踏织机（公元 500 年以前，地中海东部和埃及等地区的人们使用这种织机。大约一个世纪以后，欧洲人也开始使用这种织机了），以及一台来自中国的织工紧绷型脚踏织机。现在，所有这些织机依然以这样或那样的形式为人们所用。

65　右图。这一时期，许多纺织品的宽度都很窄，从 2.5 厘米到 50 厘米不等。这表明当时的衣服由不同长度的布料组合而成。这是一块出土于塔里木盆地的羊毛布碎片，可追溯到公元前 400 年左右。图中我们可以看到，一些辫状的窄带将一块浮纹织布连接到一条开叉织锦带上。

第三章　贸易及趋势　公元前750年至前600年　　85

66 秘鲁的海岸地区气候干燥，因此大量纺织品得以保存下来。其他地方就没有这么幸运了。这些纺织品中，有许多面积很大的帕拉卡斯驼绒披风，上面饰有一些花茎针法绣出来的人物图案，如图所示。科学家认为，这些披风来自公元前200年至前100年的卡韦萨·拉尔加（Cabeza Larga）古墓，一件披风需要几名绣工才能制成，这些绣工使用的是用穿孔的仙人掌刺做成的针。大卫·伯恩斯坦（David Bernstein）收藏于纽约。

们的了解之前，织工们就已经开始分析竞争对手的纺织结构以便仿而用之了。重复编织图案这一方法很可能是我们识别它们起源的关键。例如，"首尾相接"的重复图案（梳式重复）常见于中国的经面锦缎之中，而"面对面"的重复图案（点式重复）则与波斯-拜占庭作坊的纺织品有关。这些纺织品中许多都是纬面复合斜纹织物，被称为"萨米特"丝绸。

经纱图案和纬纱图案之间的区别对于我们理解织机发展和织物结构也至关重要，因此这是许多历史学家一直在研究的课题。然而，许多相距甚远的文化中出现了相同的纺织品类型和织机概念。公元前400年至公元600年间的一项简短的纺织史调查，显示这段时期内纺织品生产得到了蓬勃发展，而且每个地区都采用了一系列技艺、材料和织机。在秘鲁和玻利维亚高原地区、秘鲁沿海地区和智利北部地区的各种文化中，所有纺织工艺都在公元前400年左右得到了充分的发展。在南海岸的帕拉卡斯文化中，花茎针法刺绣特别流行，但在使用织机时，他们也采用了成环织法、纱罗织法、薄纱织法和复合织法等技艺。在中国和中亚的纺织品中也发现了所有这些织法。另一方面，时间上更晚空间上更南的秘鲁纳斯卡文化（公元前 200 年至公元 600 年）则偏爱色彩艳丽的毛面织锦，这与科普特埃及人有得一比：纳斯卡人和科普特人在织机上也都使用网眼编织法、十字环形针织法和服装成型法。在帕拉卡斯和纳斯卡时期（公元前 900 年至公元 600 年），人们制造出了染色和蜡阻纺织品。这些纺织品与沿海地区的蒂亚瓦纳科文化（500 年至 700 年）的布料非常相似，后者采用了复杂的扎染和绒纺工艺。这两种相似的织物分布在整个欧亚大陆。安第斯山脉地区的一些织机与斯堪的纳维亚半岛、中国和泰国的织机有一些共同之处。尤其是安第斯织机也使用梭剑杆来制作图案。这种技艺在上述三个国家和地区以及秘鲁等地都留存至今。

显然，即使没有外部输入，技艺仍然可以进化。对于进口纺织品的地方而言，有两点可以确定：第一，人们在当地无法获得这些纺织品；第二，一旦当地人掌握相关技艺和设计，他们就会制造出本地产品来取代那些进口商品。如果这种意象转变成一种特许权、社会地位或新意识形态的重要象征，那么人们很快就能转化这些设计，收为己用。而这种转变往往是由进口商自己引入当地的。在南美洲，这种传播沿着安第斯山脉一直延伸到所有太平洋沿岸地区。在没有文字记载的情况下，这种传播具有重要意义，

67 这是一块来自纳斯卡的驼绒"脚手架"织物（也称为经线双罗纹织锦），可追溯到 200 年至 600 年。可以看出秘鲁布料结构的复杂性。它是一种平纹织物，根本无须使用纬面织锦结构。相反，一根通常不会断的经线与另一根不同颜色的经线形成双罗纹，就像黑色和金色互换的地方一样。大卫·伯恩斯坦（David Bernstein）收藏于纽约。

第三章　贸易及趋势　公元前750年至前600年　　87

68 这是莫切人（Moche）制作的一件驼绒外衣的碎片，可追溯到公元 100 年至 800 年。该外衣的边沿采用开叉织锦制作而成，这种技艺不会在不同颜色的纬线之间产生双罗纹，而且可以容纳很多细节，比常见于经纱双罗纹织锦中的细节要更加精致。大卫·伯恩斯坦（David Bernstein）收藏于纽约。

同时，它帮助我们识别了许多不同文化，并找到了它们之间的接触点。这些情况在意象的传播过程中表现得最为明显。不过，它们在其他地方，例如在双罗纹织锦技艺从羊毛丰富的高原地区传播到纳斯卡的过程中，也很明显（在纳斯卡，植物纤维更为常见，所以通常只有纬线是由羊毛制成的）。再往北，一些地区出现了一种不同的织锦技艺，这种技艺会在相邻的颜色之间留下一条缝。该技艺是一种特征，表明沿海莫切文化（公元 100 年至 800 年）是一种独立的存在。

这一时期的许多进展都源于人们对纺织品图像化的渴望。如果人们想要展示一些或抽象或形象的图案，而这些图案在特定文化中具有某种象征意义，正是在此基础上，人们才识别出了波斯萨珊王朝的丝绸。历史上，有两个本土游牧部落先后控制过从伊拉克西部到中亚地区的大片土地，萨珊人（公元 224 年至 642 年）是第二个。他们继承了编织中国丝线的传统技艺。公元 3 世纪，他们在里海周边的总督辖区（省份）开展了养蚕业。丝绸从这些辖区出口到拜占庭帝国和中亚地区。公元 241 年至 272 年间，他们在苏西亚纳（Susiana）拥有了提花机建立了纺织并控制了叙利亚地

88　流光——世界纺织史

区。这种复杂的机器从最早出现于中国的多综片和脚踏织机演变而来,能够根据需要提起任何经线且需要两个人来操作。他们在丝绸之路上占据有利位置,获得了巨大的财富,不仅收取通行费,还对罗马和拜占庭的纺织品供给产生了威胁。因此,在公元240年至440年之间,埃及人派遣船只经印度和今斯里兰卡前往中国求购纺织品。收复叙利亚后,拜占庭人于公元400年左右在那里建立了养蚕业。埃及从波斯和叙利亚进口丝绸。科学家在安底诺遗址(公元250年至500年)发现了一些丝绸,这是当地人使用提花机的最早的物证。不过,埃及文物直到后来才与幸存的萨珊意象有了紧密的关联(见第四章)。在萨珊王朝的统治之下,波斯皇家作坊里的

69 随着平纹亚麻布织造技术的进步,公元5世纪的埃及人已经能够大量生产图中这种小型织锦饰片了。他们使用毛线将这种饰片缝制到亚麻经线上。许多饰片因为从亚麻布饰边处剪切下来而得以幸存。图中可以看到,该饰片融合了一些圆形图案,这种方式将该饰片与萨珊和粟特纺织品意象联系起来。

第三章 贸易及趋势 公元前750年至前600年

提花机织工生产出印有图案的丝绸。后来,这些丝绸影响了从西班牙到日本的纺织品设计。公元 6 至 7 世纪,中国就有了关于提花机的知识,而这些知识可能来自叙利亚。

纹饰布料本身也在粟特人手中几经辗转。粟特是一个伊朗民族,他们处于几条丝绸之路的中心地带,以乌兹别克斯坦撒马尔罕城周围肥沃的泽拉夫尚河流域为中心。粟特文化出现于公元前 5 世纪。原先该文化隶属于萨珊王朝,但公元前 200 年左右它通过铸造自己的金属货币而宣布独立。在将近七个世纪的时间里,他们在商业领域长期占据主导地位,在中亚分销丝绸(其中一些是他们自己制造的),并通过与突厥系维吾尔人合作而向东发展。他们的语言成为丝绸之路的通用语,不仅促进了商品交易,也促进了摩尼教和佛教等哲学和宗教思想的交流。粟特人改良了一些萨珊王朝的纺织品设计,制造出了萨米特丝绸。科学家发掘了一些公元 500 年至 700 年的绿洲遗址,包括都兰、敦煌、火州和吐鲁番等,里面都含有这种丝绸,其纹饰特点是珍珠圆盘之内相对而立的动物。科学家在吐鲁番以西的营盘发现了一具穿着华丽的高加索男性木乃伊。他穿着一件鲜红色的丝绸衬里羊毛长衫,上面密集地绣着一些黄色图案,包括手持武器的裸体人像。这些图案(包括用马赛克制成的)都与拜占庭世界有关。科学家认为这些织物展示了粟特人拥有的巨额财富和跨国元素。

我们必须厘清事物的起源并验证普林尼历史记载的准确性。他记载的源于他所知道的世界,现在的作家也是如此。由于考古技术和科学研究的进步。因此,人们对这一时期的认知也在不断地变化。1970 年以来,科学家们已经完成了数千次挖掘工作,而一些年代更早的文物还有待分析。在这样的背景之下,还有许多成果和挑战即将到来。例如,科学家在挖掘伊拉克西部的祭坛洞穴(Al-Tar Caves)时发现了数千块公元前 125 年至公元 500 年间的布料。我们从中可以看清一些现状和变化:大量毛料和一些亚麻布,但现在也有防染棉;斜纹织物、绣花织物和毛面织锦,有些像埃及制造的,但也有绒毛碎片。除了绒毛以外,其他纺织品很可能都在去往东方的路上出现。然而,迄今为止还没有在其原产地附近发现过萨珊丝绸。谁发明了什么?这种令人疑惑的问题仍然存在。归属问题本身就很重要,因为它证实了纺织品贸易的存在,还证明了布料既有社会价值也有史料价值。纺织品跨越了时间和空间的限制,因此它们不仅传播了具有商业价值的技术知识,还证明了谁拥有它们谁就能获得巨大的财富,当然财富可以是忠诚、权力或声望。

70 上图。这件丝绸虽然发现于埃及的安底诺遗址，可追溯到公元 250 年至 500 年，可能是一件来自波斯萨珊王朝的物品。织工用不同颜色的纬线制成了该丝绸上的图案，而这些纬线几乎完全盖住了经线。这种丝绸通常被称为萨米特。它是第一个能与织锦的制图能力相媲美的织机纺织构造。其复杂的结构表明织工制作它时使用了提花机。

71 右图。图中的人物身高 1.98 米，目前可追溯到公元 4 世纪或 5 世纪初。因其葬于营盘，所以被称为"营盘人"。一些人认为，东罗马帝国的织工用精细的羊毛花布制作了这件长衫，然后通过贸易将其向东输送到塔里木盆地。另一些人则认为，布料会随着者的移动而移动，这意味着营盘人很可能是一位客死异乡的粟特商人。

第三章 贸易及趋势 公元前750年至前600年

72 根据墓葬文物来看，欧洲统治者和圣徒穿着的衣物大多是萨米特丝绸。中世纪早期（公元600年至800年）最负盛名的纺织品就是波斯萨珊王朝（公元651年以后，该王朝的伊朗和伊拉克部分成了穆斯林）制造的丝绸，或者是君士坦丁堡的皇家作坊仿制的丝绸。图中的样品来自德国科隆市圣乌苏拉教堂的宝库。我们从中可以看到一位穿着萨珊风格衣物的皇家猎人。

第四章

政教合一
公元600年至1500年

从伊斯兰教的兴起到欧洲人发现美洲的存在，这是一个思想和文化发生巨大变革的时期。中国经历了长达近三个世纪的内乱，直到隋朝（公元581年至618年）才重新统一。地中海和中东的大部分地区都处于混乱状态。随着突厥部落从西伯利亚东北部向南迁移，中东的种族构成发生了变化。伊斯兰教7世纪初兴起于阿拉伯半岛。到公元651年时，伊斯兰哈里发统治了叙利亚、巴勒斯坦、萨珊伊拉克、埃及和萨珊波斯。公元661年之后，逊尼派伊斯兰教形成，几百年后，逊尼派伊斯兰教扩展到中国边境，并深入非洲北部海岸，横跨伊比利亚南部。在这些征战中，它们从拜占庭帝国手中夺来了叙利亚和埃及。1054年，基督教分裂为拜占庭（东正教）和罗马（天主教）教会，这次分裂标志着欧洲中世纪早期时代的结束，以及西欧日益强大的"拉丁"联盟的诞生。与此同时，突厥塞尔柱人征服了安纳托利亚，这对拜占庭帝国构成了进一步的威胁。

北方的生活状态更加难以预料。来自莱茵兰①的"野蛮人"法兰克人在5世纪和6世纪占领了高卢，但他们既没有罗马法或强大的行政管理，也没有作为贸易中心和劳动力来源的大城市。罗马帝国统治下的英国人惨遭今德国、丹麦和荷兰各部落的蹂躏。从公元601年开始，他们就致力于让这些入侵者皈依基督教。意大利的大片地区先是处于拜占庭总督（公元584年至751年）的控制下，后来又沦为新兴的所谓"拉丁"世界的领地。"拉丁"世界是法兰克王国和意大利基督教文化群体的混合体。查理大帝（公元742年至814年）不仅巩固了这些文化群体，还将德意志的大片地区纳入了自己的势力范围。公元800年，查理大帝被教皇利奥三世加冕为皇帝，他设定了基督教教廷的图案，使欧洲境内更为广阔的地区界限分明。其中，奢华的丝绸和刺绣一应俱全。查理大帝深受百姓爱戴，所以他用过

---

① 莱茵兰，旧地区名，也称"莱茵河左岸地带"。

第四章 政教合一 公元600年至1500年

73　阿尔布雷特·丢勒于 1512 年左右绘制了查理大帝的画像。图中这幅 19 世纪的木刻作品是该画像的摹本。木刻作品精准地呈现了他所穿丝绸和刺绣的丰富性。这些丝绸和刺绣现供奉于纽伦堡。他穿着一件丝制披肩，上面饰有一些鹰形图案，而这些图案置于封闭的圆环之内。这是一种原始的纹章标志，后来成为德国的帝国鹰（帝国之鹰）国徽。

的纺织品得以保存下来，并于 1424 年带到纽伦堡进行年度展示［由阿尔布雷特·丢勒（Albrecht Dürer）于 1512 年左右绘制］。从大约公元 772 年开始一直到他去世的这段时间内，查理大帝四处征战，征服了易北河流域的异教徒撒克逊人等部落。他迫使撒克逊人皈依基督教并将他们分散到自己的领地之上。查理大帝去世后，权力转移到大地主手中，他们在自己的辖区内掌控一切，伊斯兰教的哈里发也是如此。

　　与此同时，北欧维京海盗兴起。他们的纺织文化生机勃勃，可以制作出复杂的卡织穗带以及用织锦包裹和编织而成的帘布。他们四处侵掠，所以纺织品也随之传到不列颠群岛北部、诺曼底、格陵兰岛、文兰岛（可能是纽芬兰）和波罗的海东部的定居点。在今瑞典比约克岛上的比尔卡有规模巨大且品种多样的纺织品生产记录。这里曾是维京时代重要的贸易中心。为了寻找丝绸和其他奢侈品,维京人从这里一路将纺织品带到君士坦丁堡或伏尔加河河口。关于维京人最早的考古证据可以追溯到9世纪初。当地的贸易中心布勒加尔与通往中亚和中国的北方丝绸之路相连。因此,拜占庭和中亚的丝绸织物和丝线在今丹麦、芬兰、挪威和瑞典的一些遗址中幸存下来,它们可以追溯到9世纪和10世纪。虽然其中有一块双色锦缎,上面饰有星星和圆点图案(而且它的丝线不是纺制而成,说明它来自中国),但大多数纺织品都是萨米特丝绸。萨米特丝绸是一种厚重的斜纹丝绸,有两条经线和至少两条纬线,而且偶尔要用金属线来编织。它成了欧洲贵族们的首选丝绸,到12世纪时,卢卡和威尼斯开始编织这种丝绸。

74 这件来自地中海东部的萨米特丝绸,可追溯到8世纪。虽然它描绘的是天使报喜,但经过修改之后,宝座上的人物代表的可能是"国家"而不是"教会"了。这一时期,两者紧密地交织在一起,本质上都非常保守,对后世影响深远。其中,图中所示的圆形布局和花卉图案在欧亚大陆存续了很长时间。

第四章　政教合一　公元600年至1500年　　97

起初，威尼斯的萨米特丝绸由蚕丝与亚麻或大麻等其他纤维混合制成。后来，威尼斯萨米帖日（samitieri）公司于1265年发布规定，必须使用纯丝来制作萨米特丝绸。科学家在一些宗教场所和贵族官邸中发现了一千多件类似的丝绸，这些地点分散在罗马、特里尔（德国）、巴黎和亚琛等城市。其中亚琛大教堂是为了安放查理大帝的陵寝而建造的。

6世纪以前，叙利亚和埃及就有关于脚踏织机的记载。这种织机在中世纪早期传到了欧洲。维京人衰落之后，中世纪盛期（1050年至1300年）相对安宁。在此期间，脚踏织机开始逐渐取代经纱加重织机。斯堪的纳维亚北部和冰岛却是例外。最晚在13世纪左右，这两个地方的阿尼尔（厄尔）毛制瓦德麦尔呢（"法定布料"）价值1盎司白银。踏板织机的生产效率是经纱加重织机的三倍，因此，它大大促进了贸易复兴并加快了拥有中产阶级的繁华城市的出现。然而，暴风雨却从未远离，1096年至1291年的九次十字军东征促进了跨文化交流，传播了思想，刺激了贸易，但社会也出现了持续的动荡。第四次十字军东征时，君士坦丁堡于1204年被洗劫一空，大量财富由此向北转移。在伊比利亚和意大利南部，战争和友好交流同样有利于穆斯林纺织技艺的传入，其中一些技艺很可能起源于印度。

其中最主要的是梳棉法、纬纱轮纺法和图案针织法（从9世纪开始在阿拉伯和印度广为人知）。这些技艺分别于11世纪、12世纪和13世纪传入

75　这件红色丝制斜纹加冕披风可能是为罗杰二世国王（1130年至1154年在位）而制，后来的哈布斯堡王朝统治的神圣罗马帝国皇帝都使用过它。这件披风于1133年至1134年在西西里岛的巴勒莫绣制而成。这一事实记录在类似于提拉兹（tiraz）的库法体文字中。图案中的狮子和骆驼采用染色丝绸、贴线缝绣金线以及装饰品、珍珠、珐琅和珠宝加工而成。

76 穆斯林工匠将装饰性的绗缝手法传播开来。这种手法是14世纪整个欧洲采用的"棉花技术"之一（不过，使用原毛或棉花作为衬料的防护性亚麻紧身上衣出现得更早一些）。如图所示，这张所谓的圭恰迪尼被褥描绘了圆桌骑士崔斯特瑞姆的传奇故事。该被褥使用反针织成的提花垫纬凸纹布和奔跑针法绣成。1392年，织工们为西西里贵族制作了这张被褥。

欧洲。这些新来的技能随后逐渐转移至整个欧洲的羊毛制造业之中，使许多现有布料的"主题风格"发生了一些新的变化。

14世纪初，欧洲出现了大饥荒，此前短暂却相对繁荣的时期也随之结束了。紧接着来自戈壁沙漠的黑死病开始蔓延。1333年，黑死病传入中国，而后随着海上丝绸之路传到了印度的科罗曼德海岸以及伊拉克的巴士拉，随后向内陆移动到了巴格达和大马士革，最终穿过地中海到达开罗和巴勒莫。而且，黑死病经撒马尔罕陆路到达了现在的费奥多西亚（位于黑海的克里米亚半岛）。自1291年以来，这座城市一直是热那亚的重要港口。热那亚船只从这里将致病细菌带去了它们的母港并传到了威尼斯，那里大约四分之三的人因此而死。从1347年到1352年，黑死病席卷了叙利亚和欧洲，大约30%的人口因此死亡。这种破坏性事件对纺织业产生了深远的影响，不仅造成了熟练工人的严重短缺，还摧毁了知识传播和人员流动的途径。犹太人尤其容易受到这些事件和其他灾难的冲击。自罗马帝国时代以来，他们就因其纺织技术（尤其是染色技术）而备受推崇。因此，这一时期的初期和晚期都受到了劳动力短缺的困扰，中期时大规模的贸易得以恢复。这种特点加剧了人们采用耗时较短的纺织技术的趋势。

缩密研磨机可以将毛织物在水中、漂白土（高岭石）、肥皂和尿液中打碎，从而使织物表面变得更加致密。10世纪时，意大利人开始使用这种机器，并慢慢向北传播。这标志着纺织业向工业化迈出了关键一步，人们开始逐渐借助水力来推动机器运转。到1500年时，水力的使用已经相当

第四章 政教合一 公元600年至1500年 99

普遍了。在整个欧洲，分工越来越细，这一趋势应归结于以下几种因素：踏板织机得到了更为广泛的使用，人们通过纺纱机来制作羊毛纬线，以及13世纪时人们开始使用宽幅织机，宽幅织机可以制作宽达2.5米的羊毛布。从13世纪开始，人们通过织机机件或图案针织法来制作更为精巧的花纹。图案针织法至少需要两根针才行。至少从3世纪开始，叙利亚人就会使用平纹多针编织法了。它比十字环形针织法要快得多，而埃及人此时已经不再使用十字环形针织法了。在埃及，人们不再给织锦装饰品加装平纹布饰边了，而更加习惯将织锦装饰品作为单独的饰带或纹章来使用。人们经常用刺绣技法来取代织锦技艺。使用织机来给丝绸制作图案的效率太低了，而刺绣很快就能做出相应的替代品。通过刺绣，人们制成了这一时期最为华丽的一些纺织品，其中以贝叶挂毯和英伦刺绣（见第五章）最为著名。织工用毛线在亚麻布上缝制成这块挂毯，上面描绘了1066年诺曼底征服英国的场景。有结地毯以及在提拉兹和类似的皇家作坊生产的纺织品则不在此列。

各地部落和农民群体生产的纺织品似乎没有那么奢华，但它们相对而言没有受到原始工业化的影响。因此，它们能够继续使用以往的技艺。这一时期，人们通过带有插图的书卷和学术文章来详细介绍织物结构、纺织技艺和图案设计。这些著作席卷了更广阔的地区，在历史上还是首次出现。

77，78 这只带有针织图案的丝制手套（从两面来看）属于托莱多大主教罗德里戈·希门尼斯·德拉达（Rodrigo Ximénez de Rada）。他于1247年去世，同时代的西班牙也出土了许多其他精致的多针丝制织物样品。它们和这只手套的质量都表明，当时的技艺已经非常成熟。

79 刺绣在公元 600 年至 1500 年蓬勃发展，它是制作精细图案最为便捷的方法（特别是为那些图案不重复的物品制作时更为方便）。图中是一块中国的丝制锦缎，可追溯到 1375 年至 1475 年，它使用镀金纸和丝线通过连环针法和平针法绣制而成。

9 世纪，撒哈拉以南地区的纺织品登上历史舞台。其中许多纺织品本身染了色或者上面的图案染了色（将在第七章中与日本等其他文化一起讨论）。日本出土了一件公元 622 年左右的刺绣品，而这件物品正是现在纺织传统的滥觞。美洲现存的纺织品中不仅有来自安第斯山区的，还有大量来自史前西南地区的，以及来自前哥伦布时期中美洲的（约 1250 年至 1519 年）。

尽管不同地区存在着个体差异，但在专制的封建联盟和部落社会中，似乎整个世界都要强调文化确定性，而这些文化确定性往往通过纺织品和相关法规来体现。

因此，就花纹而言，这一时期的纺织品在许多方面都非常保守。埃及人继续生产亚麻制品和挂毯，不同地区的人们也仅仅在技术的细微改进或布料的结构变化方面略有创新。中国宋朝时期的锦缎（公元960年至1279年）就是很好的例证，其中包括现存最早的缎纹织法样品。1206年，成吉思汗领导下的蒙古人崛起，丝绸之路因此而中断（后恢复）。随着元朝（1271年至1368年）的建立，丝绸之路达到了顶峰。被视为战利品的工匠得以幸免于难，并得到了重新安置。这些强制性移民加速了技艺的传播。来自赫拉特（位于阿富汗）的织工以金织丝绸和银制提花织法而闻名。1222年，他们迁徙到中国新疆。15年后，他们的城市得以重建，此时他们才返回家乡。到1260年时，中国工匠开始在大不里士（伊朗西北部城市）从事生产，该地区也以金制布料或纳石失而闻名。蒙古人对这些纺织品情有独钟，将它们用作贡品、税捐或贸易商品。正因如此，被征服的城市里那些

80 世界各地的宗教建筑通常都有大型的图像嵌板。其中，许多都是用染色或印花的纺织品制作而成，比如这块来自钱凯的嵌板，可追溯到1100年至1400年。我们从图中可以看到，一块棉布上画着一些几个世纪前的秘鲁符号。这些图案揭示了昌昌海洋文化的重要性。昌昌位于秘鲁北部沙漠海岸，是前哥伦布时期美洲最大的城市。那里的人们使用类似的装饰物来装饰土坯建筑。

102　流光——世界纺织史

皇家作坊（如巴格达的作坊）才得以继续存在，而这些技艺也才能向西一直传到亚美尼亚地区。到1300年左右，后来的蒙古国统治者建立了有史以来最大的陆地帝国。他们的帝国拥有广阔的领土，几乎包括从今越南、朝鲜等国的太平洋边缘到波斯湾、地中海东部和黑海沿岸，横跨东欧，远至芬兰湾的今圣彼得堡等所有地区。其中，敢闯敢干的诺夫哥罗德共和国毛皮商人建立了联盟，成为北方丝绸之路的西部终点。最终，他们成了1356年成立的汉萨同盟的一部分。突厥化蒙古人帖木儿（或称帖木尔，约1336年至1405年）从撒马尔罕横扫金帐汗国、东察合台汗国、波斯、奥斯曼帝国、德里苏丹国，因此，这些地方的所有城市均遭摧毁。然而，传播仍是这一政教合一时期的主流。此时，印花丝绒织造法出现于中国元代，而到1350年时则出现在了印度。大约在1400年，缂丝从中国传入日本，在那里它被称为"指甲织物"。

　　维持这种现状非常重要，其最为明显的证据就是某些花纹延续了很长时间。波斯萨珊王朝时期的图案就是很好的例子。这些图案含有对称排列的人物或动物，它们往往相对而立。这种图案通常放在一个圆环之内，而圆环里面使用了各种装饰手法。它可能起源于古埃及象形文字中的"永生之环"（shen ring）或绳结圈，代表着永恒的保护，也象征着法老的地位。伊斯兰教上层人士采用了当地的习俗，保留了现有的皇家作坊以及其中生产的萨珊图案（在君士坦丁堡也有制作）。这种风格经由波斯和伊斯兰粟特地区（西突厥斯坦）迅速流传开来，甚至传到了处于唐朝时期（公元618年至907年）的中国。在波斯和伊斯兰粟特地区，萨米特丝绸上也饰有狩猎场景、相对而立的动物，以及萨珊风格的"生命之树"花纹和圆形图案。

81　这种丝绸在缎面上融合了一层平纹镀金膜，体现了蒙古统治者对满幅金线的布料或纳石失的喜爱。它大约在1280年至1370年制造于突厥斯坦或中国。最有可能出自穆斯林织工之手。

第四章　政教合一　公元600年至1500年　103

82 这块丝制镀金缂丝（织锦）碎片据说出土于明朝宣德皇帝之墓，可追溯到1426年至1435年。上面的图案是一条龙凌驾于一颗闪亮的珍珠之上。周围的祥云图案在中国由来已久，是这一时期保守主义的明证。这种与宇宙有关的符号（见第119幅插图）广为流传，并一直延续到20世纪。

以朝鲜为纽带，日本文化与唐朝文化之间存在着密切的往来，而养蚕业在公元200年左右传入朝鲜，这就能够解释为什么日本也会有类似的花纹了。欧亚大陆存在着数以百计的样品，这足以证明了它们广受欢迎。许多样品在基督教教堂留存下来。当时，它们的首要用途是一种"军资"，用来酬谢意大利人、保加尔人、俄罗斯人和奥德同盟人向拜占庭人提供军事支持（公元962年，奥德同盟继承了查理曼王朝，成为神圣罗马帝国皇帝，与教皇争夺对欧洲的控制权）。公元712年，摩尔人将养蚕业引入西班牙。倭马亚王朝（公元661年至750年）是由叙利亚人创建的第一个王朝。该王朝覆灭后，一些逊尼派幸存者在西班牙建立了哈里发首都科尔多瓦，而他们也将提拉兹作坊带到了西班牙和其他安达卢西亚城市。9世纪，来自巴格达的织工在西班牙建立了额外的作坊。公元750年至940年，阿拔斯王朝统治着叙利亚和埃及，而巴格达是哈里发国的首都。在此后300年左右的时间里，位于西班牙的这些作坊以萨珊王朝/拜占庭王朝的图案为原型来制作各种花纹。这里的织工们使用提花机来制作这些花纹，其他地方也是如此。

使用提花机时，织工无须使用许多手工插入的制钉杆或脚踏板，而是将每根经线嵌入一根升起的绳索（牵引绳）里面。当织工拉起这根绳索时，经线也随之而起。按照想要的图案，织工会指挥助手来拉起这些牵引绳，这些助手通常被称为牵线童。用来支撑这些绳索的上层结构（应该能从顶部的平台上拉下来，或通过侧面的滑轮拉下来）可以添加到任何类型的卧式织机上，例如织工紧绷式、经纱加重式或框架式等。织工继续通过吊带来控制底层织物（这一时期多为纬面斜纹布），而吊带的作用为牵引绳所取代。虽然仍旧需要大量人工来操作这些能够控制任何对称图案中相似圆点的牵引绳，但织工可以将这些牵引绳绑在一起之后同时升起。织工拉出一个图案的序列之后，它从一个边缘到另一个边缘出现的次数与束的数量一样多。这样一来产生了两种结果：小型纹饰特别节省时间，所以那些以"满幅点子花纹"图案和菱形结构为蓝本的纹饰变得普遍起来。一旦织工扎好了牵引绳并穿好了吊带，长期按照这种方式来操作就会非常省时省力，织工就只用织机来制作特定的底层织物并控制图案重复的程度了，这一特点有助于延长结构和花纹元素的存续时间。直到15世纪，纹饰的高度都很少超过75厘米。

圆形花纹中，那些以车夫和狩猎为主题的图案尤为普遍，它们以骑手、狮子、鹰、大象和公牛为代表。虽然两次毁坏圣像运动（公元726年至787年和公元815年至843年）曾禁止所有与基督教有关的叙事性图案，但拜占庭的各个作坊仍在继续织造这些花纹。狩猎题材对封建领主有着强大的吸引力，因为他们本质上都是军事领袖。事实上，在世界各地的封建社会中，强大而敏捷的野兽，尤其是狮子和豹子，经常被用作皇室和市政的标志。人们通过各种方式来表达对大型猫科动物的敬畏之心，而这一时期的秘鲁纺织品只是其中之一。人们经常将同样的走兽和飞禽作为精神领域的象征，这说明了教延和国家之间的密切联系。例如，在10世纪到12世纪的东正教教堂里，鹰和狮鹫代表着天堂的飞行，而在英格兰坎特伯雷的前罗马天主教大教堂的宝库中，也存有一个12世纪的样品。我们还能找到大量的关于类似概念的记载。有翼生物和相对而立的图案，特别是鸟类，已经成为具有重大意义的符号。长期以来，有翼生物常见于波斯境内，它们在6世纪至8世纪的秘鲁蒂亚瓦纳科和瓦里纺织品意象中占主导地位，而

83 提花机有多种形式，但这幅18世纪的法国雕刻作品展示了它的基本要素：高悬在织机上方的牵引绳以及拉绳（图中这种提花机的拉绳是从侧面垂下来的）。上方的x形臂是脚踏织机的标准配置，控制着满是综片的轴或吊带，从而制成了背景织物。

84 图中的这件拜占庭萨米特丝绸来自一个公元750年左右的意大利圣物箱。从中我们可以看到，它的纹饰布局与萨珊王朝时期的纹饰非常相似，其中某些单个的图案也是如此，例如"生命之树"和猎人所穿的束腰外衣。这种图案布局方式由来已久，在19世纪生产的纺织品中仍然可以找到类似的圆形图案（见图109和图110）。它们的直径通常为25厘米左右，人们将这种尺寸也保留了下来。

相对而立的图案则已经在中国得到了广泛的应用。在6世纪中期和7世纪早期，日本人分别接受了佛教和中国的宇宙观，由此产生了一些名为"有职"的符号。当时，这些符号变成了大约27个标准化的基本组。在一个基本上还处于蒙昧状态的世界里，这些拟人化的图案深深地利用了人们普遍渴望理解"存在"这一概念的心理。长期以来，这些图案就形成了一种定式，在此后的几个世纪里一直有力地象征着某些特定的世界观。例如，波斯的神秘主义伊斯兰苏菲教派在8世纪和9世纪后，采用相对而立的鸟或双头鸟（通常是孔雀）来象征其"互为镜像"的宇宙观。

　　穆斯林对这些符号的使用凸显了什叶派和逊尼派之间最深刻的理论分歧：什叶派允许出现大自然的象征，而逊尼派则不允许。然而，这种分歧实际上并不严格。波斯哈里发往往信奉逊尼派，但仍然保留了当地的纺织

85　这是一块中国唐朝时期的丝绸，可追溯到公元7世纪或8世纪。从中我们也可以看到有野兽位于圆盘之内，不过图案经过了简化。这块丝绸在编织结构上模仿了萨珊萨米特丝绸，类似的圆形花卉图案本身也很有影响力，它们也出现在其他媒介上。我们在整个东亚都能看到它们的身影，例如，中国唐代佛教寺庙、韩国宫殿和日本正仓院。

第四章　政教合一　公元600年至1500年　　107

品花纹，哪怕保留的只是其简化形式。逊尼派认可完全抽象、复杂的几何图案。科学家在纳斯里德哈里发（1230年至1492年）统治下的伊比利亚发现了许多这种图案，它们就是对逊尼派这种偏好的最好证明。然而，前文提到的摩尔和巴格达织工也对这里产生了影响，紧随其后的是来自开罗的影响。开罗是什叶派法蒂玛王朝的所在地。从公元969年到1171年，埃及和叙利亚一直是法蒂玛王朝的附属国。在11世纪和12世纪，逊尼派塞尔柱突厥人在波斯和安纳托利亚崛起，他们使各种图案变得抽象和精细，但整个这一时期，即使是最具装饰性的伊斯兰纺织品也没有明显的宗教图案，虽然其他文化很容易使用和模仿这些图案。因此，双头鸟特别是鹰，成了基督教东正教派和罗马天主教主权的象征。

甚至提拉兹也是如此，提拉兹是刺绣的意思，但也指任何带有绣制或嵌入式织锦纺制文字的伊斯兰纺织品。更笼统地说，它指代所有的哈里发作坊，包括哈萨（专供宫廷）和阿玛（可供购买）。这些作坊生产最好的绣制和纺制丝绸，就像之前的萨珊和拜占庭皇家作坊一样。因为能够生产金银刺绣，所以受到国家的控制和严密的保护。而最早的哈萨可以追溯到公元724年到743年，不过科学家认为它们出现于7世纪晚期，带有文字的纺织品与埃及法蒂玛王朝有着紧密的关联，因为科普特人曾在那里使用交织法制作过希腊文字，留存下来的数以千计的提拉兹表明，11世纪中期人们开始将文字缩短或者完全将它们用于装饰，因此它们只适用于非伊斯兰人或不识字的伊斯兰教徒。直到1293年，整个伊斯兰地区才开始广泛使用提拉兹，当时蒙古人规定提拉兹仅供宫廷使用。此后中国元代有了大量关于提拉兹的记载，而15世纪早期东正教的刺绣品中引入了文字镶边，这与蒙古人对西方的征服几乎发生于同一时间。提拉兹的影响仍然存在于这里和其他地方，即使埃及的哈里发作坊在1341年关闭后，开罗依然在出售带有文字的纺织品。

伊斯兰提拉兹是哈里发和他的臣民之间的"契约"。哈里发将它视作一种恩赐来赏给臣民，而臣民接受提拉兹则表示承认哈里发的权威。此外，臣民也会购买提拉兹并上交给哈里发，以代替税收或作为贡品。这使由来已久且更为宽泛的朝贡制度也保留了下来。富人向寺庙、教堂或修道院捐赠许多物品，就是这种制度的延续。一个社会中有许多能够体现互助义务的方式，而这种制度就是其中之一，因此在其他地方也有许多相似的制度。中美洲的象形文字抄本中，有一些关于阿兹特克帝国贡品账目的注释。这些注释说明了披巾或披风的花纹和数量（成千上万）。这些贡品预计每80天就会从各省送达一次。安第斯印加帝国（约1200年至1572年）与阿兹

86 左上图。在公元 600 年至 1500 年,欧亚大陆最普遍的图案可能是狮鹫和大翼鸟。这两种图案都出现在从埃及古墓中发现的 12 世纪的叙利亚丝绸上。

87 右上图。这件丝绸织物上绣有阿拉伯文字,来自 15 世纪西班牙的一个纳斯里德哈里发作坊,它既展示了逊尼派穆斯林喜欢的几何图案类型,又证明了当时的人们确实在生产提拉兹。

特克帝国同属前哥伦布时期,他们从之前的文化中保留了一种非常相似的制度。安第斯印加人形成了一种明确的交易模式:如果平民想在印加帝国的土地上从事农业生产并使用面向公众的羊毛和棉花,那他们就必须为官员耕种土地并纺织布料,这就是他们所谓的"纳贡"。

这些条约也概括了旧大陆农奴的地位。对于那些被束缚在修道院土地上的人来说,这种"捐献"通常占他们总产出的很大一部分。他们只有"捐献"之后才能得到保护、维持生计和进行祈祷。虽然现在的什一税没有那么繁重了,但它还仍然含有这种"捐献"的意味。欧洲新兴的独立织工布商(布商衣料商)也按照同样的思路来运营他们的工厂。衣料商将属于自己的原料分发给工人,而工人们必须使用自己的工具来制作粗纱、梳条、纺纱或成品经纱,并将这些纺织品交还给衣料商,以换取工作权利和现金或实物报酬。工人们通常使用衣料商的织机来制作纺织物,但也有计件工作。这种方式后来被称为"包出制",现在也仍然存在。在没有契约法的情况下,衣料商和顾客、批发商以及精加工工人之间全靠这种忠诚度来维系生产与交易。精加工工人负责缩密、拉幅(押回原状)和剪毛等毛料织

第四章 政教合一 公元600年至1500年

物和部分哔叽布料生产过程中所有重要的阶段，而其他人则专门从事不同类别的匹染，包括对菘蓝纤维染色后的羊毛进行套染或对猩红染色过程进行精心看护。面对新织品和新工艺的入侵，许多参与纺织品制造的人都在寻求保护措施以维持现有秩序。当时的许多文献都反映了这种焦虑。各地的行规和法令都明确表示要防止材料或技术掺假。这种规定对那些迎合出口市场的纺织品而言尤为重要。同时，所有这些规章制度也体现了同行业者为获得和保持地位所做的努力，这种情况在欧洲尤为明显，那里的织布商竞相争夺对染色工和整理工的支配地位，而制造业中心则争夺在行业中的优势地位。大约在 1240 年之后，这些冲突逐渐蔓延开来，对经济利益和政治权力都构成了威胁。例如，来自英格兰的出口原毛全都掌握在一家名为麦钱特羊毛商（Merchant Staplers）的公司手中。该公司根据爱德华二世的皇家特许状成立于 1319 年，而爱德华三世（1327 年至 1377 年在位）则利用它来征税。在这个日益世俗化和市场化的世界里，纺织品的生产和作用开始发生变化。

88　这块被称为"圣约瑟裹尸布"的什叶派提拉兹制成于公元 950 年左右，其中可以看到骆驼和大象。它在巴黎的一座教堂里存放了几个世纪，因为它来源于呼罗珊，所以才会有这样的图案。呼罗珊位于大草原和伊朗北部之间的古代里海西部走廊，这里的征服和贸易商络绎不绝。

110　流光——世界纺织史

布料批发商是也能够对布料进行精细加工和染色的衣料商,他们中的许多人因此变得富有起来,从而加入了城镇贵族兄弟会,成立以地理为基础的联盟是为了保护商人的利益。英格兰和北欧尤为充分地证明了它们的影响力。那里曾发生过一个情节曲折的故事,故事开始于1080年的诺夫哥罗德。当时来自今瑞典哥特兰岛的维斯比商人在那里建立了一个贸易站。但到公元1220年左右,来自神圣罗马帝国(今德国北部)的商人也在诺夫哥罗德建立了自己的贸易站,帮助维斯比成为波罗的海最重要的贸易城市,经过维斯比的航线能够通往人口稠密的地中海地区,因此,维斯比成为毛制装饰织物的主要市场,佛兰德人、布拉班特人以及14世纪60年代的英国人和荷兰人都来这里开展贸易。这些织物在神圣罗马帝国纺织品市场上占有举足轻重的地位。在13至15世纪,它们通过汉萨同盟传遍北欧地区,并且一直向南进入波兰的克拉科夫。这个由行会和集镇组成的非官方联盟享有商业和外交特权,它不仅制定了法律,还建立了军队和外贸站,遍布葡萄牙、意大利和俄罗斯等地。该联盟认为英国的毛料织物和克尔赛呢质量最好。因此,来自低地国家的宽幅细毛织品也由英国羊毛编织而成。这种布料含有短(2厘米)而卷曲且呈锯齿状的纤维,所以是当时世界上最好且最贵的纺织品(西班牙的美利奴羊毛出现于14世纪中叶。到1425年前后,勒芬和布鲁塞尔才开始用它制作织物,但又经过了一个世纪的改进,这种纺织品才威胁到宽幅细毛织品的霸权地位)。

汉萨同盟通过海上贸易来控制出口商品,从15世纪20年代开始,它还通过安特卫普和布拉班特展销会控制出口。从1150年开始有记录的法兰克福展销会,到1330年变成每年举办两次。它在南欧的和平时期促进了向南的陆上贸易。在这一时期,无论是在欧洲北部还是在意大利和加泰罗尼亚的纺织业中,贵族出口市场都不再亲睐轻质、低廉的面料(如精纺毛料和布料)。一直到16世纪,最令人向往的奢华毛织布料还是经过深度缩密和加毡之后的宽幅细毛织品。它们往往通体一色,但也有条纹和其他颜色效果。随着中产阶级消费者数量的增加,以及居住区供暖条件的显著改善,人们更喜欢穿一些轻便衣物,它们才逐渐开始衰落。然而直到1540年,一件根特宽幅细毛织品(dickedinnen)的价格相当于安特卫普一名熟练工一年多的收入。一块精纺布料(一种轻薄的布料材质)只用16天的工资就能买到,这预示着生产和消费趋势开始转向所谓的"新装饰织物"。在这些长期为本地市场生产的廉价布料中,来自佛兰德斯、法国、德意志、爱尔兰和苏格兰的纤维制品更粗、更长、更直,人们也使用了山羊毛。但要想将毛制宽幅细毛织品做得又厚实又柔软,且看起来流畅优美,还要让它加了衬垫的表面具有防水功能，其制备和修整工艺都复杂得多。大约需要30人才能制成一件30米宽的这种织品。这其中只有两人才是织工。在布料尚未织成时，纱线制备就消耗了将近一半的成本，这样才能保证其柔韧的悬垂品质。其中最受欢迎的是那些染成了猩红色的织物。一本1350年的根特账本显示，购买一件使用胭脂虫粉染了色的织物需要花费390天（13个月）的工资。因此，所谓的"科吉歇尔白布"特别受欢迎，因为布如其名：这些来自英国埃塞克斯的宽幅细毛织品经过染色之后就会泛出最醒目、最强烈的色调。

光凭颜色就能区分等级。10世纪的拜占庭法典三令五申禁止私人生产紫色染料。伊斯兰地区和东方的统治者同样把特定的颜色作为他们王朝的象征。在9世纪的伊斯兰教国家中，非穆斯林必须穿蜂蜜色衣服，因此拜占庭人在阿拉伯语中被称为"红花民族"。长期以来，黄色在西方代表"外来者"。当勇猛的马穆鲁克苏丹们（他们在1250年至1517年统治埃及、叙利亚、利比亚的大部分地区，以及苏丹）采用黄色作为自己的象征时，这一含义也可能是意有所指。其他地方则用黄色指代"局内人"。中国唐朝时期，黄色是御袍专用颜色。此外，皇帝也穿紫色服装，这一新的喜好可能反映了中国与西亚、中东和印度次大陆文化的接触。在这些文化中，人们种植染料沙戟，并将其用于染色和手稿绘画。在海洋等级制社会中，黄色和红色都属于酋长的提普塔人和其他地位高的人。日本的等级颜色系统非常复杂，直到幕府时代（从1192年开始）才逐渐简化。幕府将军借鉴了平民服装的某些方面，并像西方一样，他们最初仅凭纺织技艺就做出了盔甲，丝绸的张力很强，对发射物具有良好的防御作用。因此，它成了华丽帐篷和马饰的首选材料，也用于制作三角旗和家徽。所有这些物品都将颜色作为其主要特征，能够更容易地区分"我们"和"他们"。只有近距离观察时，图案才会变得重要起来。科学家在拜占庭发现了一件丝绸织品，上面织有由赫拉克利乌斯皇帝（公元610年至641年在位）姓名首字母组成的图案，这件早年幸存下来的样品，很好地证明了近距离观察时图案的重要性。织工还可以通过冲压、上色和刺绣来做出这种字母组合图案。在伊斯兰教中，人们佩戴阿米拉尔徽章（远东地区的"军衔徽章"）的这种习俗与马穆鲁克人有关。

在等级制社会中，纺织品的意义不仅仅是向最富有的人提供最优质的产品（尽管这也是事实）。这一时期，贵族们独享奢华的丝绸，上面饰有刺绣、镶有珠宝，或纹有金属线织成的图案。当时的人们对这些贵族存有敬畏之心，这我们不难理解。但等级和忠诚还体现在许多其他方面。如果

89 "华丽战争"的浪漫概念在很大程度上应该归功于与军事行动相关的精美纺织品。这种相关性可以是直接的（1335年至1340年的这位英国骑士就是一个缩影），也可以是间接的（奢华的贡品和战利品）。图中，那些亮蓝色和金黄色标志是杰弗里·卢特雷尔爵士（Sir Geoffrey Luttrell）的象征。在他的服装和马饰上都印有、画有或绣有这些标志。它们既能彰显身份，也显示了他的财富和地位。

按照字面意思来理解，"苏菲派"是指一群"穿着毛料织物的人"。他们有意回避了专供宫廷使用的丝绸，其他地方的许多僧侣也是如此。骠人（公元220年至832年）是缅甸最早的缅甸人。唐朝史官将他们称为精细棉布编织者，他们更喜欢使用棉布而不是丝绸，因为他们是虔诚的佛教徒（其实佛教是一种与丝绸密切相关的宗教），杀蚕时于心不忍。一些印度教徒也会受到类似的限制。印度教是在印度发展起来的一种古老的宗教信仰和风俗习惯的混合体。随着佛教、印度教和伊斯兰教的传播，棉花的制备和种植知识也随之扩散。棉花作物于8世纪传入了塔里木盆地，在史前西南地区的各个部落中，棉花（到公元500年时，棉花种植从墨西哥引入亚利桑那州南部的霍霍坎部落，并于1100年左右通过他们传到莫戈隆和阿纳萨齐部落）具有几种仪式上和精神上的含义。例如，它象征着云。在以韧皮为基础的中美洲纺织文化中，棉花是一种奢侈的纤维，当地人使用兔腹毛，偶尔也使用野蚕丝、羽毛、贝壳、石头和贵金属制成的丝线来进行刺绣，让棉花纤维变得更加结实。对印加人来说，最贵的物品是纬面织锦，但直到18世纪，秘鲁贡品中的一块棉质披巾（毯子）还能抵换两块羊毛布料。（西班牙殖民者在整个美洲继续推行贡品制度，有时还会滥用这种制度。）在这个时期的欧洲，棉花似乎主要用于制作烛芯纱。从这一时期的欧亚大陆流传下来的棉布很少，这并不是因为人们没有使用或忽视了它们，而是因为8世纪时从东方国家引入了碎布造纸术（不过，东方人造纸采用的是大麻碎布和桑树皮）。

我们对纺织品属性的了解大多来自禁奢令。通过这些法令，国家试图

第四章 政教合一 公元600年至1500年 113

90 在马达加斯加，高地梅里纳人通过他们的语言和编织实践保持着与东南亚的联系。自1500年以来，他们就开始用传统的图案、颜色和技艺来编织窄幅丝绸，在一些特殊事件中用作圣物和外交礼物等。这些图案来自印度尼西亚，是织工用手从单个牵引绳上挑选出来的。马达加斯加语中用来指代书写和制备织机的术语可以互通。

阻止人们穿着过于华丽的服饰，于是许多服装元素的使用受到了禁止或管制：颜色、纤维、花纹、金属刺绣和毛皮。在拜占庭、伊斯兰和东方文化中，这些似乎主要适用于男性。然而，这种法规难以施行，因为二手纺织品的流通非常频繁，其中包括一些最为优质的纺织品。1327年，英格兰国王爱德华三世行加冕礼，皇室为此制作了大量纺织品。后来这些纺织品作为馈赠品和施舍物分发出去了。其中有15块来自"烛芯纱街区"的地毯，大部分都分给了穷人。"烛芯纱街区"这个词让人联想到后来的环状或簇状棉花。我们可以从这一时期的许多王室账本、法令和行规中找到数百种布料名称和技术差异，但几乎很难将这些术语与现存的纺织品联系起来。

  幸存样品的归属地只会因为迁徙而变得更加复杂。11世纪和12世纪，中东人在意大利南部和西西里岛建立了养蚕业和纺丝业，而诺曼征服使得他们于1147年在巴勒莫建立了作坊，其中的工人都是当地的伊斯兰绣工和从伯罗奔尼撒俘虏过来的拜占庭织工。由此，纺丝业开始在意大利南部（此时也处于诺曼人的控制之下）扩散开来。这种情况应归功于已经建立起来的犹太社群。当时，他们不仅垄断了染色工艺，而且同样擅长丝绸加工和编织。在腓特烈二世（1194年至1250年，1198年起成为西西里岛国王，1212年起成为德意志国王，1220年起成为意大利国王和神圣罗马皇帝，1225年起成为耶路撒冷国王）统治时期，各种技能进一步扩散。1266年，安茹王朝征服西西里岛，这一举动巩固了卢卡本土作为意大利第一个重要的纺丝业中心的地位。卢卡是罗马北部犹太人最为集中的地方。为了削弱伊斯兰国家日益强大的势力，罗马教皇与蒙古人结成联盟，这极大地促进了意大利织锦丝绸和丝绒编织的发展，而有规律的、非对称的中蒙花纹以及技艺，尤其是金线织锦法便传入了欧洲。随着拜占庭和伊比利亚伊斯兰帝国的衰落，整个地中海地区出现了许多新的纺织业中心。然而，即使在1204年君士坦丁堡被拉丁人攻陷之后，拜占庭织工仍然为西方国家提供了最为奢华的丝绸。他们与波斯和中东的伊斯兰织工和绣工一起——其中许多人以前在拜占庭时期的叙利亚作坊里工作——为整个欧亚大陆宫廷和典

91 在拉丁美洲的各种文化中，棉花是一种享有盛誉的纤维，这是一块采用织锦手法做成的帕查卡马克样品，可追溯到1000年至1350年。该样品与制作它的小型织机一起留存下来，这反映了秘鲁有将织工与他们的职业工具一起埋葬的习俗。大卫·伯恩斯坦收藏于纽约。

第四章 政教合一 公元600年至1500年 115

礼的专用丝绸增添了光彩并造就了辉煌。这种状态一直持续到 1453 年，奥斯曼人占领了拜占庭帝国，类似的制作精美织物的技能也在伊比利亚保留了下来。当时，伊比利亚处于天主教君主伊莎贝拉一世和费迪南德二世的统治之下。1492 年，他们征服了伊比利亚仅剩的最后一块伊斯兰领土格拉纳达。到 16 世纪时，西班牙、葡萄牙和意大利城邦的几个纺织中心已经成了重要的丝绸生产中心，尽管西方纺织品仍被视为一种了解永恒世界的途径——而上等织物更是人们的生活来源，但它们正不可阻挡地朝着工业化及其所指的大众化的方向发展。

92 珍贵的"鞑靼织物"含有采用平纹镀金膜制成的纬纱。这种织物对南欧织工产生了重大影响,其中的图案产生了更为广泛的影响。这是一块来自14世纪卢切斯地区的鞑靼织物,从织物上的中蒙花纹中,可以看到一种对位布局的手法。而这种手法此后在欧洲又流行了300年。

第五章

西方思想和风格的传播
1300年至1900年

这一时期的西方包括莫斯科王朝和罗曼诺夫王朝时期的俄罗斯，以及从 1500 年开始逐渐扩大的北美地区。可尽管城市化水平越来越高，社会上也兴起了许多其他手工艺，但刺绣、织锦、机织或针织丝绸和毛料仍是主流奢侈品。直到 20 世纪早期兴起简约主义运动之前，这些工艺品和地毯一直是室内陈设的主导基调，也推动了服装潮流日益快速的变化。在室内陈设方面，刺绣以及流苏、细绳、镶边、穗带和缎带等类似的装饰添加物起到了尤为重要的作用。如果对缎带进行旋扭或编辫，就成了"饰带"，上面还点缀有许多带状的和机织的"小物件"。所有这些纺织品可能都是由"丝绸女商人"（1320 年至 1550 年）和"丝绸男商人"（1550 年至 1660 年）对外出售，从 1600 年左右开始，这种织物就演变成了今天我们所看到的蕾丝。无论在农村还是城市文化中，这种雕刻般精致的缀饰往往都是服装和家具中最昂贵且最有表现力的元素。这一时期的其他公开展示场合——例如加冕典礼、宗教节日、市民游行、军备展示，还有贵族马车和制服上，都少不了这些纺织品。饰带、刺绣、织锦和编织技艺的发展与木雕、雕刻（常用于制作金币和印章）、绘画或平版印刷等其他学科的创新密切相关。直到 18 世纪，印花棉布和壁纸才开始流行起来，又过了一个世纪，印花棉布才威胁到现有纺织形式的霸主地位。显然，传统纺织品都是手工制作的，纺织品的风格演变路径非常清晰，这又体现了传统技艺的重要性。然而，

93 右图。这幅挂毯在皇家博韦挂毯制造厂按照让－巴蒂斯特·蒙诺耶（Jean-Baptiste Monnoyer）在 17 世纪 80 年代制作的底图编织而成。当时，制造厂制作了一套挂毯，共有六件左右，这是其中之一。现在，人们将这套挂毯称为"贝兰的奇异艺术作品"。 这套挂毯可以根据它们最终的摆放位置来调整尺寸。当时至少卖出了 40 套，其中 1694 年卖出了 13 套，而最后一套卖出于 1732 年。该挂毯的意象突出了饰带对于豪华室内陈设的重要性。

第五章 西方思想和风格的传播 1300年至1900年

94 这是一块来自14世纪意大利北部的丝绸,从中可以看到"鞑靼织物"的影响力,尤其表现在:将一组充满活力的飞禽走兽置放于大量具有异国情调的树叶之中。含有红、黑、白三色织锦的复合编织结构也能体现这种影响力,只是没那么明显。

本章的重点放在制作传统纺织品所需的技能和制作者身上。

这一时期的工匠受到一系列复杂品味的影响。一开始,重要的是几个与君士坦丁堡和黎凡特有联系的地区,它们拥有深厚的纺织传统。在北欧,这种影响力体现在挂毯和刺绣上,而刺绣可以作为昂贵而稀缺的进口花绸的替代品。1204年,佛兰德斯伯爵鲍德温九世(Baldwin IX)征服了君士坦丁堡,从而建立了君士坦丁堡与佛兰德斯(包括法国北部、今比利时的大部分地区和荷兰的部分地区)之间的紧密联系。因此,佛兰德斯成为北方纺织品贸易的主要中心。大约50年后,第一批有记载的巴黎挂毯织工制作了所谓的"萨拉森挂毯"(tapis sarazinois)。这种挂毯应该归功于起源于中东地区的法国"高密度经纱"或立式挂毯织机(在卧式织布机上制作的挂毯被称为"低密度经纱",这种技艺在当时的北欧和中欧已经广泛使用了)。 相比之下,近东地区对丝绸和金属线生产商以及织工的影响则在意大利最为明显。14世纪初,最负盛名的是卢卡织工。到14世纪末,佛罗伦萨、热那亚和威尼斯的织工取代了他们的地位(威尼斯城邦是东方成品货物和意大利自产丝绸、金属线的转售点)。这些城市和其他意大利城市生产了许多不同的织物,包括大量使用脚踏织机制成的素面丝绸。佛罗伦萨用英国羊毛生产精美的毛料织物,当地的缩密研磨机可以为远在佛兰德斯的意大利商人制作布料。14世纪早期,意大利的提花机织工开始使用更为复杂的布料结构和不对称花纹。这些很可能起源于进口的"鞑靼织物"。新式布料结构包括金线织物和印花丝绒等复合织物(意大利人已经开始编

122 流光——世界纺织史

织平纹丝绒了）。虽然15世纪的其他意大利城市也使用这两种技艺，但卢卡的复合织物略胜一筹。西班牙人也知道这两种技艺（直到1492年西班牙仍有部分地区处于伊斯兰势力的控制之下）。当时，西班牙与热那亚有贸易往来，并有悠久的养蚕和相关贸易传统。

95　左图。该挂毯出自布鲁塞尔科尼利厄斯·通斯（Cornelius Tons）工作室。他为意大利法尔内塞家族制作了一套挂毯，这可能是其中之一。上面的图案讲述的是西庇阿的故事。这套挂毯设计于曼图亚（可能得到了查理五世的授意）。1532年，第一套由一位颇有名声的佛兰德商人马克·克拉西提夫（Marc Crétif）受法国弗朗索瓦一世委托制作而成。16世纪和17世纪，哈布斯堡、瑞典、奥地利和法国贵族也定制了多套这种挂毯。

96　右图。1710年左右，法国或意大利可能针对波兰市场制作了这件印花丝绒。这不仅体现出欧洲宫廷中日益同质化的品味，也可见为宫廷制作纺织品的繁复程度。我们可以看到，中间切割与未切开的绒毛在没有绒毛的四周的衬托下变得更加醒目。这种构造被称为西塞莱镂空丝绒。

第五章　西方思想和风格的传播　1300年至1900年　123

97　在中世纪晚期的上莱茵兰地区，许多挂毯作坊仍然积极主动地为各种庆典和游行生产挂毯，或者将挂毯用作贡品。这件挂毯产于15世纪晚期，边长只有74厘米，是当时非常有代表性的产品。它也是仅存的51幅15世纪斯特拉斯堡挂毯之一。

　　整个17世纪，以意大利北部织造中心为核心扩散出来的花纹设计越来越多，一直主导着人们的审美品味。不久法国取代了它们潮流引领者的地位，后来英格兰也从中分了一杯羹（尤其是在礼服丝绸方面）。欧洲的丝绒和金线锦缎织造技艺起源于南方，在南方以外的地方，阿尔卑斯山脉北部和东部地区以刺绣和挂毯为主，这可以更加充分地利用当地的羊毛和亚麻资源。在欧洲的其他地区，当地原料理所应当地与当地技能紧密结合。因此，从维也纳到波兰再到俄罗斯，淡水珍珠产量丰富，专业的绣工就用珍珠来进行装饰。审美品味和技艺的传播在一定程度上受到了欧洲王室附属宗教机构及其不断变化的盟国支配。其中最著名的是哈布斯堡王朝。1273年，该王朝兴起于瑞士，在德意志掌权。但在1438年至1806年，其家族成员出任神圣罗马帝国皇帝，权势更为显赫。该王朝中的查理五世（1500至1558年）可能对这些风格的传播做出了最大的贡献。他继承并整

98　1462年，教皇庇护二世将这件皮恩扎教袍赠予该市的大教堂，但它却出自英格兰人之手（英伦刺绣）。工人们从1315年至1335年花了二十年完成刺绣。底布上的图案采用了几种针法，包括用于勾勒轮廓的花茎针法，用于塑造脸和手的劈针绣，以及金线下凹挑绣，此针法是该教袍的独有特征。

第五章　西方思想和风格的传播　1300年至1900年

合了勃艮第、荷兰、西班牙（包括那不勒斯以及美洲大部分地区）和奥德帝国本身。现在收藏于西班牙的精美佛兰德挂毯只是证明他影响力的一个例子。他的继承人，波希米亚的鲁道夫二世，从全国各地征召了大量工匠。似乎正是西班牙人的专业知识造就了那些带有大型针织图案的挂毯，而这些挂毯在鲁道夫的宫殿所在地布拉格的行会中占据了首要地位。不久，这一要求就延伸到了上莱茵兰、阿尔萨斯、奥地利的其他城市，而且17世纪中叶还蔓延到了几个德意志城邦。

　　这些风格之所以风靡整个欧洲，因为它们不仅通过纺织品的跨地区运输来进行传播，更随着纺织品制造者的流动而得以扩散。例如到1250年，英格兰已经凭借做工最为细致和最受欢迎的刺绣品英伦刺绣而声名在外了。这种由丝线和金属线制作而成的纺织品即使在相距甚远的意大利也颇受欢迎。1295年梵蒂冈的一份清单中列出了100多件这样的物品。我们在现在的宗教仪式上仍能见到其中的许多大尺寸半圆形教袍。到14世纪初，英国绣工已经开始在意大利，或远至东部的下萨克森一带工作了。大约1350年之后，英格兰人开始采用更多为便利的刺绣方法。14世纪末，佛兰德工匠夺取了英格兰人的领导地位，他们中的许多人都受雇于勃艮第公爵的宫廷。佛兰德工匠的技艺称为"蔽金绣"（or nué）。这种绣法呈现出来的织品，需要先通过各种颜色较深的且间隔均匀的丝线来覆盖金线，然后使用这种金线绣制而成。15世纪，英格兰也采用了这种方法，但当地人的技艺娴熟程度无法与佛兰德工匠相媲美（这表明要掌握这种技术必须熟能生巧而不是生搬硬套）。一些佛兰德熟练工也将蔽金绣这种技艺传入了奥地利、法国和意大利的各处作坊。1391年，巴塞罗那和西班牙的其他地方兴起了一批最早的新式作坊，其中一些一直持续到16世纪。此后，佛兰德刺绣风格的影响力开始逐渐减弱。

　　佛兰德斯作为纺织中心的重要性怎么强调都不为过。拥有强大消费能力的买家，才能催生高质量的商品。而该地区有很多这样的富人。布鲁日的情况尤其如此。14世纪80年代，勃艮第王室在这里居住了一个世纪，佛兰德斯也是强大的北欧贸易同盟汉萨同盟的主要商业中心，通过海路（以及越来越多的运河）与欧洲其他港口相连。布鲁日因挂毯而蜚声欧洲，奥德纳德地区图尔奈市的一些佛兰德城镇，和另一个历史悠久的羊毛贸易和编织中心布鲁塞尔也是如此。它们的正南方是阿图瓦的一座名为阿拉斯的小镇。科学家认为，那套最著名的中世纪挂毯"昂热启示录"（1375年至1380年）正是产自于此。欧洲其他地方的挂毯作坊在专业技能方面无法与小公国附近集中的作坊同日而语。到15世纪时，贝亨奥普佐姆、布鲁日和

99 地方花纹往往融合了当地偏好和曾经流行的城市风格。这件挪威羊毛－亚麻挂毯，可追溯到 1650 年至 1750 年。繁忙的场景和醒目的镶边描绘了盖马尔（Guiamar）的传奇故事。该故事虽然于 13 世纪用文字保存了下来，但它之所以能流传开来，还是应归功于一些纺织品，它们描绘了公元 850 年至 1200 年的北欧传说。不规则的圆形图案暗示了萨珊－拜占庭样式。它可能出自 16 世纪 60 年代至 18 世纪 20 年代活跃于挪威的某个流动织工之手。

安特卫普等佛兰德港口也因其挂毯市场变得重要。安特卫普是当时世界上最大的海港之一，而且在 16 世纪时是整个西欧的商业中心。此外，一直到 18 世纪，布鲁日和安特卫普都是挂毯的主要修复中心。这些城市都是著名的国际大都市：在各个佛兰德市场上，经常有很多外国人在那里检验挂毯，据说这是窃听敌对国家大使和使节的绝佳"掩护"。毫无疑问，这种跨地区的广泛联系有助于织工和绣工流动，而其他地方新式作坊的出现往往要依赖于佛兰德人的技能。

我们从佛兰德织工开办、经营或复兴的一系列作坊中可以全面了解这一时期挂毯织造业的基本特征。流动织工完成了大量工作，人们将其称为"迁徙式织毯工人"。他们为资金雄厚的教堂和分散各地的贵族提供服务，而这些贵族中有许多人每年都在自己的领地上到处巡视。他们往往制作的是小型花纹，或者被称为碎花图案。虽然一些历史学家对他们的存在提出了质疑，但一直到 1725 年左右，仍有迁徙式织毯工人在挪威和瑞典谋生。在那些国家，这种做法可以追溯到古斯塔夫一世在位期间。1523 年至 1566 年，他在境内保留了大量佛兰德织工和绣工，他们在完成任务之后，就分散到了斯堪的纳维亚半岛的各个地方（此后，北美地区有许多关于流动织

第五章　西方思想和风格的传播　1300年至1900年

100　这件挂毯可以追溯到17世纪初，它制作于安第斯山脉南部的布宜诺斯艾利斯或附近地区。与弗拉·巴托洛梅奥（Fra Bartolommeo）1510年左右对同一主题的描述相比较，这件挂毯可能是通过在意大利工作的流动佛兰德织工从那里传播出去的，而且很快就传到了新大陆。

工的记录。他们到那里不是为了制作花式挂毯，而是为了制作一种浮纬花纹被罩，这种花纹类似于毛制纬面）。而有些地方会聘请外地织工从事特定项目，意大利北部就是如此。1536年，佛兰德织工由此加入了费雷拉的同胞修理工协会（埃斯特挂毯作坊在那里一直留存到1582年），并于同一时期在曼图亚、锡耶纳、佛罗伦萨和罗马（与法国织工一起）建立了作坊。在法国，图尔的挂毯生产已经深深受益于佛兰德人的技能。当时短命的弗

128　流光——世界纺织史

朗索瓦一世皇家作坊（公元535年至547年）的织工几乎都来自佛兰德斯。从1623年到19世纪末，一群佛兰德挂毯织工来到西班牙卡斯提尔，并定居下来。根据墨西哥城和秘鲁利马的文献记载，16世纪中期，西班牙开始鼓励技能娴熟的工匠移民到新大陆，到17世纪初，安第斯地区的织工开始制作叙事性的"殖民"挂毯，对佛兰德式（以及西班牙摩尔式地毯）中的意象进行了改造。直到18世纪，两名佛兰德织工才被引入到了智利圣地亚哥的耶稣会作坊。

大多数织工属于第三类。他们住在自己的作坊里，靠商人或富户的订单维持生计，为这些客户提供"底图"。拉斐尔在1515年至1517年为教皇利奥十世绘制的底图就是这种情况，按照这些底图，布鲁塞尔的那些作坊制成了相应的图案（最为精美的那些挂毯都来自这些作坊，阿拉斯在15世纪后期已经衰落了）。他们与包出制工人的区别在于需要自行购买原材料。因此，他们的现场工作与许多绣工、针织工和精细布织工的现场工作非常相似，他们的各种生意都要遵守行会（也存在于伊斯兰地区）或市政委员会制定的指导方针和法规。这些指导方针在细节上各不相同，但基本要点全都一致：成员不得在烛光下工作或使用劣质材料，也不能在星期日或宗教节日期间开展工作。只有那些拥有自己的作坊且自身技艺娴熟的从业者才能招收学徒（学徒期4年到10年不等，织布的学徒时间最短）。从业者往往要制作一件"代表作"来证明自己的技能熟练程度。

皇家作坊里并没有这些限制。因为谁也无法预测像加冕这样的重大事件，所以织工们可以使用镀金冲压和上色等即兴技艺。众所周知，这些工人，尤其是绣工，经常需要通宵工作。通宵工作的惯例延续了下来，而工作条件逐渐下降，从14世纪50年代的英格兰皇家大衣橱的标准（当时为织工提供蜡烛和葡萄酒）下降到大约五百年后为"旺季"而准备的昏暗作坊。第一个真正的变革迹象是金绣越来越少。1466年，佛罗伦萨商人行会委托织工们制作一套精致刺绣，他们花了大约23年才完工。尽管如此，金绣这种技艺却直到17世纪30年代才让位于那些更大（因此更快）的针法。这种情况确实有些出人意料。16世纪20年代的宗教改革推动了这一转变。当时，北欧地区逐渐皈依了新教，新教通常会避免在宗教仪式中使用精致的法衣，转而采用清教徒风格的服装。

有一类工匠慢慢占据了举足轻重的地位：一些虔诚的流亡者。在16世纪晚期的大部分时间里，宗教战争席卷了低地国家、法国和其他地区，而1576年，安特卫普的挂毯市场被西班牙军队洗劫一空。许多新教织工离开佛兰德斯，前往爱尔兰、苏格兰、英格兰、荷兰、丹麦、瑞典、瑞士和德

101　为了在行会中获得"大师"地位,当时的从业者制作了各种各样的纺织品,其中只有少量样品幸存下来了。现存的样品中有一组来自中欧的针织挂毯。图中的这例样品于1748年在斯特拉斯堡制作而成。反映出波斯和奥斯曼帝国时期的花纹产生了深远的影响(见第六章)。

意志的许多城镇。与此同时,"新式装饰织物"的制作技术也随之传播开来,这意味着精梳长绒羊毛制成的纯精纺毛料成本更低、重量更轻了;同时,也出现了一些将羊毛与山羊毛、骆驼毛、亚麻、丝绸和棉花等其他原料结合在一起的创新型纤维织物。所有这些材质和图案都比曾经流行的纯羊毛厚重宽幅细毛织品更能适应不断变化的潮流趋势。15世纪末至18世纪后期，同样的新式装饰织物很快进入了英国小镇诺里奇等其他中心，复兴并扩展了法属埃诺的佛兰德斯以及图尔奈地区的纺织业（从17世纪开始流亡到美洲的移民中包括许多织工；1682年，贵格会定居点的人们创建了费城，而身在费城的这些织工移民最终在20世纪初把费城建成了世界上数一数二的纺织品制造中心。该中心的大部分区域最初都位于费城的日耳曼敦聚居区）。也有大量绣工离开了。那些佛兰德作坊则留存了下来，但在17世纪，他们的专长变得更加突出，绣工们以擅长"描绘"而闻名，尤其善于描画花卉。剩下的几个挂毯中心价格各异：奥德纳德的挂毯最便宜，其中风景挂毯最为畅销（从16世纪开始，奥布松生产了许多更为粗糙的品种），安特卫普等地方生产的质量中等，而布鲁塞尔的挂毯最好也最贵。

1598年，法国新教徒（被称为胡格诺派）获得了宗教自由。在由此而产生的和平时期内，人们共同努力发展奢侈品贸易。到1602年时，亨利四世已经建成了低经纱密度挂毯产业。当时，巴黎的戈布兰染料工厂里有60台织机，亚眠有20台织机，里面的织工大部分都是佛兰德人。为了保护这一新兴产业，亨利四世颁布了一项为期15年的禁令，禁止从佛兰德斯进口挂毯。作为对这些举措的回应，佛兰德人禁止移民出境，但即便如此其他地区仍然能够继续从他们的技能中获益良多。1619年，英格兰伦敦郊外的摩特雷克建起了一座皇家作坊，该作坊就是受益者之一。1662年，巴黎的那些低经纱密度作坊最终与现有的高经纱密度工坊合并，形成了位于戈布兰的皇家制造厂。1664年和1665年，另外两个中心分别得到了官方支持：博韦（有一些低经纱密度制作室）和奥布松（有一些知名产品）。二十年后，政府取消了对宗教自由的保护，于是许多奥布松织工四散开来，其中一些人在柏林建立了一座作坊（1686年至1714年）。因为这场剧变，那些古老的佛兰德中心的人们重新变得富有起来，而且这场造富运动持续了大约50年。然而，戈布兰模式为几家天主教地区的新企业提供了灵感。约1710年至1718年，罗马、那不勒斯、马德里和慕尼黑都建立了获得政府补贴的作坊；巴伐利亚除了拥有慕尼黑作坊（一直经营到1802年），至少还建立了另外四个中心。1716年，俄罗斯的彼得大帝在新建的圣彼得堡建立了一个戈布兰式作坊，该作坊由巴黎建筑师勒布隆（Le Blond）负责，并从法国和佛兰德斯招募织工，合同为期五年，一直存续至1859年。

专业纺织技术的需求量很大。例如1751年法国复合布料织工的计件工资是平布织工的3～36倍。虽然很多人从事家庭纺纱和织布（但因为他们逐渐只能以包出制的方式进行劳作，所以收入非常微薄），但他们的专业技能大受欢迎。因此，很多地区出高价让他们背井离乡。当然，他们的同行

102 图中的手稿是一份法国、荷兰和英国纺织品的目录。1760年左右，意大利的莫卡西先生(Signor Mocassi)编成了这份目录，用来帮助本国的商人和织工。这一页展示的是来自诺威琪的光面精纺毛料之类的纺织品。这类纺织品在一个多世纪前由法国和佛兰德侨民传入英格兰地区。

给予了他们很大的自由。迁徙永久地改变了纺织品的性质。例如，16世纪为了躲避意大利和法国的宗教迫害，不少缎带织工搬到了巴塞尔地区。17世纪70年代，他们在多轴织机上劳作，为一个重要产业打下了基础，起初以家庭为单位，两个世纪后慢慢工厂化了。17世纪的巴黎开始生产金线织锦丝绸，这要归功于意大利人克劳德·丹贡（Claude Dangon）于1605年改进了提花机（直到下一个世纪里昂才制造出了精致的丝绸），正因如此，巴黎人才开始制作金线锦缎丝绸。16世纪和17世纪，来自低地国家和其他地方的移民不仅在英格兰创造了新型混合纤维布料，还创建了麦克尔斯菲尔德和斯皮塔佛德等新的丝绸织造中心（英国意识到各地都亟须纺织技术，随后也是为了保护自身的纺织贸易，于是在1719年至1824年颁布法令，禁止纺织专家移民）。法国大革命迫使更多的流亡者来到英国，他们这次改造了当地的草编行业。里昂以前是商人们进口意大利纺织品的重要贸易中心，而后它取代图尔成了法国最大的奢华丝绸生产地。据说，法国大革命期间，里昂流失了2万名丝绸工人，其中包括纺纱工、染色工和意匠纸印刷工。这

132 流光——世界纺织史

种情况对法国造成了重大的不利影响，于是拿破仑在 1802 年呼吁他们回国，并很快订购了大量装饰性丝绸来讨好他们。随后，法国在 1848 年至 1851 年爆发了多次起义，许多法国工匠又来到了英国。所以新泽西州的帕特森才能在 1840 年开设了第一家丝绸工厂。到 1870 年时这家工厂拥有 60 多名法国丝绸染色工、织布工、精加工工人和商人（大多数人是英国裔）。

  虽然艺术家和设计师也存在类似的流动性，但艺术和技术无论何时都能在一些重要地区共存共生，这一点毋庸置疑。北方地区的那些手抄本彩饰流派为英伦刺绣和佛兰德纺织艺术做出了重要贡献，而 1350 至 1450 年，波希米亚画家和绣工也对德意志、奥地利、西里西亚和波罗的海沿岸地区产生了重大影响。意大利也存在着许多这种跨领域交流的情形。15 世纪早期，佛罗伦萨画家琴尼诺·琴尼尼（Cennino Cennini）甚至在他的《艺匠手册》中加入了关于纺织品设计的说明。绣工们有一种在框架上押布的传统方法，他强烈建议画家采用这种方法来绘制底层设计，而且认为这种画布延展工艺能够像其他纺织技艺一样让绘画作品有所改观。例如皮萨内洛（Pisanello）在 15 世纪下半叶的绘画方法就借鉴了佛兰德挂毯的制作工艺，而且他还设计过刺绣品。到波提切利在佛罗伦萨为精致刺绣单独设计花纹时，织工们同样普遍接受了琴尼尼的意见，即最好用这种单独的刺绣元素缝制在适当的地方来装饰丝绒。

  在某些情况下，设计和制造奢华纺织品的人之间存在着更加实实在在的联系。例如少数家庭在阿拉斯和图尔奈都有作坊，但他们只需要一位阿拉斯艺术家来制作所有底图。史料中有许多相关记载，足以表明两者之间的这种联系并不罕见。科隆在 15 世纪是德意志西北部最大的刺绣和穗带织造中心。这里出现过几代伯恩海姆（Bornheim）刺绣大师，其中一位在该世纪中叶与著名画家施特凡·洛赫纳（Stephan Lochner）合住一所房子。最著名的例子来自彼得·保罗·鲁本斯（Peter Paul Rubens）。他的岳父丹尼尔·富尔芒（Daniel Fourment）是一位安特卫普商人，专门经营成品挂毯、底图和原料。毫无疑问，鲁本斯能在刺绣和挂毯方面产生深远的影响，富尔芒功不可没。其他著名的例子还包括根特绣工雅各布·德·林克（Jakob de Rynck）。他也出售来自阿姆斯特丹和里尔的金属线（拉丝和金属线的制作是由其他专业人士完成的）。画家弗朗斯·皮尔森（Frans Pilson）是他的大女婿，所以雅各布及其子承父业的儿子迈克尔很可能都是通过皮尔森来制作各种花纹。生产技术的知识对于那些为织锦和其他带有花纹的织机产品设计花纹的人来说尤其重要。有充分的证据表明，在 18 世纪的里昂和其他织造中心，这些知识通常是通过家庭纽带传播的。只要有可能，设计和生产技能、作坊和商业活动就会代代相传。即使在今天，一些家族企业仍可以追溯到这一时期。

  重要的人和事物在不同行业间产生影响的另一个渠道就是通过行会。这些行会绝不相通也不相同，但仍可以看出刺绣这一行往往特别与其他行业有所关联。其中尤其重要的是圣卢克行会，它被誉为画家的守护神。众所周知，它于1446年吞并了维也纳的刺绣行会。在接下来的一个世纪里，它在中欧和低地国家分布广泛，后来还吸纳了威斯特伐利亚（德意志西北部）的珍珠工人。圣卢克行会在各地的分支反映了当地的特点，除了绣工以外，行会还囊括了画工、玻璃匠、金匠、马具匠、雕塑工、釉工、陶工、织工、雕工和印刷工，以及这些物品的贸易商。大约1460年以后，奥地利、德意志、波兰西部和匈牙利出现了一些特有的雕刻般精致的或金属制品般的浮雕式刺绣品（可能受到了14世纪70年代至15世纪初法国浮雕作品的启发），而且17世纪和18世纪初，北欧其他地方也出现了浮雕作品。它们的出现很可能得益于那些跨行业交流，之所以会出现医师公会，也是因为该公会的早期成员中有染色工。当时，因为大多数天然染料都有公认的药用价值，所以染色工将它们称为"药物"。法国的各种行会——第一个行会于1272年在巴黎成立，允许绣工选择是否与织物雕刻师、手袋制作

103　意大利丝绒在15世纪和16世纪备受追捧。图中详细展示的丝绒就是其中之一。它们经常出现于绘画作品之中，也常用于制作圣袍。图中的样品是一件在罗马天主教时期的科隆制作的十字褡，可追溯到1475年至1500年。这条丝线绣成的亚麻绣带（中间）含有一个树形图案。在当时该城镇生产的机织带状物都有这种代表性图案。

104 许多中世纪和文艺复兴时期的艺术家都为纺织品设计过花纹。这件由皮萨内洛或他的作坊制作的样品可以追溯到1449年左右。上面有西班牙阿拉贡国王阿方索五世的骑士格言。他后来也是西西里岛和那不勒斯的国王。该样品通过刺绣技法制作而成。

师、十字褡制作师（教会用品）制作师、女装（服装）制作师、贴身内衣（亚麻布制白色刺绣）制作师或挂毯织工一起工作。这里最后一个术语可以指挂毯织工、家具装饰师和室内装饰师，这表明织锦壁挂和床帏在室内装饰方面曾经占主导地位。然而从一开始这些物品往往都由刺绣、贴花、丝绒、锦缎等制作而成，而且更多的是以羊毛而不是丝绸为原料。

这些和其他设计相交集的纺织品，之所以分成这么多种类，往往是为了按照它们各自使用的技艺来进行清晰的研究，但它们之间实际上并不存在如此泾渭分明的界线。16世纪至19世纪早期，荷兰的坐垫绣工沿用了挂毯的风格，使用长短针刺绣针迹。斯堪的纳维亚半岛也有类似的情况。绣工在里昂、伦敦、维也纳和其他地方的丝绸织造区随处可见。在法国，让-巴蒂斯特·柯尔贝尔（Jean-Baptiste Colbert, 1619年至1683年）制定了对纺织业的监管规章制度，以减少品种，提高质量并防止内部竞争。因此，人们在多地建立了织工的雕像，1667年建于图尔、里昂、奥尔良和巴黎，1672年建于马赛，1682年建于尼姆。1646年，色当因生产第戎瓦尔羊毛布料而获得王室资助；阿布维尔和埃尔伯夫（1667年）是两个采用类似的方法建立起来的中心城市，目的是为了赶走外国进口商品。阿布维尔于1666年在何塞·范·罗拜斯（Josse Van Robais）的帮助下建立，何塞是一名佛兰德羊毛纺织工人，曾在荷兰工作过。然而，这些铁腕政策也无法阻止纺织品制造者之间进行思想交流。18世纪初，丝绸花纹设计师受到了蕾丝花边的启发；18世纪30年代，他们又受到17世纪佛兰德花卉刺绣的启发（佛兰德花卉刺绣也因迁徙而在奥地利得到了蓬勃发展）。这种交流不胜枚举。

第五章　西方思想和风格的传播　1300年至1900年

通过交流，人们能够了解哪种技艺是当时最流行的，包括新出现的和新受追捧的技艺。戈布兰工厂还引进了橱柜制造等其他工艺以及染色等其他纺织专业技能（挂毯织工的学徒期之所以长达8～10年，部分原因是他们需要自行给毛料染色）。英国"大衣橱"搬到了伦敦的苏活区，在保罗·桑德斯（Paul Saunders）的领导下继续生产挂毯，一直持续到1742年左右。然而桑德斯还是一名兼职橱柜制造商，家具装饰商和殡葬从业者，因此，他成了最早的"上层阶级"商店经营者之一。此时的其他地方，商人要求挂毯织工重复性地制作各种底图，所以织工们抱怨自己慢慢丧失了艺术独立性。正如桑德斯的例子所表现出的那样，那些用来制作花式纺织品的技能逐渐沦为了橱柜制造商的附庸，虽然客户越来越多，但这些技能已经慢慢丧失了为他们提供服务的能力。此外，桑德斯的故事还告诉我们，行会和商业不断地发展，同时人们也需要更多资金来维持高质量的生产，而这些资金大多控制在男性手中，所以男性在专业制造纺织品的各个方面都发挥了越来越重要的作用。部分行业如金银制品工作，甚至成了男性的专属：在西班牙，金银刺绣是唯一专由男性制作完成的服装刺绣，用于制作斗牛士的服装。

这一时期，成千上万的女性从事着各种各样的手工工作。此外，她们

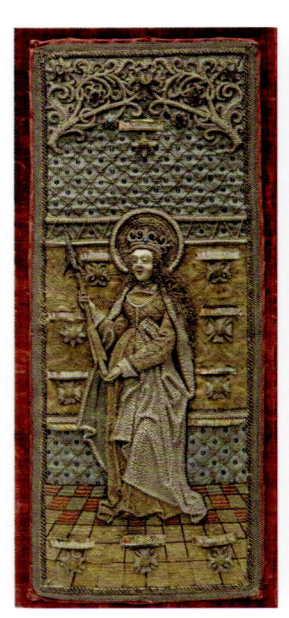

105　这是一对1519年在今德国法兰克尼亚刺绣而成的圣骨匣祭坛屏风。从中我们可以清楚地看到15世纪60年代至18世纪20年代雕塑艺术和刺绣之间的密切关系。这些屏风上的丝绸缎采用丝线和贴线缝绣的金线以及珍珠和饰片制作而成。

106 从16世纪开始，蔚然成风的收藏和日益增加的图书馆促进了各行业的交叉复兴和跨行借鉴。此外，即使仍存在一些技术壁垒，但到1735年，得益于新的编织结构的发展，这种法国织锦丝绸可以忠实地再现早期佛兰德刺绣中常见的风景、花朵和水果。

还在"业余"刺绣领域占据着主导地位。"业余"这一说法只是说她们没有获得报酬，而不是说她们的刺绣品质量很差。这其中包括许多贵族妇女的作品。苏格兰玛丽女王（1542年至1587年）可能是最著名的例子。然而，许多其他王室女性将刺绣当作一种消遣和爱好，她们的这种做法有更深远的影响。她们引领宫廷时尚，往往拥有自己的绣工，如果这些绣工来自国外（大部分确实来自国外），他们就能从自己的家乡带来一些不同的风格。这种影响通常能够"跨越"很远的距离，15世纪末和16世纪在莫斯科大公国看到的意大利式纺织品（和建筑）就是这方面的明证。虽然修士们因刺绣而闻名（1650年至1720年位于奥地利阿德蒙特的本笃会修道院就是一个著名的例子），但女修道院作坊则更为常见，不仅是纺纱、刺绣和织布的重要来源，也是重要的培训场所。其中最有影响力的修道院之一就是1370年在瑞典瓦斯泰纳成立的布里吉汀姐妹会（Brigittine Sisters，救世主修道会）。一直到15世纪，该组织都活跃于斯堪的纳维亚半岛和不列颠群岛。在16世纪和17世纪，她们建立了许多其他修道院，主要分布于波兰、法国、比利时、西班牙和墨西哥。

世俗和教会绣品都与修道院有所联系。15世纪中叶佛罗伦萨穆拉特

第五章 西方思想和风格的传播 1300年至1900年 137

修道院生产的绣品质量要比同市私人作坊的产品更好。在比利时的科特赖克，锡安修道院于1526年开始刺绣，后来建立了自己的学校。1627年至1793年，亚眠的乌尔苏拉修道院修女们以刺绣闻名，莱茵兰与其为姐妹会的修道院也同样善于刺绣。莱茵兰的修道院也是一个教学型修道院。19世纪时，她们的刺绣教学从新奥尔良修道院开始传遍整个美国和加拿大。然而，该时期最受欢迎的北美女子"精整加工"学校是由伯利恒新教姐妹会（摩拉维亚会友，起源于波希米亚）所经营的学校。她们擅长亚麻和羊毛纺纱、编织和针织，以及刺绣，并于1749年在费城伯利恒建立了她们最早的两所寄宿学校。现在摩拉维亚大学的普里西拉·佩恩·赫德（Priscilla Payne Hurd）校区至今仍设有各种艺术工作室。平针缝纫和精巧技艺对孤儿来说都是无价之宝，否则他们就会被剥夺继承技能和作坊的权利，在18世纪的巴黎，许多孤儿都是在蒙特斯潘夫人的资助下于圣约瑟夫修道院接受了培训。

当时的社会趋势为这一时期知识和读写能力的传播打下了基础，但这种传播同时受到了纺织界的欢迎和抵制。行会和国家立法机构往往充当保守势力，努力遏制技术和花纹的传播，而同行业者和各种政权结果都建立并资助了各种纺织花纹设计师学校。例如，1683年位于伦敦郎伯斯区的佛兰德挂毯织工创建了一所学校。这些走势以及市政委员会的兴起削弱了行会的权威，到19世纪初，行会仅拥有名义上的权力。印刷图案最初以单张的形式出现，从1523年开始以书的形式出现。它们不是纺织工匠自己的产物，而是产自于德意志、意大利以及后来英国的图书出版社。到1600年时，这些出版社已经出版了100多种不同的此类卷册，虽然这些书籍面向业余爱好者，但来自出版社的这些图案和技艺到17世纪时影响了纺织品的专业花纹设计和生产。因此，花纹设计越来越依赖于快速变化的各种风格，而这些风格往往从一系列的对开本中搜集而来，包括那些面向镶嵌细工、灰泥工或木雕的对开本，又或者来自各种进口纺织品。到19世纪初，印刷术在几个方面永久地打破了各种纺织品贸易的平衡。

随着社会文化水平的提高，许多纺织品类型逐渐讲述的不再是字面上的故事，大约1750年后，纪念性挂毯的需求越来越少［19世纪80年代初，威廉·莫里斯（William Morris）在伦敦附近的默顿修道院工厂开始制作这种挂毯时，人们将其视为新奇事物］。随着机械化越来越普遍，生产效率越来越高，纺织品也越来越多。欧洲各地都出现了织造中心合并潮，例如，在18世纪早期的今波兰地区，别尔斯科成为当地一种布料的最大供应产地；人们普遍认为，它的布料是西里西亚和捷克产品中最好的。随着原

107 西方国家在 18 世纪 30 年代才开始区分服装和家具纺织品。尽管如此，当时最时尚的服装也需要加一些细节来加以区分，例如这种用丝线和镀金线绣制而成的肚兜和衣领。这被认为是意大利风格，它采用了与 17 世纪佛兰德花草绘画和纺织品相关的花纹设计。

始工业化生产和家庭生产之间的差距日益加大，农村地区的织工和绣工开始坚守他们逐渐形成的视觉传统。这些传统在当地并因此在美洲的移民社群中具有更大的象征和叙事性意义。"平纹"织物也能体现叙事性，而格子呢、粗花呢和丁尼布是其中的典型代表。它们都被织成了斜纹，用来代表坚韧的个人主义。尤其是丁尼布更为突出。1873 年，出生于拉脱维亚的内华达裁缝雅各布·W. 戴维斯（Jacob W. Davis）和李维·施特劳斯（Levi Strauss）用丁尼布制作了一件带有加固性铆钉的牛仔裤，并为之申请了专利。即使在城市化和工业化出现后，人们仍然会使用一些传承下来的纺织品纹理和图案。一直到 1900 年，斯堪的纳维亚半岛和整个欧洲东北部的罗曼诺夫王朝时期的俄罗斯就开始研究萨珊王朝/拜占庭/伊斯兰起源的对峙动物、"生命之树"和圆形图案。在 19 世纪的美洲被褥、提花床罩、亚

108 到19世纪时,刺绣样本是女子受教育的重要标志。女孩们通常在私立或宗教组织开办的学校里接受教育。1818年,安·格里姆肖(Ann Grimshaw)在英格兰东北部阿克沃斯的朋友寄宿学校待了两年之后,制作了图中的这一样品,里面几乎包含了此前所有的几何和圆形图案。

麻布制白织刺绣以及刺绣样本中也可以找到这些图案的变体。所有这些变体都要感谢那些从大西洋彼岸带来了技能和民间记忆的人。他们在美洲开始了新的生活,其间外来的和本土的纺织品"手法"相互交融,对新的多元文化交流产生了影响。

109 这件宾夕法尼亚的棉质嵌花床罩产自1875年至1900年,可能是按照一种已发行的图案来制作的。虽然它在许多方面都带有宾夕法尼亚－德国艺术和中欧传统的特征,但其布局、风格鲜明的花朵以及中间的盾胸鹰(1784年美国国徽上采用的元素)都表明它受到了多种元素的影响。

110 左图。俄国纺织商人和制造商经常蒙受西欧花纹设计师和织布工的恩惠。尽管如此，到19世纪时，莫斯科已经有了几家完全由俄罗斯人经营的纺织品公司，其中包括 A. & W. 萨波尼科夫（Sapojnikoff）。该公司在1876年费城百年纪念博览会上展出了图中的这种丝绸。图案中狮鹫和孔雀位于精致的卷边圆形图案之中，既传承了圆形图案的使用，也反映了当时流行复古的中东风格。

111 右图。尽管男性在纺织品贸易和管理方面越来越占据主导地位，但仍有相当数量的妇女参与纺织品制造。这幅壁挂于1500年左右在芬兰纳坦利的布里吉汀修道院制作而成。纳坦利是一个颇有影响力的纺织中心。该壁挂使用了羊毛制嵌入式（镶嵌织物片）贴花，并采用镀金膜进行接缝和装饰性点缀。

第六章

来自东方的影响

1450年至1900年

奥斯曼、萨法维波斯、莫卧儿和中国这些词都能让人联想到奢华和辉煌。精美的织锦、图案大胆的丝绸、丝绒和地毯，以及引人注目的刺绣都与这些文化有关。它们的生产在部落和村庄文化中得以延续，也通过王权和封建制度加以维持，东方的这些制度比西方存续得更久。持续存在的朝贡既为纺织品的制造提供了资金，也有助于传播其风格。上面列出的四种文化中，前三种是伊斯兰文化，突厥奥斯曼人是逊尼派，而萨法维波斯人（1502年至1736年）是什叶派和苏菲派。因此，波斯艺术侧重描绘生活的各个方面，而奥斯曼艺术则主要采用了几何及充满艺术色彩的植物形态。印度莫卧儿王朝（1526年至1857年）时期的艺术受到波斯的影响，但更加推崇自然主义。中国明朝（1368年至1644年）和清朝（1644年至1911年）的艺术都受到蒙古人的影响，这一点波斯人和成吉思汗的后裔莫卧儿王朝亦是如此。

奥斯曼王朝同样有着深厚的根基。1300年之前，他们一跃成为安纳托利亚西北部的边疆霸主，蒙古人是他们的敌人。尽管如此，早前蒙古人的征服已经将工匠和技艺传播到巴尔干地区，该地区在15世纪中期是奥斯曼帝国的一部分（1453年奥斯曼征服君士坦丁堡，巩固了对该地区的统治）。1514年至1526年，蒙古人先后征服了巴尔干东部和西部的土地，将帝国从巴尔干北部的匈牙利和克里米亚扩展到巴尔干东部的里海和波斯湾，穿过叙利亚进入埃及，并沿着北非海岸一直延伸到阿尔及利亚。重要的是，直到18世纪70年代，他们都控制着黑海以及地中海东部和南部地区的贸易。那时其他入侵者已经改变了东欧、中东和印度的纺织品构成。人种学家公正地指出，多重因素对上述地区产生了影响，但最明显的影响——无论在技艺、图案及其摆放位置还是在服装造型方面，都要归功于16世纪至19世纪中国、奥斯曼、萨法维波斯和莫卧儿的纺织品。此外，从他们的习得过程、仿制工艺和影响力方面都明显能看出风靡全球的品味。

112 萨法维王朝时期的波斯纺织品花纹以不协调的带有鳞状斑点的自然主义图案实现了一种精致而随意的效果。从那时起，这种效果就一直受到追捧和模仿。图中这件17世纪的奢华样品采用丝绸织造而成。它的底布里面和织锦纬线之间都有银线。

　　一直到17世纪末，绒面地毯无疑是最受欢迎和最具影响力的奥斯曼、萨法维波斯和莫卧儿纺织品。这些地毯根据它们打结的种类来分类，"土耳其结"是对称的，而"波斯结"则是不对称的；这两种绒面地毯都可以选择预制的长度，也可以用一根辅助纬线环绕随后再裁剪尺寸（或者像北欧里亚毯那样将这根纬线留下做成一个环）。波斯结纹理紧密，常用于制作奥斯曼宫廷地毯。此外，印度-波斯地毯（除一些例外）也经常使用这种结。这两种结都是绕着两根经线打结，而另一种"西班牙结"是绕着一根经线打结。之所以将其称为西班牙结，是因为它在西班牙一直流行至1700年左右。三种类型的结都有先例可循：从公元前6世纪至前5世纪的塞西亚古冢文物中能够看出前印度和波斯结的原型，而西班牙结则见于中国新疆的文物碎片（可追溯到公元2至6世纪）。西班牙结也出现在一些早期的德国样品中（1175年至1225年）。然而，很少有这些时期的地毯存留下来。

　　公元8世纪，摩尔人最早将地毯技艺传入西班牙。到13世纪时，西班牙的地毯生产得到了高度发展，大多数地毯都保留了该地区过去的伊斯兰风格，并采用了土耳其图案。在埃及发现的早期样品上也有提拉兹式的文字。15世纪，很多地毯都带有土耳其和西班牙摩尔式花纹。这种花纹来源于14世纪的中国锦缎图案。其中只有西班牙制造（埃及也有发现）的地毯

第六章　来自东方的影响　1450年至1900年　　145

113　左图。这种18世纪的阿尔及利亚丝绣棉质窗帘或头巾起源于奥斯曼（土耳其）帝国西南部地区。它受到了多种元素的综合影响。不对称的锯齿状边缘植物形态是典型的奥斯曼帝国风格（受到中国花纹的影响），围绕中央棕叶饰图案的葱形拱顶植物形态则反映出早前意大利与伊斯兰国家之间的交流。

114　右图。许多当时经典的土耳其地毯图案都产自西班牙，包括"大霍尔拜因（Holbeins）"。图中是16世纪用对称打结的方式在安纳托利亚制作的全羊毛地毯，上面的图案就是"大霍尔拜因（Holbeins）"。

上含有中国文字。然而在 1425 年后，人们才开始使用大型的葱形拱顶图案，意大利丝绸和丝绒织造中心让这些图案变得流行起来。在欧洲的其他地方，底布通常含有大麻的成分，而西班牙地毯则由纯羊毛制成，而且越来越多的地毯选用又长又厚的高质量美利奴羊毛作为原料（16 世纪 50 年代中期，美利奴羊取代了英国品种成为最受追捧的品种）。尽管西班牙的纺织业因 1492 年驱逐摩尔人和犹太人（多达 80 万人，其中许多人给摩洛哥带去了好处）而遭到破坏，但擅长染色和打结的摩尔人留了下来，特别是在穆尔西亚地区。17 世纪早期最后一批摩尔人被驱逐之前，穆尔西亚一直是西欧主要的地毯织造中心。此后，西班牙的生产集中在马德里，那里有许多挂毯和地毯作坊。

虽然关于土耳其地毯的文献非常多，但直到 19 世纪前，鲜有文献记载关于这一地区内的信息，19 世纪与波斯、奥地利、波兰和俄罗斯之间的战争削弱了奥斯曼帝国。有人试图将某些图案划分为个别土库曼部落或定居点所有，但这种划分常常和图案结构的证据相矛盾。此外，根据奥斯曼法律，五分之一的被征服民族（包括波斯人和马穆鲁克人）会被当作奴隶；这些人被送往作坊或成为士兵，直到他们获得释放为止。这些人中不可避免地有许多地毯织工以及其他纺织工匠，因此大部分奥斯曼宫廷地毯的图案都做成了土耳其结地毯或使用其他技艺来进行制作。另外，最精美的波斯地毯内嵌有锦缎金属线的丝绒，由此可以区别于众。宫廷地毯制作于开罗、布尔萨和伊斯坦布尔（君士坦丁堡），从大约 16 世纪开始，伊斯坦布尔就成了地毯贸易的中心。交易包括来自波斯和土库曼村庄的产品。11 世纪起，有了绒面地毯向北方和西方出口的记载，但直到 1453 年后，才有了地毯的分销路径和所到之处的实质性证据。

在巴尔干半岛和东欧地区，土耳其地毯流通于贵族和商人阶级，一直延续到 18 世纪，相比之下波斯地毯更为稀有和昂贵。为了满足市场需求，早在 1456 年摩尔达维亚商人就开始在伊斯坦布尔寻求贸易特许权了，与西欧的情况一样，这些地毯用于墙壁、桌子和床上，很少用于地板上。然而东欧也进口了大量的毡制驼毛或羊毛地毯，平织基里姆地毯，裹经索马克地毯，以及出现于大约 1600 年之后的马赛克地毯。后者与奥斯曼和波斯帐篷和鞍褥上的以绣制宽幅细毛织品为原料的嵌花工艺有关。现在这种工艺以 19 世纪波斯一个著名的生产中心命名，称为"雷什特工艺"。在 17、18 和 19 世纪，所有马赛克式特兰西瓦尼亚-匈牙利结绒地毯的规格都相对较小，而传入了西欧和北美。在西欧和北美地区，19 世纪末出现于纳瓦霍贸易站的平织商品学到了这些地毯和基里姆地毯的精髓。

第六章 来自东方的影响 1450年至1900年 147

欧洲所有奥斯曼帝国辖下的国家很快都开始仿制奥斯曼基旦姆地毯。实际上，欧洲部分地区至今仍在制作这种地毯。在特兰西瓦尼亚、匈牙利南部、摩尔达维亚、布科维纳、比萨拉比亚和整个巴尔干地区，奥斯曼风格仍然在各种基里姆地毯的花纹中占据主导地位。这些地区的包、围裙和裙子也受到了奥斯曼和高加索基里姆地毯的影响。波兰和乌克兰也是如此，这两个地区分别从13世纪和14世纪开始在东方地毯向北方和西方的传播过程中发挥了重要作用。来自波斯和奥斯曼的亚美尼亚商人居住在这两个地区。在热那亚商人于1475年被禁止在黑海通行后，这些外来商人开始直接与波斯和伊斯坦布尔进行贸易。虽然我们现在能够找到15世纪和16世纪当地生产基里姆地毯的文字记录，但现存最早的样品只能追溯到17世纪。

据记载，从十字军东征时期开始，西欧偶尔会进口来自中东（以及后来来自西班牙）的地毯。不过，即便图尔奈于15世纪以及安特卫普于16世纪开始生产结绒地毯，结绒地毯仍然非常稀有。1525年，从这些城市逃出来的加尔文主义织工将生产结绒地毯的技艺传入爱尔兰，大约50年后传入英国。这些国家称其为"土耳其工艺""固定工艺"或"诺威奇工艺"，"诺威奇工艺"这个名字来自一个重要的东安格利亚印花精纺织造中心。1700年以前的英国绒毯只有十几块幸存了下来，但许多采用土耳其工艺制

115　这张1525年至1550年生产的波斯丝制狩猎毯自1655年以来一直为瑞典王室所有。它体现了许多萨法维波斯、莫卧儿和奥斯曼宫廷地毯的特征——中央巨大的奖章型图案和四边内角（此后许多纺织品都将它当作通用格式来进行仿制）。

148　流光——世界纺织史

116 右图。这件19世纪晚期的奥斯曼丝制嵌花织物展示了平织和绒织纺织品之间的密切关系。这件大尺寸床罩约220厘米见方,包边处有明显的对角线对称造型和紧实的花头图案。现在东南欧的刺绣品中仍然可以看到这些元素。

117, 118 下图。平织地毯常被称为"基里姆地毯",通常采用狭缝织锦技术编织而成,可见于图中这个沙塞文包(图117左)。然而,许多地区也广泛采用各种索马克或纬线包裹技艺,如图所示(图117中)。不过,它们与高加索东部地区的联系尤为紧密。摩洛哥18世纪丝绣亚麻布的表面(图117右)也有类似的纬线包裹的技艺,但实际上是用密集数纱交叉缝式针法缝制而成。这些技艺有利于将图案简化为高度几何化的形式。这种趋势常见于许多纬纹织物之中,包括东欧的亚麻织锦薄纱(图118)。

第六章 来自东方的影响 1450年至1900年

作的地毯仍被用作家居装饰品和衬垫（古往今来，许多旧地毯都躲不开这种轮换的命运）。由于17世纪的内战，低地国家和英国减少了结绒地毯的生产，但仍进口土耳其地毯。此时，人们也能买到印度-波斯地毯了。最初葡萄牙是中间商，后来英国（1600年）、荷兰（1602年）和法国（1664年）陆续成立了东印度公司，这些公司进口各种各样的纺织品，取代了葡萄牙。

从1580年到19世纪，印度莫卧儿王朝有几个地方可以生产印度-波斯地毯，包括拉合尔（位于现在的巴基斯坦）和阿格拉。到17世纪时，欧洲开始仿制这种地毯。地毯的花纹源自赫拉特及其周边地区生产的波斯地毯，采用了与波斯丝绸一样的棕叶饰、蜿蜒的藤蔓和狩猎场景。有些地毯则借鉴了中国的祥云图案，17世纪和18世纪的一些土耳其和西班牙地毯包边上也可以隐约看到这种样式。前文已经提到过中国祥云锦缎的早期影响，这种花纹存续了很长时间。中国丝绒（于1600年左右传入日本）使用过这种花纹，而且直到20世纪初，西藏绒毯还在使用。其他图案也同样受到了东亚或中亚的影响，其中包括经常出现于奥斯曼地毯、丝绸和刺绣品上的棕叶饰图案或哈塔伊花纹，该名字来源于土耳其的哈塔伊省（契丹）的衍生词。"霍尔拜因"或"洛托"图案（见下文）甚至可以与13世纪中国绘画中描绘的鞍套和地毯相提并论，并且中国新疆现在仍在制作这种图案。地毯编织在17世纪和18世纪传遍整个中国，起初使用的就是相同的新疆样式。

为什么会叫"霍尔拜因"或"洛托"图案呢？欧洲肖像画经常会将起源于15世纪的土耳其地毯图案用作装饰品。其中，有四种图案以画家的名字来命名。"洛托"（取自洛伦佐·洛托，1480年至1556年）是一种阿拉伯式图案，而三种名为"霍尔拜因"（取自小汉斯·霍尔拜因，约1497年至1543年）的几何图案包含或大或小的八角形或八角星。"小型霍尔拜因"进一步借鉴了中国花纹，此处指的是借鉴了中国结图案交错环形的轮廓。从至少16世纪开始，安纳托利亚西部的乌沙克就是一个主要的地毯编织地区，而乌沙克"大奖章"地毯上同样有与中国纺织品有关的花朵和叶子图案。这种图案设计、"星形"乌沙克地毯以及另一种于17世纪开始为人所知，采用大型棕叶饰和叶子的图案形式经士麦那（位于今土耳其伊兹密尔）大量出口到欧洲。1581年至1821年，英国黎凡特公司和它的法国对手曾在士麦那和阿勒颇这两个城市建有仓库。所有这些不同的纹饰和图案促进了欧洲的绒毯和绣制桌毯的生产。绣制桌毯在葡萄牙地毯制造业中占主导地位，而英国也经常制作这种桌毯。从18世纪至今，西班牙、法国、英格兰、爱尔兰和北美制作的地毯经常仿制这种"大奖章"和"棕叶饰"图案。

119 左图。这对17世纪的中国缂丝挂毯嵌板上出现了一些祥云图案。当时，祥云卷边已经被广泛应用于远至西方的地毯和丝绸花纹之中。这对长162厘米的嵌板以亚麻布为基底，用丝线和金属线制作而成，用于搭在椅子上面。

120 右图。绒毛技艺不仅仅用于地毯。长期以来，它还扮演着一个重要角色，那就是用于制作鞍褥。这件20世纪早期的中国西藏样品宽幅只有64厘米，上面绣有佛教狮，包边则有中国龙。

　　1604年，法国巴黎的作坊开始制作结绒地毯。1673年，这些作坊成为萨瓦纳瑞的皇家工厂。1826年，它与戈布兰合并，并继续运营至今。随着挂毯需求的下降，奥布松的各个作坊从1743年开始生产绒面地毯。到18世纪70年代时，奥布松的挂毯织机同样开始生产平织地毯。到18世纪80年代时，博韦皇家制毯厂也是如此。在同一时期，受萨瓦纳瑞的启发，结绒地毯在英国和比利时复兴起来，并传入瑞典。萨瓦纳瑞地毯本身从17世纪40年代开始就有花卉图案，从17世纪60年代开始有巴洛克式的带边花纹（就像当时的嵌花一样）。除了这些地毯外，北欧从15世纪到18世纪中期生产的大多数地毯都沿袭了伊斯兰图案。此后的125年里，欧洲时尚越来越流行，但从未完全取代那些历史悠久的图案。例如，在英格兰，阿克斯明斯特的产品中包括1755年至1835年的"棕叶饰"乌沙克地毯。在1851年伦敦世界博览会以及随后的展览中，艺术家、设计师和鉴赏家重新注意到这些地毯，并按照中东风格重启了进口和本土生产。其他类型的纺织品也受到了类似的影响。

　　16世纪或者更早以前，佛兰德提花机织工就开始仿制土耳其地毯的花

121 左图。这块17世纪奥斯曼丝线和金属线织锦布上的康乃馨和云边棕叶饰花纹分别来自波斯和中国。这种图案也出现在莫卧儿帝国的纺织品中，但蜿蜒藤蔓的庄严感则是典型的奥斯曼样式。这种样式在19世纪后期的西欧花纹中又重新流行起来。

122 上图。在17世纪80年代到18世纪20年代，里海西部丝绣方巾或床罩的花纹源自当时星形大奖章地毯图案和早期大不里士地毯的"钩形"装饰图案的结合。这种方巾由高加索人、亚美尼亚人或波斯人制作于波斯的"自由贸易区"。直到18世纪中叶，中国人、鞑靼人、卡姆鲁克人和俄罗斯人都通过该地区进行贸易。

纹了。图尔奈成为带有精纺面料的轻质窄幅地毯条（称为绒头织物）的主要生产中心，这些绒头织物过去用作家具装饰品，现在仍是如此。然而，由于这些织物中已裁剪和未裁剪的环状物都由辅助经纱（像丝绒一样）制作而成，因此颜色有限，并且它们组合起来之后通常会形成模糊的条纹。这项技艺传到了英国，并在17世纪中叶传入了法国。英格兰人将绒头织物改良成了一种复合经纱（消除了明显的条纹），它经过裁剪之后被称为"威尔顿"，而经过结环之后则被称为"布鲁塞尔"。机织的、平织的双层布和三层布地毯条也有相同的独特条纹（平纹或带有图案），这些地毯条被称为"生染纤维""威尼斯""苏格兰"或"基德明斯特"（后两个名字指代后来的英国制造业中心）。

北欧里亚毯拥有完全不同的制作手法（可能与那些史前东方遗址中发现的羊毛状绒面有着久远的联系）。这种毯子最初是将绒面朝下放在床上使用的（因为这一功能，英语单词"rug"或"rugg"的用法直到 18 世纪末都一直受到限制）。从 14 世纪后期开始，瑞典和芬兰就有了大量关于这种毯子的记载。直到 18 世纪，毯上装饰物主要集中在平整的那一面，包括采用各种颜色的纬纱制作出来的简单图案。贵族和自耕农的庄园里能生产这种毯子，布里吉汀修道会也能生产，因此，它们产量丰富，可以出口德国，并广泛应用于整个不列颠群岛。这些毯子和土耳其工艺很可能促进了壁炉毯和床毯的生产与使用。壁炉毯和床毯以帆布为基础，通过钩针、刺针和连环针等针法制作而成，并在英国和北美的广大农村地区一直生产直到 20 世纪。无论哪种情况，即使毯面花纹不是源于奥斯曼或波斯，但是"将这些纺织品用于地面之上"的这一概念仍来自中东。

123　这是一件 18 世纪早期的特兰西瓦尼亚绒毯，尺寸为宽 124 厘米和高 164 厘米。特兰西瓦尼亚绒毯于 16 世纪起在匈牙利和罗马尼亚部分地区制作，至今仍有生产。这种绒毯广泛出口到各个地区。该样品制作后不久，英国的阿克斯明斯特地毯就开始仿制这种地毯的包边图案。

第六章　来自东方的影响　1450 年至 1900 年　　153

124　这件正反两用的三层羊毛制生染纤维大约于1830年至1860年在美国手工制作而成。上面的图案细节展示了机织平纹地毯巧妙的垂直条纹。该花纹的灵感来自"星形乌沙克"图案，该图案进口于英国，而后在美国流行。

　　其他东方纺织品分销至世界各地，由此人们争相购买并进行仿制，所以一些图案也同样流传了很长时间。其中包括某些小而复杂的几何图形。例如层层叠叠排列的圆形、钻石形和回纹装饰图案，这些图案在亚洲各地都有发现。在某些地区，人们现在仍在制作类似的图案，如中国唐朝六边形图案"蜀江锦"（珖瑠花纹）在今天的日本仍有生产。同样，那些大胆的葱形拱顶和曲线形图案也经久不衰。1425年至1550年，欧洲南部的织工最先采用了这些图案。它们与"异域"风格的花卉图案，如石榴、康乃馨和郁金香，一起都已成为纺织品花纹设计师约定俗成的设计语言。从公元7世纪末开始，牡丹就出现在中国的纺织和绣制丝绸上。明清时期，牡丹仍是一种经常使用的图案；后来，牡丹图案成了中国的象征，所有采用这种牡丹花形图案的欧洲纺织品都代表了一种异国情调。然而由于西班牙人与居住在马尼拉的中国人进行贸易（1603年，马尼拉约有3万中国人），墨西哥人将牡丹收为己用，使之成了当地长围巾的关键元素。从1565年开始，所谓的马尼拉大帆船经由这条太平洋航线将丝绸运到了阿卡普尔科。因此，墨西哥的丝绸工匠使用本土和中国的纤维制作而成的纺织品非常少，反而更多的是在进口布料上进行刺绣来迎合美国和西班牙的市场需求。1580年左右，中国和菲律宾不仅与新西班牙进行贸易；载有东方而来的丝绸的船只也在秘鲁、危地马拉和铁拉菲尔梅（位于今巴拿马和洪都拉斯的交界处）

等地登陆。这种华丽的布料是贵族们的心头好,商人们也因此而变得富有起来。17世纪初,利马商业街的四十家商店都在售卖来自亚洲的奢侈品,有些店主财产高达一百多万比索。虽然从西班牙运往美洲的纺织品比其他任何商品都要多,其中毛料织物最多,但在1644年后,大量中国绣制丝绸抵达美洲。受此影响,新大陆的挂毯和刺绣品才会长期使用中国神话中的动物和具有象征意义的花卉作为图案。

西班牙并不是最早从事亚洲贸易的欧洲国家。到16世纪中叶,由于明朝禁止江陵、苏州和杭州等生产丝绸的地方直接从事私人海上贸易,这些花纹主要集中于澳门,通过调整之后再与葡萄牙进行交易。在17世纪里,葡萄牙一直是中国和菲律宾织工和绣工的主要贸易伙伴,将这些商品运往东南亚、印度、非洲、巴西和欧洲。此外,葡萄牙工匠也受到了这种布料的影响。随着17世纪初英国东印度公司和荷兰东印度公司的合并,葡萄牙和西班牙很快就有了竞争对手(此后的一个世纪里,中国向日本出口了大量类似的轻质锦缎单色丝绸,而荷兰人在这场贸易中占据了主导地位)。17世纪中期,清朝的崛起让在明朝禁止私人海上贸易的禁令失去了效力,但此时却得到了强化。因此,除了北京的小型皇家丝绸作坊(1661年至1843年)外,从17世纪40年代到1800年左右,越来越多的织工聚集在东部沿海省份的城市地区,那里的官方作坊生产的丝绸不仅满足国内消费,很快

125 莲花和牡丹交织绣在这本16世纪或17世纪早期的丝制佛经封面上,牡丹象征着温和。通过贸易往来,牡丹在新大陆也具有了同样的内涵。这些图案为卷曲的茎干所包围,并通过附加的金色条纹突显出来。同一时期,这些图案也出现在远至英国的西方世界纺织品中。

第六章 来自东方的影响 1450年至1900年 155

也销往世界，贸易禁令于 1684 年解除。由此，清朝政府最终出台了广东体制（1757 年至 1842 年）：即将贸易集中在广东南部港口（今天的广州），以此控制与西方的贸易。正是在这一黄金时期，中国丝绸得以广泛流传，其质量在全球范围内广受赞誉，用于室内装饰、宗教场所或制成时尚服装，成为物质财富和社会地位的标志，其风格往往能够迎合外国人的喜好。鸦片战争（1840 年至 1842 年英国对中国发动侵略战争，1856 年至 1860 年英法联军发动侵华战争）彻底改变了这种情况。由于欧洲人当时已有了许多丝绸企业，生丝成了中国最重要的贸易商品（日本虽然也有养蚕业，而且在 17 世纪和 18 世纪得到了大力发展，仅为了满足国内需求）。

直到 17 世纪，所有途经奥斯曼帝国领土的蚕茧、丝线和织物——包括来自叙利亚、埃及、伊朗、萨法维波斯和中国的丝绸，都要运到位于今土耳其西北部的布尔萨进行称重和征税。布尔萨位于安纳托利亚主要的丝绸织造和养蚕地区。据 1504 年的记载，该地区拥有 1000 台织机，能够织造从缎子到丝绒等 90 种奢华丝绸。当地人采用意大利技艺和图案来制作丝绒，与热那亚、米兰和佛罗伦萨的丝绒争夺市场（1450 年左右到 1500 年，奥斯曼大量进口了这种丝绒）。在 16 世纪，想要奥斯曼和波斯丝绸的商人都与布尔萨人做生意，而且与俄罗斯人也开展了广泛的贸易。沙皇垄断了这一贸易，将生丝和成品丝绸运往芬兰、瑞典、英国和荷兰，布尔萨的丝绸产量很大，因此它与波斯在额外的生丝供应上几乎纷争不断。尽管布尔萨在 17 世纪末失去了丝绸贸易的枢纽地位（由于瘟疫的爆发和来自新兴宫廷作坊的竞争），直到 1860 年布尔萨及其周边地区在养蚕和其他方面仍然不可小觑。

1595 至 1629 年，萨法维王朝也试图垄断丝绸贸易和生产，但没有成功。萨法维王朝击败了奥斯曼帝国，征服了格鲁吉亚、阿塞拜疆、亚美尼亚、赫拉特和马什哈德（以及里海南部的奥斯曼丝绸生产区），于是他们在该地区建立了亚美尼亚商队，并以贡品的形式占有了三分之一的缫丝。到 1600 年，丝绸加工和织造既是萨法维政府收入的最大支出项也是最大的收入来源项。大约六分之一的政府开支花费在维持皇家作坊运转方面，这些作坊能够生产地毯、一系列织物（包括镂空丝绒，影响了印度莫卧儿王朝的丝绒产品）和刺绣品，供宫廷使用和用于出口。作为回应，奥斯曼人对波斯丝绸实施禁运，这反过来又催生了新的波斯贸易路线以绕开奥斯曼领土。因此，17 世纪的莫斯科不得不为波斯、印度和"希腊"（奥斯曼）商人分别设立单独的贸易区域，这些商人也经销绒面地毯。大约 1650 年以后，俄罗斯也与中国进行了直接贸易，从而为欧洲提供了丰富的奢侈纺织品。俄罗斯与西部北欧邻国的贸易最为活跃，俄罗斯、波斯和亚美尼亚商人都在北欧地区建立了仓库。但中国也经俄罗斯向欧洲运送了大量生丝。当时，奥斯曼、莫卧儿和中国通过海上航线输往欧洲的生丝供应不足，而前述的陆上运输对此有所缓解，从而让17世纪和18世纪德国莱茵兰、维也纳、丹麦和其他地方的许多小型丝绸织造企业得以维系。

西方国家对新奇事物充满了渴望，所以从所有这些东方文化中吸取了各种纺织品和服装样式，并加以改造收为己用。但他们通常将这些样式胡乱地结合起来，只是为了营造所谓的异国情调，却并不强调样式本身的韵味。例如，在16世纪90年代至17世纪20年代的英格兰，奥斯曼土耳其长衫式女士大衣的深椭圆形领口在化装舞会和非正式服装中非常流行。当地人总将这种领口用于一种绣有鸟、兽和卷曲花梗的服装之中，而这些元素全都源自中国和波斯。同样的图案也出现在同时代的头巾和其他小物件上以及绣制绒毯上，这种领口本身仍然存在于保加利亚的地方服装之中。

在整个早期奥斯曼帝国统治下的欧洲，类似的遗留物在服装和刺绣图案方面都屡见不鲜。17世纪和18世纪，西欧的男装也开始东方化。在此期间，流行于欧洲的精致条纹、"奇异"丝绸和无数中国风图案同样受到了中国、波斯和莫卧儿王朝的影响。这些混合元素又反来影响了这些东方

126　这条土耳其亚麻布浴巾制作于1800年左右。上面的康乃馨和郁金香图案采用丝线和银线制作而成，使用的刺绣技法包括双平针针迹或"霍尔拜因"针法。这种图案产生了广泛的影响，往往可以看出它们起源于游牧部落。较早时期，奥斯曼的丝绒马鞍上可以找到金属线的简化版本；较晚时期，美洲各地使用工具进行加工的皮革马鞍上也可以找到这些变体。

第六章　来自东方的影响　1450年至1900年

地区，尤其是印度。1660年至1800年，印度的刺绣技艺受到了波斯、中国和西方的影响，人员迁徙是部分原因。因此，帕西妇女喜欢的纱丽才会使用"中国刺绣品"来进行装饰。这种刺绣品由定居于古吉拉特邦苏拉特市的中国人制作而成（在其他时候，这种工作由那些被奴役的民族来完成；16世纪的葡萄牙保留了关于日本、中国、菲律宾和印度俘虏的记载）。在欧洲的俄罗斯、乌克兰和波兰地区，男装东方化的趋势更加明显。在这些地方，宽大的奥斯曼腰带或"土耳其浴巾"（伊比利亚和拉丁美洲的样式与之有关）流行了很长时间，这种两端绣有或织有不对称花枝的织物一直以来是当地服装的一个特色。对于18世纪晚期的欧洲女性来说，这也是一种充满异国风情的配饰。她们喜欢将其做成羊绒披肩。

　　羊绒披肩和"土耳其浴巾"的花纹起源于波斯，都使用提花机制作而成，是16世纪和17世纪卡尚和萨法维波斯首都伊斯法罕的主要产品。两种织物都长4～5米，宽约60厘米，其中最精致的一种被称为金制织物。这种织物由金线或银线织成，金银线要么织成锦缎，要么用作连续的附加纬线。两种织物风靡各地，于是18世纪的亚美尼亚商人开始在伊斯坦布尔、俄罗斯和波兰大量生产，而印度莫卧儿王朝也将这些波斯图案用于锦缎制成的头巾之中。那里的腰带/披肩（长围巾）也由羊绒布料和斜纹织锦做成的装饰性包边组装而成，其质地与中国的丝绸缂丝一样细腻（现在也用作服装布料，而不是像以前那样用于制作图案嵌板）。科学家认为，与之密切相关的长围巾/缂丝织法于1450年至1500年从中亚和波斯传入了印度（史前西南地区的织工也知道这种织法）。在1753年逊尼派征服阿富汗后，克什米尔的包边图案变得更加抽象，而在1819年锡克教控制克什米尔后，这些图案则变得更加精细。据史料记载，当时有15000台长围巾织机。

127　这件明朝末期风格的中国丝制锦缎是中俄直接贸易的证据。1650年至1700年，俄罗斯各联邦国旗上使用了各种织物，这种锦缎是其中之一。18世纪初，瑞典军队将其作为战利品带回国内。

在接下来的 75 年里，密集的布塔（花）被广泛应用于各种纺织品中。波斯——在 19 世纪中叶也被外族入侵，恺加王朝（1779 年至 1925 年）的前几十年也采用了这种花纹。尽管在 19 世纪略有衰落，但到 1900 年时，克尔曼仍有大约 3000 台披肩织机处于在役状态。此时，无论是在这里还是克

128, 129　将 1620 年左右的一位英国女士的肖像（左）与 19 世纪 70 年代的奥斯曼裙子和上衣（右）进行比较，我们可以看出英国非正式和化装舞会服饰的东方化程度，以及某些服装样式及其饰物的存续时间。大约 150 年后，波斯风格的机织克什米尔披肩开始流行，这位女士的绣制肩带正是这种披肩的前身。右边的奥斯曼服装拥有丝制缎面，而这种缎面采用贴线缝绣的镀金线、金属箔和亮片制作而成。该地区因金银加工技能而久负盛名，这件服饰正好展现了这种留存的技艺。

第六章　来自东方的影响　1450年至1900年

什米尔，披肩大多是采用连续的纬线编织而成，为的是与欧洲的仿制者争夺市场。那些仿制者改良了披肩的图案和形状，从腰带状变成了方形，创造了著名的"佩斯利"细毛披肩（虽然爱丁堡、诺维奇、巴黎、俄罗斯和其他地方也能生产高质量的同类产品，但这种披肩是以苏格兰的一个织造中心来命名的）。到 1900 年，这些和其他"异国情调"的披肩更多的是通过印花或刺绣等手段制成，而不再使用机织了。当时，这类产品已经非常普遍，所以人们只将它们用作钢琴罩或床罩了。

关于披肩图案的发展和命运以及欧洲对它们的影响，各种史料中都有丰富的记载。这是纺织品历史上发生的典型的事件循环：大受欢迎的图案或产品被另一个地区仿制，那么这个地区要么使用效率更高的技艺来降低成本，要么创造出新式的、更加时尚的替代品。这反过来又影响了创始者，他们为了不失去作为这种布料的主要供应商的地位，又会采用新的技艺或风格。1780 年至 1900 年，一些鲜为人知的例子能够证明这种循环的存在，其中包括专门为奥斯曼市场生产的里昂风格的丝绸，以及法国人模仿诺维

130　这件莫卧儿时期的绣制床罩完全由丝绸制成。面布像花园一样，上面绣有野兽图案，明显受到了波斯风格的影响。该床罩于 1680 年左右制作而成，面向葡萄牙市场。我们从中可以看到拟人化了的五种感官。

奇产品而生产精纺和丝制花纹布料。这些色彩鲜艳且通常带有东方风格的地毯和披肩式花纹的织物在西班牙和其美洲的殖民地非常畅销，所以法国也希望占领这一市场。这种做法在印花棉和纺织棉中尤为普遍，印度因此蒙受了巨大损失。即使在机械化盛行的19世纪，这种竞争对刺绣品的影响也较小。因为这种技艺往往是农村纺织品生产的中流砥柱，所以它没有直接受到国际营销的威胁。例如，塔什干、撒马尔罕和布哈拉的刺绣在18世纪之后几乎没有任何变化。另一个延长花纹寿命的因素是民族认同感的形成。例如，1779年恺加王朝有意识地复兴了萨法维王朝时期的地毯、丝绸和刺绣花纹，为的是强调他们对"旧秩序"的重建。

早期奥斯曼帝国的土地都留下了丰富的外在表现形式，而且往往有着广泛的适用范围。例如，希腊群岛的刺绣品偶尔会与摩洛哥菲斯的刺绣相混淆。在北非，伊斯兰教的遗产特征在卧式落地织机上表现得非常明显。这里的织机与中东地区使用的织机基本相同（从伊朗到摩洛哥，人们都还在使用这种提花机）。花纹的表现形式也具有共通性，不过北非的图案通常更具有几何特征。这种情况反映了奥斯曼、西班牙-摩尔式和马穆鲁克对该地区的多重影响，而早期西班牙殖民地也都受到了这种影响［库巴织物看起来都非常相似。库巴是1625年由锡安·木布·安古（Shyaam aMbul aNgoong）创立于非洲中部的一个王国，位于现在的刚果民主共和国。这些织物通过染色的拉菲亚线绣制而成，然后裁剪成长毛绒布。它们可能是受到了西非彭德人和刚果人已经制成的纺织品的启发］。在刺绣方面，这些影响似乎也在16世纪的整个欧洲发挥了重要作用。当时，新的印花图案书籍中含有狭窄的条纹和图案（在1171年至1517年的马穆鲁克样本上发现过这种图案）。有人认为，它们是通过被称为"西班牙式"或"霍尔拜因"针法的双平针线迹制作而成。马穆鲁克的其他特色针法还包括花纹织补和密集数纱交叉缝式针法。

这种数纱针法及其图案，尤其是装饰性的带状物和风格化树木之间成对的鸟，成为奥斯曼帝国领土上、欧洲乃至整个美洲的刺绣样本和装饰性毛巾两端（无论是用附加纬纱、印花还是用刺绣来进行装饰）的主流。无论是阿富汗中部的哈扎拉人或希腊北部的萨拉卡特（Sarakat）游牧民族制作的马穆鲁克式或印度式针织物，还是来自保加利亚、玻利维亚或苏格兰北部的费尔群岛的同类产品，同样的几何图案也体现了这些针织产品的特点。1475年以前，热那亚人通过里海与西班牙和亚美尼亚人进行贸易，也许是这些贸易活动让那些图案开始流通起来。它们之所以能够产生深远的影响，无疑应归功于西班牙的殖民扩张以及意大利、德国和英国出版的样

品册。此外,波斯图案也在此列,包括那些用在伊丽莎白一世时期和詹姆斯一世时期卷茎花纹中的图案。

尽管人们普遍认为西班牙在17世纪将脚踏织机、平针编织和纬面平纹编织传入北美的各种文化之中,如普韦布洛部落(并通过这个部落传到纳瓦霍部落),但它是否也扩大了伊斯兰元素的影响力,这一点尚需进一步论证。西班牙丰富的针织、丝绸编织、刺绣和地毯制作传统对欧洲宫廷产生了影响。无论是通过哈布斯堡王朝的君主还是通过皇室联姻,西班牙都与欧洲宫廷有着广泛的联系。虽然伊比利亚的外在表现形式通常能够体现阿拉伯人在数学方面的天赋,但在巴洛克和洛可可风格风靡世界之后,它逐渐走向了没落。不过,伊比利亚风格又因研究古文物相关的出版物而得以复兴。其中最早的是对格拉纳达镶嵌着马赛克的阿尔罕布拉宫的研究。1800年左右,西方人重新关注到这座重要的历史最悠久的伊斯兰建筑(1238至1358年)。与此同时,莫卧儿建筑引起了学术界的兴趣。不过,对纺织品设计师而言,这是一个熟悉的领域。随着19世纪30年代彩色平版的引入,阿尔罕布拉宫式风格产生了更大的影响,这种影响一直持续到1870年左右,为广泛复兴的中世纪图案提供了清晰轮廓和主要色彩。1836至1845年,欧文·琼斯(Owen Jones)出版了最为全面的研究文献《阿尔罕布拉宫的平面图、立面图、剖面图和细节图》,其中包含了一些彩色图版。它们对图案设计[包括威廉·莫里斯(William Morris)的设计]以及几个国家的建筑装饰都产生了深远影响。1856年,琼斯出版了开创性的《世界装饰经典图鉴》(以下简称《图鉴》),里面展示了许多其他文化的图案。这本著作为其他作者的一系列全色设计书籍铺平了道路。在19世纪后期,这些著作大部分都专注于研究"东方"和古老世界的各种艺术。琼斯自己的著作也是如此。然而,琼斯本人既不是历史主义者,也不是殖民主义者。从1835年开始,他认为建筑的发展应该反映当代文化,在

131 左图。据说这条18世纪晚期的克什米尔披肩是玛莎·华盛顿（Martha Washington）的披肩复制品。这条披肩具有典型的本土披肩的特点，它的两端只有斜纹织锦装饰物，包边也很窄。然而，织工修改了它的图案和长度（275厘米），以迎合西方人的喜好。

132 右图。图中的这种丝绣亚麻窗帘由西土耳其斯坦的乌兹别克人和塔吉克人制作而成。从西土耳其斯坦通往中国的贸易路线要经过布哈拉、撒马尔罕和塔什干。它们通常高约2米，有时也在奥斯曼西部的省级中心来进行制作。

《图鉴》一书中，他明确了自己的信念，即我们应该研究装饰的指导原则，而不是将装饰作为一种复制练习来提升自己的模仿能力。日本从17世纪30年代开始几乎完全排除外国人，然而在19世纪60年代，日本停止了这种做法。其影响结果之一就是使唯美主义运动具体化。这一点在西方纺织品中有所表现：日本采用江户时期的所有纹饰和一些有个性的图案——包括不加区分地使用与贵族相关的有职花纹——以及黄色和橄榄绿所代表的"悲伤"色调。在喜好和由此产生的贸易方面，连续性和不为人知的周期性都发挥着同样的作用。伊斯兰教和日本花纹对欧洲纺织品的影响清楚地证明了这一点。只有失去关注以后才能被重新关注。

133　左图。1762年西班牙人用丝绸缝制的一件亚麻制刺绣样本。上面保留的那些花纹能够让人想起文艺复兴时期的样品册，以及随之而来的风靡所有伊斯兰国家和整个拉丁美洲的家用刺绣品。早在1200年时，人们就在马穆鲁克的刺绣样本中发现了回纹菱形样式。

134　右图。这是一件产于1580年至1620年的意大利针织坎肩的详图。它采用精细丝线和金线编织而成，从中我们可以看出它有一种华贵的效果。各种装饰带并置，给人一种强烈的视觉效果。这是许多数纱针法的典型特征。这些纱线可用于针织或刺绣，也可以作为附加纬纱添加进来。

第六章　来自东方的影响　1450年至1900年　　165

135 欧文·琼斯（1809年至1874年）在英国设计了这块丝巾。1870年，沃纳（Warner）、西莱特（Sillett）和拉姆（Ramm）将其织造出来。将它称为"苏丹"名副其实。这种伊斯兰图案营造出了一种男性主义色彩，适合用于吸烟室和台球室等男性场所。

第七章

从靛蓝到伊卡特的表面图案制作工艺

公元600年至1900年

不同构造的纺织品都有一个共同的特点：它们的设计来源于对线的直接操作，无论是染色还是未染色、编织、打结或单独包裹、旋扭、编辫或在适当的位置进行刺绣。人们的需求不同，才有了上色、图案印染和印花这些不同种类的工艺。这些工艺只会改变视觉效果，而不会产生结构上的影响：它们是对材料的回应，而不是材料的基础。在这个过程中，既要了解着色剂的本质，又要使用合适的方法来将着色剂输送到布料上的选定区域。输送有两种基本形式：第一种被称为绞染，包括所有的"物理"防染手法，如折叠、打褶、包裹和夹合（后者通常围绕在水稻、种子、石头或杆子四周，又或者位于木板之间）。扎染（在印度被称为 bahḍa，在各个马来-印尼民族中被称为 plangi）、缝结防染染色法（包括一系列针缝防染方法）和伊卡特（在编织之前将经线和／或纬线捆绑起来并进行染色）都属于这一类。所有这些工艺都需要将布料浸泡在染浴之中，不给防染区域染色。另一组表面图案制作技艺被称为直接法或"加料法"。人们将布料平铺在木板上，用钉子固定起来，但无须让布料保持绷紧状态，也不需要使用织布机或绣花架。随后，人们使用手指、棍棒、简陋的画笔和钢笔，或表面纹理足够醒目的现成艺术品，直接在布料上绘制精美的图画和复杂的图案，并采用现成的土赭石或果蔬染色剂来给布料上色。这种方法无须对整块布料进行浸染。雕版的使用（中国唐朝和朝鲜出土的纸上也使用过这种印刷方式，这些纸至少可以追溯到 7 世纪）和各种形式的机械印花和压花都是附加手段，它们起源于这些基本工具的使用。蜡防印花工艺结合了干湿两种加工法。添加剂是蜡或同样湿性的包裹物质，如黏土：将添加剂放在布料表面，它就会渗入所有图案区域，从而防止染浴中的布料吸收着色剂。因此，这种添加剂也被称为"防染材料"。

缝结防染染色法、蜡防印花法和伊卡特都是来自印度尼西亚的术语。织物图案制作是印度尼西亚一种主要的国内产业。一直到 20 世纪初，当地

人使用这些技艺给许多织物增加了装饰性图案,而荷兰统治者通过这些织物开展了广泛的贸易。特别是在荷兰东印度公司(1602 至 1798 年)统治期间,这种织物贸易非常普遍。这些术语和其他印度、印度尼西亚和日本的图案印染词汇,如印度的 chitta,后来变成了"chintz"(印花棉布),表明这些国家都是非常重要的图案制作织物产地。然而,并不是只有这些地方的表面图案制作才有悠久的历史。公元 600 年,靛蓝添加剂防染技艺,无论是上色还是印花,在埃及、叙利亚、波斯、中亚、中国和秘鲁也已经使用了至少五到七个世纪。秘鲁的沿海城市蒂亚瓦纳科(500 至 700 年)还制作了极其复杂的扎染花纹。阿兹特克帝国有一种披风象征着很高的社会地位,阿兹特克人将这种披风称为"新火"(靛蓝防染材料)。因为这种图案表明了托尔特克人的血统,所以物理性防染材料和添加剂防染材料可以追溯到 10 至 12 世纪,当时托尔特克人统治着墨西哥中部。然而,单根纱线或整块布料的染色工艺与表面图案制作有所不同,它有一个单独的发

136　左图。通过这块18世纪后期产于印度西部的棉质手工绘染布，我们可以看出印度染色技术在全球范围内有很大的影响力。所有图案都是通过靛蓝阻染工艺和印花媒染剂制作而成：使用媒染剂将蓝色套印成黄色时出现了绿色，而红色、紫色、棕色和黑色则通过将不同媒染剂浸入红色染浴（包括一种茜草色素）这种方法制作而成。白色底布上的图案起步于17世纪，主要是为了迎合欧洲人的喜好。

137　右图。如果我们仔细观察这件1615至1700年制作的日本丝制小袖的碎片，就会发现它结合了浸泡（绞染）和干性图案制作技艺。这种技艺通过扎染（用于制作底色和防染点）和压在印花米糊上的金属叶这种形式来实现。鹤和云等细节则通过丝制缎线针法和贴线缝绣的镀金线制作而成。

138　下图。因为印度尼西亚的热蜡防染材料非常畅销，所以它在同类产品中最负盛名。这件棉质蜡染裙布于1850年左右制作于爪哇中部。它能证明当地人对"黑化"靛蓝的偏爱。这种靛蓝是使用鞣酸过度染色而造成的。

第七章　从靛蓝到伊卡特的表面图案制作工艺　公元600年至1900年　　　171

139 左图。阿兹特克国王内萨瓦尔皮利（Nezahualpilli）穿着一件绣有蓝色结的披风。在已经被染成靛蓝色的底布上有一些扎染的"负"点。科学家在全球范围内找到了一些物理性防染图案的早期样品。而这些"负形"点正是这些样品的特点，而包边则是徒手加料防染"白线"风格的典范。

140 右图。这种罕见的瓦里棉纺织物（由三块收尾相连的嵌板组成）制作于600年左右。上面的"白线"图案似乎是由一种针对浸泡式染料的手涂防染材料造成的。然而，考虑到热带和亚热带地区的人们对矿物颜料和鞣酸的偏爱，该防染材料对直接使用的着色剂有很好的防御作用。拔染也会产生相同的结果。

展轨迹，历史更为悠久。迄今为止，最古老的靛蓝染料（通过高效液相色谱法鉴定）保存在一些蓝色条纹布中，交织在一块棉布碎片上。这块碎片发现于秘鲁北部瓦卡普列塔一处举行宗教仪式的土丘遗址之中，可以肯定它大约有6200年的历史。

整个拉丁美洲都有足够的证据来确定染色工艺之间的因果关系。除此之外，其他地方都是先有印度防染布料的贸易或靛蓝染色工艺的知识，然后才随之引进了含有任意浸泡式染料的防染图案制作技艺（将棉花和用于交易的靛蓝染料从墨西哥引入史前西南地区的南方部落似乎也产生了同样的效果）。这无疑是因为，靛蓝图案像所有光敏染料一样，必须通过物理性或添加性防染方法来兑现。除了做成"中国蓝"这种颜色或通过小幅度且高频率的描边手法（欧洲的"铅笔画"）来制作以外，它们不能放在染浴外面。这种刷笔技术直到18世纪30年代才为人所知。当时，许多人都想学会和从事上色工作，从而一步登天。而且，最简单易懂的靛蓝图案制作工艺创造出了"负形"意象。这两种因素共同导致了"白线"风格，其中，白色防染图案紧贴在染成深蓝色的底布上。所有已知的上色和印花靛蓝防染棉制、亚麻制和其他韧皮纤维织物（可追溯到950年左右），以及任何其他纤维（可一直追溯到750年左右）上的防染材料，都以这种风格

172　流光——世界纺织史

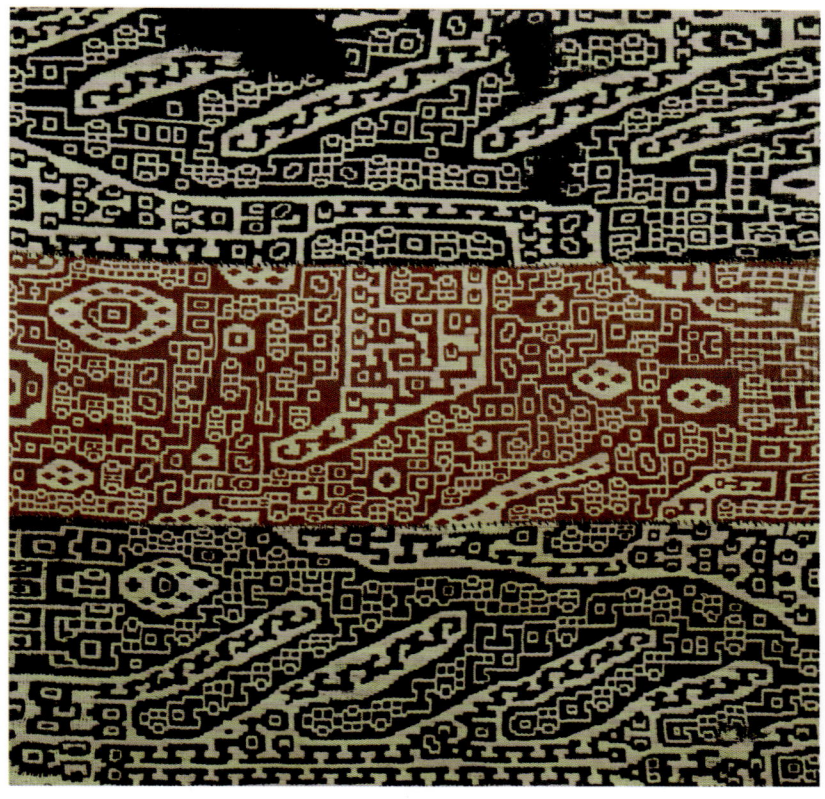

为特点。

  印度已经成为从埃及延伸到中国的跨国海上贸易路线的中心，所以当地的靛蓝染料生产规模想必非常庞大。科学家在阿旃陀洞穴中发现了一些4世纪至7世纪的壁画。这些壁画上描绘了一些简单的靛蓝色伊卡特条纹织物，以及一些小点状捆在一起的防染材料。画上的这些内容印证了这一猜想。然而，科学家在开罗南部的福斯塔特发现了大量经过防染材料上色且使用木模印花技术制作而成的出口织物碎片，大部分可追溯到1200年至1500年（不过，经放射性碳法测定，最早的碎片来自870年至960年）。17世纪以前，印度人的靛蓝染料技术只有在这些碎片中才能得到一定程度的体现。到公元前100年时，印度将木蓝种植传入东南亚一些更为干旱的地区。从这件事中，我们可以看出印度靛蓝染料的影响力。4世纪，木蓝种植向北传播，"蓝白色"风格随之出现在中国，得到了西南地区部分民族

141 许多文化仍将大片的靛蓝浸染布料用作一种陪衬物,来让织物获得更加丰富的装饰图案。图中的服饰由一位"白领"苗族妇女制作而成。她使用的技术包括热蜡和冷糊防染,以及用蛋清来上釉。

的认同。其中苗族被称为"靛蓝族"。 蜡防印花法,包括使用夹紧的穿孔板来固定蜡的这种方法,被用于供中国宫廷消费的丝绸上。这种技艺在唐朝(618年至907年)特别流行。它在当代社会的农村生产中仍然存在。用于印刷和型版喷刷的冷糊也是如此。起初,人们在大麻上研制冷糊,后来从11世纪开始,转而在棉花上研制。

到5世纪时,靛蓝染料和文字都从中国传到了日本。因为日语单词yūhata(布料的结形花边)出自日本本土,所以可以假设,至少这种绞染工艺在日本人采用中文文字之前就已经存在了。然而,既然日本人使用了汉字,这就说明许多绞染技艺来自中国。所有早期样品都是使用靛蓝染料来染色的;在中国,人们最早在阿斯塔纳(418年至683年)的墓葬中发现了它们,但在9世纪之后,当地人似乎就不再使用绞染这种工艺了。相反,日本在700年至1900年没有关于蜡阻技艺的记录。蜡阻是一种专门用于染色的添加性刷蜡防染材料。之所以没有记录,是因为蜡阻被绞染取代了。绞染是一种物理性防染材料。1575 年至 1700 年，这种材料工艺已经非常成熟了。然而，当红白相间的印花布料（17 世纪从印度进口的印花布）推动了型版防染织物的发展时，蜡阻本身就遭到了破坏。印度人通过媒染剂印花才能制成红色，而这种型版防染织物采用苏木和其他直接涂抹的染料就能仿制出这种红色效果，并且经常仿造各种扎染图案。在丝绸上，偶

142　这是一件采用丝线和镀金线绣制而成的日本小袖，可追溯到 1800 年至 1850 年。使用糊状防染材料制作而成的意象，提高了刺绣图案的质量。小圆点是效仿扎染工艺通过型版来制作的，其余部分则是通过手绘制而成。除了靛蓝色区域外，其他着色剂都是直接涂在丝绸上或通过冷染工艺来使用的。

第七章　从靛蓝到伊卡特的表面图案制作工艺　公元600年至1900年

尔在大麻布上，型版防染材料呈现出多种颜色，而且通常与糊状防染材料、自由上色染料和刺绣结合在一起（后者是一种装饰，无论在哪里都经常与靛蓝防染织物结合在一起）。自15世纪初开始在日本种植的棉花一直是"蓝白色"风格的载体。

木蓝的种植、贸易和图案制作随着伊斯兰教的扩张（更准确地说，随着来自伊斯兰国家的犹太染色工和商人的迁徙）而得到了广泛的传播。尤其是传到了非洲北部和西部，而且到13世纪时传入了西班牙。从9世纪开始，非洲就有了相关记载。首先，我们在阿拉伯编年史中可以找到一些资料。此外，科学家发现了大约500件来自马里的特勒姆服装和碎片，可以追溯到16世纪。它们也是一种物证。这些服装几乎全部饰有用靛蓝染色过的纱线，其中包括一件罕见的11或12世纪的棉质扎染男士头巾。到14世纪时，意大利使用热带木蓝来给棉制和亚麻制纱线和织物染色。此后，意大利以北的国家和地区也开始进口这种热带木蓝，不过，热带木蓝受到了菘蓝种植者的强烈抵制，因为菘蓝也能产生一种较淡的蓝色（因此在法语中被称为淡雅柔和的色彩）。这种作物虽然产出的颜色较淡，但种植规模很大，因此成为法国、德国和后来的英格兰税收的重要来源。尽管欧洲的菘蓝种植一直持续到20世纪，但到1660年时，人们对木蓝的需求非常巨

176　流光——世界纺织史

大，英国还因此试图垄断与北美殖民地的贸易。

17 世纪，欧洲开始仿制印度进口的染色和印花棉布。法国政府以及后来的英国政府对此作出了回应，禁止人们使用印花工艺，以保护本国的纺织工人。然而，人们采用几种方式规避了这些禁令。法国的禁令从 1686 年一直持续到 1759 年，是欧洲国家中持续时间最长的禁令。为了摆脱这种限制，当地印花工厂坚称，通过防染靛蓝制作而成的图案不是印刷的，而是染色的。因此，法国的表面图案制作专长集中在添加性防染材料方面（除了靛蓝外，还使用了其他单一颜色）。在同一时期，在包括俄罗斯在内的中欧和东欧，使用添加性防染材料制作而成的靛青印花布或"蓝色印花布"成了包括俄罗斯在内的中欧和东欧国家的主要面料。它们通过手工木模印花的方式制作而成。从 19 世纪中期到 20 世纪中期，也采用机器印刷来制作这些布料。靛蓝色在非洲服装中一直都非常流行，所以直到现在，那些非靛蓝色的服装才引人注目。直到 20 世纪 30 年代，在有"约鲁巴兰的巴黎"（位于今尼日利亚）之称的阿贝奥库塔，有一半人口都以某种方式与靛蓝有所关联。在各种部落和乡村文化中，人们对平纹编织且带有图案的靛蓝色衣服都有一种深深的眷念。北美洲的部落和乡村文化也是如此。直到 1900 年，靛蓝仍然是添加性和物理性防染染色技艺的主要颜色，特别是结

143 左图。尼日利亚仍然以其阿迪尔蓝染布或用淀粉糊作为防染材料制作的带有图案的布料而闻名。首先，使用靛蓝染料将布料染成中蓝色，其次，将木薯或矢车菊在明矾中煮熟当作颜料，使用棕榈叶脉或羽毛来绘制图案。最后，将布料继续浸泡在靛蓝染料之中，这样可以让尚未染色的区域变成深蓝色。

144 右图。用靛蓝染色过的伊卡特和"蓝色印花布"成为世界各地服装的主流。这是一件 20 世纪 20 年代的摩拉维亚围裙，其底布是使用防染材料印花并上釉之后的棉布，上面绣着华丽的刺绣，并镶有棉制线轴蕾丝花边。

第七章　从靛蓝到伊卡特的表面图案制作工艺　公元 600 年至 1900 年　　　177

扎防染染色法和缝结防染染色法。

如果将靛蓝与红色染料结合在一起,首先会让人们联想到伊卡特。伊卡特的起源尚不明确,但不难想象,如果某种方法能够解开一个盘成螺旋形的篮筐的核心部分,其中有些地方被烟熏过,有些地方则完好无损,那么可能就有助于我们理解这种物理性防染材料技艺的原理了。科学家在一座5000年前的法老墓中发现了一件印度奥里萨丝制伊卡特,其年代尚未得到科学证实;另外,在日本发现的最早的样品也只能追溯到公元600年左右。科学家认为,那些丝制伊卡特是从中亚进口而来,而棉制的则可能来自印度或也门。位于佩特拉和加沙之间的纳哈勒奥梅尔(Nahal Omer),处在一条全球贸易路线上。那里出土了一些650年至810年的棉制经线伊卡特碎片。它们也极有可能来自印度或也门。中世纪(公元5世纪后期到公元15世纪中期)时,也门伊卡特非常畅销,相关贸易非常频繁,公元600年之前就有了史料记载。那些从9世纪留存下来的伊卡特通常被染成靛蓝色和战争色,这是一种从类似芝麻的植物中提取的金黄色。然而,日本和纳哈勒奥梅尔的样品非常有趣,因为这种组合中很早就出现了红色。虽然靛蓝染缸的低温和短暂的浸泡使糊状或蜡状防染材料(无论是手涂的、套模的还是印花的)得以保留下来,但媒染染料——尤其是茜草中的茜草色素,处于沸腾状态,因此溶解了这种添加性防染材料。相比之下,物理性防染材料可以忍受高温,并且可以在任何染浴中使用。因此,靛蓝染料和红色染料能够相对容易地结合起来。

然而,伊卡特的历史依然难以捉摸。到19世纪时,伊卡特在西非、中东和亚洲各地,以及拉丁美洲各地都有生产(当地人将其称为jaspeado,意思是"斑纹织物")。在同一地区,人们将扎染技术应用于所有织物,这一点不足为奇(针缝防染材料则更多地与柬埔寨、苏门答腊、爪哇、日本以及西非的塞内加尔河人联系在一起)。纬纱伊卡特与穆斯林织工有关,包括印度尼西亚的织工。拉丁美洲、巴厘岛、日本和印度则出现了经纱和纬纱都预先制有图案的双重伊卡特。印度的帕拖拉出产于西部地区,是一种非常珍贵的纯丝织物,现在的帕特坦仍在生产这种织物。它的历史非常悠久,至少早在16世纪就已经制作出来了。1770年,布哈拉北部的丝绸加工业复兴起来,短短几十年之后,乌兹别克斯坦就开始生产色彩鲜艳、图案醒目的丝制经纱伊卡特了。他们的伊卡特丝绒只产于1850年至1910年。各地使用伊卡特的情况参差不齐,这不仅反映了时尚和财富的变化,也反映了染料和技术的可用性。就全色伊卡特而言,其生产需要商人或客户、整经工、画图师、两种染色工以及织工之间的密切合作。这两种染色工分

145 左图。简易的经线伊卡特条纹布历史最为悠久且分布最广,能够很好地诠释这种技艺。虽然它们通常是唯一的装饰品,但在这条18世纪晚期的墨西哥披肩中,它们与刺绣带结合在一起。

146 右图。19世纪,乌兹别克斯坦的撒马尔罕成了鲜艳丝制经纱伊卡特嵌板的代名词。1900年后,撒马尔罕就制作了图中的这件样品。通常,它的图案非常简单,而且面积很大:每个太阳图盘宽约44厘米。

别负责微温靛蓝色和各种高温媒染色。因此,当欧洲从18世纪开始使用伊卡特(当地人称其为chiné)时,人们只在城市织造中心生产。大约1837年时,人们发明了一种成熟的机械化印花经纱方法(被称为"阴影印刷",不过,一些权威人士颠倒了这一术语和chiné的含义)。19世纪,绞染织物的生产逐渐走向了衰落。也有一些迹象表明,在此期间,使用靛蓝染料染色之后的棉制伊卡特至少在日本变得更受欢迎了。虽然当时引入了绕杆法等更为快捷的方法来生产绞染织物,但它仍比伊卡特要耗时得多。1800年以前在乌兹别克斯坦和其他地方生产的简易棉制伊卡特就是为了自毁,这种情况也是有可能的。

将光敏蓝色和媒染红色浸泡式染料结合起来,然后放在用添加性防染材料制作图案的织物上,这种手法要困难得多。目前为止,我们只看到了1200年以后的印度样品,而这些样品发现于福斯塔特。之所以会出现这种突破,是因为人们的认知发生了变化:添加性防染材料可以浸入媒染剂浴中，因为媒染剂浴要么是冷的，要么是温的。人们需要含有靛蓝染料的防染材料，似乎才出现了针对媒染剂的防染材料这一概念，并从那里产生了将媒染剂本身放入糊状物中然后开始印花来代替染色的这一想法。印度人将最后这种方法与添加性靛蓝防染材料一起使用，生产出了阿兹勒格，即发现于福斯塔特的红蓝相间织物。这些织物主要在印度西北部上色并通过木模印花制作而成。科罗曼德东南沿海地区则以印度手工绘布而闻名，这是一种手工绘染的全色织物，后来改成了木版印刷。印度蓝色印花布成了重要的贸易商品，不仅卖到了埃及，也畅销于波斯和远东，特别是东南亚，它们很快就开始针对特定市场进行定制。例如，在17世纪，那些出口到欧洲的产品逐渐地更加突出浅色底布（欧洲人的偏好），而这种喜好又回传到了印度和中亚。据科学家判断，中亚的印度式纺织木版印刷工艺始于18世纪。

红色和黑色在中性色上进行组合，这种情况特别常见，经常出现在18世纪和19世纪的印度、中亚和欧洲的木模印花织物上，以及19世纪印度德干和安德拉邦的伊卡特等其他织物上。分别预置明矾和铁媒染剂，然后在茜草色素染料浴中浸泡一次，就可以生产出来这种组合。这是一种廉价的方法。法国人、荷兰人、葡萄牙人、德国人、瑞士人和英国人都从17世纪开始就渴望获得关于印度全色技术和其他"东方"印花风格的知识。他们形象地将这种方法称为"来自印度的廉价佐餐酒"。

这种织物的底布通常被染成了淡黄色，上面加了一些毛茛黄色的层次变化和装饰细节。黑色、红色、棕褐色和灰白色可以被称为"史前调色板"，其主要特点是没有任何蓝色、绿色或紫色调。世界上有些地方几乎没有1800年以前的纺织品留存下来。即便如此，我们也不能否认热带和亚热带地区的许多民族拥有历史悠久的纺织传统，因为这种调色板在纺织史上占据着重要地位，而且它常用于一些最吉庆和最庄严的场合，这些情况都能证明那些传统的悠久性。事实上，人们曾经使用鞣酸或红色来将靛蓝染成黑色。现在，偶尔也还会这样操作。例如，印度尼西亚的伊卡特被染成巴戟天红色和靛蓝色，通常混合之后会呈现棕黑色；他们的"蓝白色"织物只作为面向荷兰和中国的出口商品。中世纪欧洲的羊毛染色工使用菘蓝和茜草也制出了同样珍贵的黑色系：深褐色（bruneta）。这种组合（或木蓝、菘蓝和淡黄木樨草）树立了标杆，直到人们为了得到黑色染料而引入了去皮的树木心材为止。正因如此，它才得名洋苏木。后者对18世纪和19世纪的欧洲毛料、亚麻布、棉布和帽子制造商而言非常重要，因此西班牙和英国经常为了从拉丁美洲大量进口这种材料而发生冲突。事实上，洪都拉斯之所以会成为英国殖民地，也应归功于它。巴西苏木是苏木的一种，因其丰富的棕红色染料而长期应用于其在印度-亚洲的原产地，而且在中世纪的欧洲也很受珍视。葡萄牙人在图皮人的土地上发现了巴西苏木，随即巴西苏木也成了侵略性贸易的焦点。这种情况导致他们的地区更名为巴西。

这类颜色要么单独使用，要么在镶毡、刺绣、卷绕和搓捻等差异很小的技艺中组合起来使用。此外，从中国的西藏到美国的史前西南地区，它们经常出现在彩绘插图棉制嵌板上，用来描绘宗教、神话或史诗故事。事实上，所有的北美和中美洲原住民都利用了天然丰富的红色、黄色和浅黄色赭石、含铁泥、树皮和五味子鞣酸。显然，他们也像早前的埃及人一样使用赭石来制成各种红色，而没有选用那些随处可见的富含茜草色素的茜

147 左下图。这些满是石榴的葱形拱顶高为 38 厘米。它们的设计灵感来自奥斯曼帝国的机织丝绸，但这款 1757 年至 1760 年的法国木模印花的印度粗亚麻布（含有亚麻经纱和棉制纬纱）在其他方面模仿了印度织物，无论是红黑配色方案还是小型绞染式圆点。其制作之精巧以及影线的画法都表明这件织物出自一位熟练的瑞士或德国木模切工之手。

148 右下图。我们从这件巴厘岛棉制肩布或胸布上可以明显地看到，它对巴戟天红和靛蓝进行了过度染色而产生了黑色。在这块布料的磨损区域中（左下方最小的红星上方和下方），只有蓝色显露了出来。双重伊卡特图案使用许多镀金数纱绣制成的刺绣带状物来包边。其装饰的程度表明，登安南村制造者要将它用于某种仪式。

第七章 从靛蓝到伊卡特的表面图案制作工艺 公元600年至1900年 181

149 大约从公元600年开始，穆伊斯卡人一直居住在哥伦比亚的高地平原上。一直到17世纪，他们还在制作这样的彩绘棉制披风，并对其加以重视。它的颜色可能是围绕着一种"白线"防染材料直接涂上去的。这些颜色中包括一种罕见的蓝绿色硫酸铜色调。

草属植物根来作为原料。相反，他们使用金属盐来媒染茜草色素，从而产生染了色的棕色和黑色。

  这种"史前调色板"源于古代的冷染图案制作技艺。冷染技艺类似于水彩画和油画，以及陶瓷上釉。包括除浸泡或蒸制以外的所有添加性表面图案制作技艺。这些也被称为"干"性技艺，因为关键因素在于：制作图案的物质，无论是颜料、直接染料、媒染剂还是改色化学物质，都要渗入布料并彻底干燥。从化学上讲，物质如何放置在布上并不重要，图案是正形还是负形也不重要。目前已知最早的样品来自埃及的盖贝林遗址（公元前4000年至3500年）。它的图案是正形的，在浅黄色亚麻布上直接用黑色、红色和白色绘制了葬礼和狩猎场景。虽然底布换成了毛料，但是几种几乎相同的颜色，包括黑色、深红色和棕褐色，以负形或"白线"风格构成了那些最早的样品上图纹起绒粗呢的底色。在克里米亚的塞西亚古冢（公元前450年至375年）发现的样品也是这种风格。在那里，防染材料糊状物不是为了防止在浸泡式染色过程中给织物着色，而是为了防止那些不同的直接涂抹的颜色发生重叠，从而实现快速上色并呈现边缘清晰的图案。同时代欧洲东南部高加索山脉部落的彩绘服装无疑呈现了相同的颜色，因为希腊历史学家希罗多德（Herodotus）强调，各种颜色（将叶子捣碎并与水混合之后而制成）直接以液体形式的来使用，并在服装的使用寿命内保持不变。

新西兰和澳大利亚的土著居民现在仍将同样的颜色和技艺组合用于给身体和布料染色。非洲的印花图案非常稀少,而著名的加纳阿丁克拉棉制织物是由阿善堤人用雕刻好的葫芦块印成黑色的。他们的颜料来自用铁渣煮过的树皮。非洲西部的巴干达人将香蕉叶剪成模板,并使用非洲文献有记载的各种花纹来给树皮布制作图案。这里的黑色颜料由植物物质和富含铁的泥浆混合而成。刚果(前扎伊尔)的库巴人和俾格米人也使用类似的颜料,他们徒手装饰树皮布。西部的许多文化也是如此:喀麦隆草原人、附近的尼日利亚伊比比奥人、尼日利亚北部的豪萨人和象牙海岸的塞努福人。棉布是他们的织物之一。所有热带和亚热带地区的气候都不利于纺织品的保存,而这些地区正是冷染技艺广泛传播的地方。尽管早期的一些样品表明它们在南美洲的存续时间很长,但往北则很少有织物能够留存下来。然而,阿兹特克男士披风的纳瓦特尔语名称为 ixnexs-tacuilloli(意思是用灰烬在表面作画或写字),这表明有些披风具有类似的特征。在少数例外的"冷染"调色板中,有一种绿色的树叶和泥土制成的颜料。波罗族的塞努福人使用这种颜料来给自己的衣服染色。其中还有一种蓝色的硫酸铜色调,偶尔出现于前哥伦布时期的美洲。

　　人们使用与冷染技艺相关的史前颜色来给塔帕(树皮布)制作图案。考古和语言学证据表明,这种技艺,连同一些必要的植物,在大约 3000 年前从中国南部和东南亚大陆传到了太平洋岛屿。我们在仍在使用的那些技艺中可以看出古代的一些习俗。那些主要的着色剂〔忽略罗亚(loa),一种 19 世纪初引入的红色种子染料〕包括红褐色的树皮汁液、烧焦的坚果制成的黑色烟灰、姜黄根制成的黄色和代赭石(在这些岛屿上交易的一种珍贵但稀缺的着色剂)。人们用刷子徒手涂抹这些除代赭石外的着色剂,而代赭石则被研磨成粉后广为流传。使用这种粉末时,人们会先将"刷子"用塔帕包裹起来,然后用'o'a 把刷子打湿,最后将粉末涂抹在织物表面。代赭石粉也可以从有图案的板上转移过来,方法是把布铺在板上,然后用蘸有'o'a 的布垫进行揉搓。一直到 18 世纪,大多数这种板都使用坚固的天然材料制作而成:将这些天然材料缝制在一片露兜树叶上,再将这片树叶绑在一块木板上。汤加至今仍在使用这种方法,但其他地方则逐渐使用雕刻的木板来取而代之。科学家认为,这种木板起源于斐济岛民(他们也使用香蕉叶等大叶子作为各种黑色图案的模板)。再往东,夏威夷人独有的塔帕传统到 1900 年时处于休眠状态,他们拥有充足的代赭石和黄赭石。"干"处理成了浸泡的补充品或替代品。在人们了解媒染剂染料的地方和人们不使用媒染剂染料的地方〔如处于平安时代(794 年至 1192 年)的日本」，这都是事实。那里的人们用蜡来点缀或揉搓丝绸，然后用花汁或草汁来擦拭它们（称为 rōzuri，本质上是适应了非浸泡技艺的蜡缬蜡阻染色工艺。他们也将木板雕刻之后，再用上面的红花拓片来给丝绸制作图案。这种方法与太平洋岛民使用的方法非常相似。在其他地方，随着工艺的进步，许多编筐工长期使用拓片来干染当地的那些经过搓捻的元素（在概念上类似于伊卡特）。

自公元 600 年以来，人们已经使用了许多其他浸前和浸后的图案制作方式。中国湖南的马王堆汉墓出土的两件丝绸体现了悠久的干性图案制作技艺。一件是薄纱，上面印着金银膏。另一件是平纹织物，它使用了六种颜色来印花、模印和上色。由于丝绸很容易吸收染料，这件织物的图案制作过程可能会随着着色剂的使用而停止。18 世纪，使用水彩颜料上色的中国丝绸在欧洲非常流行。然而，用干性技艺制作了图案的丝绸（以及毛织物偶尔）也要进行湿性后处理，来增加色牢度。这种备选技艺展示了冷加工法最重要的用途之一：固定一种物质，这种物质要么会对随后的浸泡做出反应，要么会改变已经染色的布料的颜色。例如，拔染印花可以将染料的选定区域漂白。班巴拉（马里）泥染布体现了一种古老的拔染技艺。这种泥染布是一种棉制带状织物（把一些手织布料的窄段缝在一起而制成的织物），黑色的底布上带有醒目的白色几何图案。其装饰物的制作过程是：首先用水把布洗干净，然后在太阳下晒干，最后再把布料浸泡在黄色叶子制成的浸剂中进行染色。接下来，人们再用放置了一年的池塘淤泥来绘制图案周围的底色。将淤泥晒干，洗掉，在染浴中再次浸泡后，再次绘制底色并晒干。富含矿石的淤泥既可以作为媒染剂，将黄色染料变成黑色，也可以作为一种保护涂层，防止由花生、烧碱、谷糠和水组成的非放"汤"涂抹在未沾泥的区域。放置一周后再进行最后一次清洗，这时排出的黄色逐渐消失，留下了白色的底色。

科学家在阿斯塔纳附近的中国境内发现了一些 8 世纪中叶的丝绸。这些丝绸体现了烧碱（氢氧化钠）等强碱的两种劳动强度较低的用途。第一种用途是把丝绸染成深红色，然后用一种强碱性糨糊印上六角奖章和鸟的图案，最后把这些地方变成黄色。用同样的方法来处理黄色的姜黄或红花会底布，使其变成红色。在接下来的几个世纪里，世界各地的许多棉布和丝绸都出现了这种效果（在拿破仑时代，这种效果被作为西方古玩风格的一部分）。第二种用途是利用纤维本身对碱的反应。处于自然状态的丝绸是"有黏性的"；一种打过印花的碱性糨糊会咬进纤维并使其"脱胶"（如果不浸泡在温和的酸浴中进行终止，会导致最终破坏纤维）。其结果是在

150 左上图。库克船长于1776年至1779年完成了第三次航行，期间他搜集到一些夏威夷塔帕织物样品。这些样品中保留了一些冷染图案。人们使用画细线的笔和含有多种要素的衬垫来给这些手指绘制的图案划定范围，然后使用雕刻之后的竹条来制作带有图案的窄带，最后使用这些窄带来完成印花。

151 左下图。这是一块8世纪中期的日本丝绸。从中我们可以看出，它同时使用了蜡抗蚀剂与浸泡式染料（蜡缬）或更可能是用冷染染料（将准备好的植物汁液直接摩擦揉搓或刷到布上）。这是公认的纳税品之一。

152 下图。有几种方法可以生产出这件中国丝绸上的颜色组合：使用碱性糨糊对布料进行冷染印花，将红色变成黄色。它最初是用来覆盖在孝谦天皇（749年至758年）宫殿里的灯芯草地毯上的。

第七章 从靛蓝到伊卡特的表面图案制作工艺 公元600年至1900年

某些区域会吸收更多染料,从而创造一个巧妙的双色图案。同栏的"破坏性"印花原理在烧花工艺(devoré 为法语单词,意为"被吞噬")中得到了充分的展现。devoré 是指具有绒毛和底布织物的丝绒或棉绒,而这些绒毛和底布织物由不同种类的纤维制作而成。如果是由丝绸或羊毛制成,那么可以用一种破坏性的碱性糨糊将绒毛完全清除,留下完好无损的棉制或亚麻地布。人们使用同样的原则制作而成的中空刺绣品是 19 世纪末的化学或"蚀刻"花边,也被称为"圣加仑花边"。之所以如此命名,是因为这种处理方法就是在圣加仑这个地方发明出来的。正如这些例子所表明的,有几种方法可以达到相同的目的,而同样的方法也可以达到不同的目的。这种情况非常普遍,所以很难区分防染印花和拔染印花,尤其是因为两者可以在同一块布上一起使用。

即使欧洲人于 17 世纪末发现了印度的全色浸泡技艺之后,西方印花工艺仍然继续长期依赖颜料(悬浮在油介质中,这种油介质通常由亚麻籽制成)和本地化干性印花技艺。这些技艺在 18 世纪被称为"浮雕图案"或偶尔被称为"印花"。 人们如果想进一步了解化学成分,那么他们需要知道多种媒介,如墨水、涂料和陶瓷釉料,因为这些物质的发展轨迹往往相互交错。所有这些媒介都充分利用了靛蓝、五倍子、赭石和其他矿石。用于棉布的矿物(无机)着色剂在很大程度上依赖于悬浮颜料的概念。将通常是碱性的印花糨糊直接沉淀在布料上,然后晾干,最后再浸入化学浴中逐渐成形或"凸现",从而产生了悬浮颜料。金属媒染剂,如铜(在 17 世纪和 18 世纪的欧洲变得非常重要)和新分离的金属,如铬(发现于 1797 年)被重新配制成沉淀物,从而为印花工提供越来越多的颜色。不过,他们的颜色从来没有染色工的多。人们在 18 世纪 30 年代开始应用这一原理。当时,英国的一些印花工制成了"中国蓝",其中粉末状染料物质(靛蓝)悬浮在糊状物中。然后,将用这种方式印好花样的棉布轮流浸泡在石灰浴和硫酸亚铁浴中,从而溶解并减少靛蓝,最终可以使用靛蓝进行直接印花。这种方法一直使用到 1900 年。到 19 世纪初,普鲁士蓝已成为一种大众认可的替代品,先以醋酸铁的形式来完成印花工艺,然后浸入铁氰化物中。它的研制过程揭示了上个世纪对这类物质的漫长探索。普鲁士蓝是最早的合成颜料,人们研制它是为了替代画家使用的深蓝色。1706 年左右,科学家在柏林将普鲁士蓝分离出来。不久之后,荷兰画家就开始使用它,但直到 1724 年,它的分子式才在伦敦皇家学会的论文中披露出来。至少 25 年后,它才开始用于棉布压花加工。这种情况是法国知名化学家、第一本大规模出版的化学词典的作者皮埃尔·约瑟夫·麦奎尔(Pierre Joseph

Macquer）的实验结果。之所以出现这种情况，是因为普鲁士蓝作为染料似乎只能给毛料和丝绸成功染色。考虑到麦奎尔在1766年时已经是染坊的检查员，他的结论并无不当。麦奎尔的这一职位与戈布兰的皇家挂毯制造厂、塞夫尔的瓷器厂、萨瓦纳瑞的"东方"地毯厂和博韦的家具装饰和帘布厂有所关联［1784年，染料科学家克劳德-路易斯·贝托莱（Claude-Louis Berthollet）继承了他的遗志。贝托莱使化学作为一门现代学科登上历史舞台］。

普鲁士蓝从一种制作印花的颜料转变为一种制作浮雕图案的染料的同时，欧洲的染色工人正试图生产出鲜艳且不褪色的阿德里安堡胭脂或"土耳其红"。这种染料的制备时间比传统的茜草染浴要长很多天。这项工艺非常复杂，大体上是用一种油基媒染剂让棉布变得更像羊毛或丝绸（至少在1900年之前，印度一直还在用猪脂揉搓棉布）。尽管印花工之间存在着

153 烧花工艺是一种"破坏性"技艺，通过移除不需要的绒面区域来创建图案。在这幅20世纪30年代披肩的细节图中，用一种碱性糨糊在丝制绒毛上印花，使绒毛遭受破坏，露出了粘胶纤维素底布。事先用模板或丝网给完好无损的绒面印花，这才出现了各种额外的颜色。

第七章 从靛蓝到伊卡特的表面图案制作工艺　公元600年至1900年　　187

竞争，但整个欧洲的颜料商都在共享他们对化学成分的理解。如此一来，棉用蒸汽染料诞生了。它与制作浮雕图案的染料有关，但将印花浆料中的所有基本成分结合起来，通过蒸汽催化成一种局部着色剂。混合黏附物通常是另一种动物化形式。在这种情况下，它是和白蛋白混合在一起，而白蛋白是在牛奶、蛋清和血液中发现的一种水溶性蛋白质。人们越来越快地了解纤维结构和着色剂之后，采用了许多其他方法。不过，正因为引入了铁黄、锑橙、铬黄和锰青铜（1815 年至 1823 年）等中间矿物色调，才极大地扩展了滚筒印花机的调色板。在这类机器慢慢扩散至整个欧洲（见第九章）的同时，人们也加深了对冷染图案制作技艺的了解。在烹饪等其他领域，人们从很早以前就开始非常简便地使用一些原理和物质。慢慢地，从 17 世纪开始，这些原理和物质变得可以解释、可以修改、可以信赖，并或冷或"干"了。由于布料离开机器后可以同时产生两种或两种以上的矿物颜色，因此蒸汽染色工艺的发明促进了多滚筒印花工艺的发展。到 1828 年左右，英国兰开夏郡的这种印花机可以同时印制三种颜色了；手工木模印花可以增加额外的色调。1860 年，八种颜色的纺织品并不罕见，而到了 19 世纪末，人们也可以制作拥有二十多种颜色的纺织品了。

因此，西方的那些印花方法是冷涂和冷压等古老技艺、印度—亚洲浸泡法（后来被称为"茜草染料印花法"），以及发现儿茶等热带和亚热带染料这种行为的混合体。儿茶是一种传统的印度棕色染料，直到 19 世纪 30 年代才传入欧洲。1808 年，米歇尔·欧仁·谢弗勒尔〔（Michel Eugène Chevreul）后来，从 1824 年开始担任戈布兰挂毯制造厂的负责人〕从来自古老的玛雅土地上的洋苏木以及巴西苏木中提取了染色物质。北美的黑栎树皮被命名为 quercitron（意为美洲黑栎内树皮）。从 1771 年至 1799 年，爱德华·班克罗夫特（Edward Bancroft）垄断了对欧洲供应这和物质的贸易。人们将这种物质碾磨成粉，形成了风靡整个 19 世纪 30 年代的"土褐色风"。而且，这种制粉工艺在特拉华州是一个非常重要的产业。行事隐秘和行贿往往能够帮助人们有效获得专业知识，例如，在 18 世纪 80 年代，英国人为了引进土耳其红的制备方法而支付了额外的费用。这种制备方法在 17 世纪 80 年代从荷兰传到了瑞士，然后传入了德国各州和汉萨同盟城镇。拔染印花大手帕风格最初仅限于纱线或布料的染色——随着格子布、披肩和毯子成为英国向加勒比和美国种植园的重要出口产品，因为这些种植园不想再直接从印度次大陆进口这些产品——到 1805 年左右，拔染印花大手帕风格也通过苏格兰漂白-拔染技艺在土耳其红色织物上制成了。这种大手帕后来成了典型的牛仔颈巾。到 19 世纪 20 年代时，它们以格拉斯哥

154 一直到18世纪80年代,欧洲西北部的印花工都不知道如何用不褪色的、鲜艳的茜草色素来给棉布染色。茜草色素通常被称为"土耳其(意为奥斯曼)红"。我们从这块18世纪产于印度北部的帐篷嵌板上可以看到它的染色效果。染色工先将这块嵌板封闭起来并在上面涂上媒染剂和防染材料,然后对它进行至少三次单独的染色,这样才能呈现出现在这种效果。其中,红色染色过程最为复杂。

附近的一家工厂命名为"蒙蒂思"(Monteiths)。1799年,苏格兰化学家查尔斯·坦南特(Charles Tennant)在这家工厂申请了必要的漂白粉(石灰氯化物)专利。曼彻斯特、鲁昂和米卢斯也建立了土耳其红印花产业,它们都瞄准了出口市场。本土生产商之间的竞争变得司空见惯;到了19世纪中叶,荷兰的木制滚筒机器可以自动在布料的两面涂上树脂,仿造出印尼蜡染花布。到19世纪80年代时,这种产品在黄金海岸(加纳)打开了

155 英格兰威廉·奥姆（William Orme）公司通过刻花和印花工艺制成了这块滚筒印花棉布。它具有1820年至1860年矿物染料调色板的典型特征，并采用普鲁士蓝作为底色。上面的场景描绘的是水晶宫，这是1851年伦敦世界博览会的中心区域。

知名度，青出于蓝而胜于蓝。苏格兰、英格兰和瑞士制造商也在铜制滚筒机器上生产这些产品。它们都采用了鲜艳的色调，将非洲的各种喜好、欧洲的各种棉布印花技艺以及各种源自东方的概念融为一体。

与此同时，1856年威廉·帕金（William Perkin）在英国分离出来的淡紫色苯胺染料是第一种由煤焦油制成的染料。欧洲很快就针对这些所谓的碱性染料开发出了更为成功的相关形态。人们将它们用在丝绸和羊毛织物上。时尚界普遍采用纯色织物，并在其上添加蕾丝、纽扣、丝带和其他附加细节。这证明了那些染料的用途，而大多数染料都有褪色的问题，它们在接下来的半个世纪中被取代了。在这一时期的大部分时间里，人们继续使用天然染料。茜草色素是第一种人工合成的染料，直到1869年才研制成功。不过，法国化学家在19世纪20年代就已经了解了它的化学成分。1883年，德意志帝国拜耳公司的保罗·保蒂格（Paul Böttiger）合成了"刚果红"。直到这时，人们才有了一种利润丰厚且针对棉布的直接纺织染料。这标志着其他欧洲国家因德意志帝国染料工业的发展而黯然失色，因为到1900年时，德意志帝国染料工业在染料和技术支持方面领先世界，只有瑞士能与之匹敌。这些染料大部分是无机物，但偶尔也有洋苏木等有机物。它们不怕光照和水洗，染出来的颜色非常牢固。它们的牢固程度比以往任何染料都高，但靛蓝除外，因为靛蓝向来是这方面的典范。经过德意志帝国化学家阿道夫·冯·贝耶尔（Adolf von Baeyer，他因在有机染料方面的贡献而获得1905年诺贝尔化学奖）近30年的研究，合成靛蓝终于于1897年问世了。虽然化工产品其毒性较小，但在通常情况下仍旧有毒，欧洲化学家们也逐渐用它们取代了那些最为有害的物质，例如，热带靛蓝染缸中的砷、"中国蓝"，以及几种臭名昭著的绿色植物（直到1996年，政府才颁布禁令，禁止从联苯胺中提取某些染料，包括具有致癌效果的刚果红）。尽管染色工艺带来了美丽，但它在过去和现在一直都是一项危险的职业。

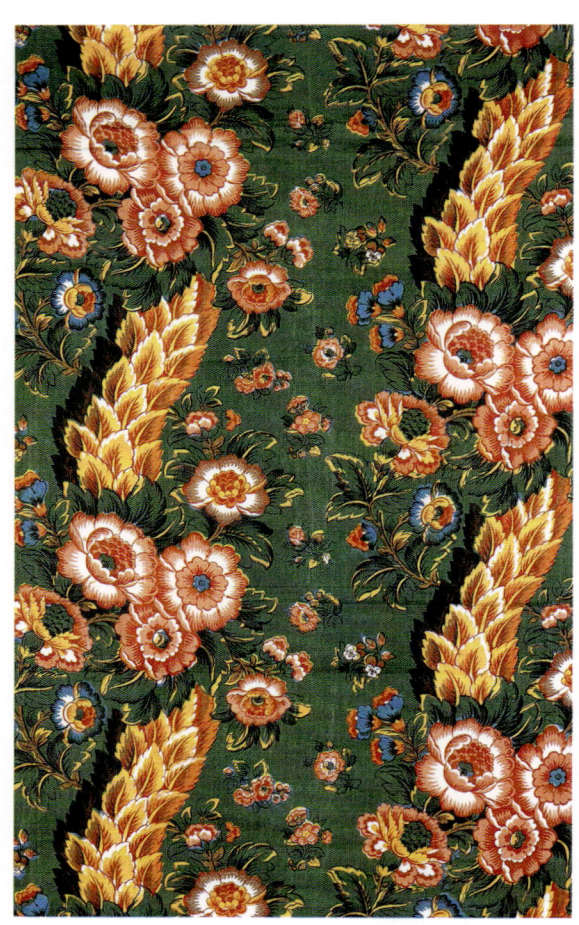

156 这是一块1830年左右生产的英格兰全色上光棉布，或称印花棉布。从中我们可以看到，它将西方技术（在滚筒机器上使用媒染剂印染出红色的这种技术）和古代非西方图案染色技艺结合在一起了。

第八章

棉花和亚麻的重要性

1500年至1950年

直到1950年左右，植物纤维一直是纺织品生产的主要原料。在动物纤维中，丝绸一直是最稀缺的材料，只占全球纤维产量的不到百分之一。即使世界各地都引进了西班牙的美利奴羊，澳大利亚和新西兰的羊毛供应量也分别在1800年至1850年之后大幅增加（当时法国及其殖民地在羊毛生产方面占据了主导地位），但世界范围内的羊毛消费量从未超过仅棉花这一种植物纤维消费量的四分之一。到19世纪中期，西方机器生产的棉纱和织物与专业制作的手工印花商品一起销往全球。在这个过程中，当地人往往无须自行生产了。此外，在许多织法和其他织物构造中，棉花已经取代了亚麻。相比亚麻而言，棉花难以进行手工纺纱，但更容易染色，因此，早期的棉布作为底布而大受欢迎。棉布可以制成耐洗纤维织物，上面的图案经过染色之后不易褪色。人们仍然通过印花工艺来给丝绸、毛料和亚麻布制作图案，但许多其他技艺能够适用于任何纤维，因此棉花发挥了越来越大的主导作用。花边制造、针织、梭织、钩针编织、绗缝、拼布、嵌花以及许多其他缝纫技艺都受到了它的影响。

为了研究棉花如何在众多纤维中变得如此重要，本章从旧式亚麻产业的消亡开始讲起。与丝绸、毛料和棉布相比，其他韧皮纤维曾是最为廉价的纱线。传统上一般按照这个顺序来进行排列，其中丝绸最为贵重。不过到1920年时，亚麻已经成了最贵的纱线：当时所有纤维的价格都在上涨，但自1910年以来，丝绸的价格上涨虽不到一倍，而亚麻的价格却涨了六倍。十月革命和第一次世界大战摧毁了大片地区的亚麻和大麻种植业（战争使成千上万匹马死亡，从而结束了人们广泛使用马毛的历史）。因此，亚麻不再是制作必需品和精致物品的纤维了。曾经人们因为亚麻的凉爽、光泽、湿强度、耐洗性和平滑性而用它制作床单、桌布、毛巾、手帕和硬挺的衬衫，但到1950年时，仅仅只有"女用贴身内衣裤"这一个词语能让人们想起上等亚麻制品了。

157　瑞士女工在杂志《每周洗涤》(The Weekly Wash) 中，用木槌敲打和搅动以及漂白亚麻制织物。1556 年，人们用羊毛在亚麻布上绣出了这些织物。到这一年为止，瑞士挂毯编织工艺已经衰落，取而代之的是一种被称为"修道院"针法的挑绣技艺。之所以如此命名，是因为修道院是这种嵌板的主要来源地。

　　1500 年，在不能种植棉花的地区，亚麻和大麻的种植已经得到了高度发展。亚麻和大麻都可以制成"亚麻布"这种织物。直到 1780 年左右，亚麻在北半球仍是羊毛的重要替代品，对农村地区和手工业都很重要。例如，在 18 世纪的大部分时间里，亚麻纱线和织物都是苏格兰唯一的制成品，而那里的人们最初使用的是荨麻纤维（邓迪市从 19 世纪 30 年代开始成为"黄麻之都"）。起初，弗兰德斯在大规模、高质量的生产方面占据主导地位，它能制作麻纱和细麻布这些上等平纹亚麻织物，以及桌用花缎等花纹织物。它也能提供最好的漂白工艺。与其他专业纺织品类型一样，这种花缎制作工艺在 16 世纪后期传播开来，当时西班牙统治者实行宗教不宽容政策，所以新教织工向北迁移。在荷兰，尤其是哈勒姆，逐渐成为奢华亚麻织物最重要的产地。这个地位一直持续到 1685 年，从这年开始，很多人由于一些宗教原因而徙居各地，萨克森和爱尔兰等地区因此受益而掌握了相关技艺（大约在 1750 年后，爱尔兰因为有了来自北美本土的亚麻种子，其亚麻产业才逐渐壮大起来）。许多亚麻织物的产地因它们而流芳百世。精致的平纹织物来自荷兰，麻纱（来自康布雷，位于今法国北部，但当时属于佛兰德斯）和西里西亚（细麻布来自这个奥地利-普鲁士省）。其中，第一个价格更昂贵，因为它分量更重。重复出现的菱形花纹，即小菱形图案，需要使用多辕（或多轴）脚踏织机才能制作出来，这种花纹来自伊普尔，而类似的但更粗糙的亚麻和大麻织物，如奥斯纳堡粗口袋布和铁克伦堡麻棉混纺粗布，这些名称表明它们产自普鲁士时期的德国（不过，这类质地不平的亚麻织物很多地方都有生产）。到 15 世纪时，重复出现的菱形花纹已经成了意大利佩鲁贾亚麻织物的基本配置。与 20 世纪中期南欧、中欧和东欧的许多亚麻织物一样，鲁贾亚麻织物通过使用附加纬纱而引入了带有彩色图案的带状物。除了色织条纹布（尤其是格子布）外，亚麻织物通常用其他纤维制成的纱线来进行装饰，除非这种配饰本身是白色的。

亚麻织物和纱线的装饰潜力延续了早前韧皮和其他植物材料的趋势，而且该潜力主要来自构造而不是颜色。花缎就是很好的例子，它只在反光和哑光编织结构之间来回切换。丝绸的反光性最强，如果没有丝绸，亚麻布的表面便最有光泽。直到 19 世纪初，人们一直只能使用提花机来织造花缎，因此，尽管丝制花缎在带有图案的丝织物中等级相当低下（不如丝绒、锦缎和刺绣），但亚麻花缎在亚麻制品的范围内是久负盛名的织物。其中，最昂贵的花缎是带有纪念意义或绣有交织字母的大桌布及其必备物

右图 a

右图 b

158　右图 a。虽然这块布具有 17 世纪荷兰亚麻制织物和精纺提花机织物的特点，但上面含有普鲁士风格的双头鹰。该图案表明这块布于 1685 年之后产自萨克森地区。因为当时来自荷兰的织工在那里定居。

159　右图 b。这是撒丁岛人于 19 世纪用亚麻和羊毛制成的一块装饰性毛巾或盖布。上面的颜色完全因羊毛制成的附加纬纱而呈现出来。这种格子状的重复性菱形图案通常只用天然色系的纱线来织造。这种纱线只有在制作更为精致的缎带时才会染成其他颜色。

第八章　棉花和亚麻的重要性　1500年至1950年

160 上图。19 世纪，用机纺棉纱制成的机织网状纺织品是一种革命性的产品。现在我们往往意识不到这一点，但在当时，这样的创新能让更多消费者接触到精致物品，比如这件 1830 年至 1840 年生产的爱尔兰无边帽纱。要想制作这种东方化图案，首先要将当地种植的亚麻制成亚麻线，然后采用奔跑针法手工制作而成。这种技艺也称为"利默里克"工艺。之所以如此命名，是因为利默里克是爱尔兰一处非常重要的面纱生产基地。

161 左图。这块亚麻布于 17 世纪中期制作于荷兰，上面用花缎组织描绘了大卫和拔示巴的故事。两侧的镜面重复是这一时期提花机织物的典型特征。这一特征在字母图案上表现得尤为明显。

品：一打餐巾、一块橱柜布以及一条与指盘配套的长毛巾（通常挂在门附近或门上用作装饰的窄毛巾就起源于这种做法，而且这类毛巾还有其他广泛的仪式性和象征性用途）。亚麻布不仅耐洗，而且经得起锤炼。洗得越厉害，它会变得越漂亮。在亚麻布的使用期内，这种情况会发生很多次，无论是在河边的岩石上捶打，还是在大锅里"搅拌"。精美的桌用花缎和其他家用亚麻织物不仅要经常清洗，而且每次都要重新抛光。这一过程重复了第一次末端处理，包括用灰烬、蕨类植物或海藻制成的碱性水进行漂白，然后用酸浴来中和漂白剂，再通过多次敲打（"捶布"）来恢复光泽。纱线和布料在卖出之前都已经彻底漂白过了（布料需要长达六个月的时间才能变白）。而家庭在日常修整只是花几天时间来对这一漫长的过程进行增补而已，但也包括通过上浆来防止将其弄脏以及在大型螺旋夹具中对其进行熨烫。

上浆和熨烫技艺得到了广泛的应用，而且丝绸、精纺毛料和棉布也要抛光，并经过高压处理，被称为"轧光"。但这些处理方法对亚麻布最为有效，因为它保留了褶痕——古埃及的有褶亚麻织物呈现的就是这种褶痕。然而，经过上浆和熨烫之后它就会变得硬挺和光滑起来。最后提到的这些特点，以及细度、强度、长度和抗缠结性等特点，在1500年前出现的花边制作工艺中得到了充分的利用。世界各地都已经在使用花边和类似花边的结构了，但欧洲出现的花边形态最为丰富。真正的花边是一种独特的珠缀形式，分为两种类型。最早的一种是针绣花边，之所以叫针绣花边，是因为它采用了一种针线活中的锁眼针迹。起初，人们使用这种技艺来填充那些用平纹亚麻布切割而成的大方块（针绣花边饰带，至少从14世纪30年代就为人所知了），后来它成了一种独立的技艺，先构建平面图案（空之缝纫），然后做成醒目的浮雕图案。16世纪和17世纪早期的欧洲，许多硬挺的飞边和袖口都由针绣花边饰带和空之缝纫组成。顾名思义，这些时尚服饰起源于意大利城邦，其中一些城邦——尤其是米兰，在1714年之前一直处于西班牙统治之下。到了16世纪，人们使用加重线（概念上非常接近他们的经线加重织机），通过改良后的成辫和旋扭技艺制作除了梭心蕾丝花边。这种花边制造于意大利，但在北欧很受欢迎。此后，佛兰德斯和意大利等地的织造中心相互竞争，引领潮流。它们的名字在一些花边的名称中得以保留下来，例如，法国诺曼底一种名为阿朗松的针绣花边以及哈当厄绣，后者是挪威版的针绣花边饰带，除金属花边由男性珠缀工来制作以外，其他花边都由女性完成。

中间的织补和剪裁、拉丝和抽线工艺等"预花边"技艺比花边制作工艺的应用更为广泛。在后两种工艺中，人们使用附加线将平纹亚麻布的纱线集中起来，捆绑在一起形成图案。在抽线工艺中，有些纱线会被全部去掉。这些是针绣花边饰带的前身，而它们本身是织补（或奔跑针织）图案的延伸。人们可以在实心布料上加工来制作它们，也可以在交织而成或打结而成的网状物上加工。然而，所有这些都是两级构造，包含底布或其他纤维制成的彩线。它们具有抽拉工艺的典型特征。21世纪，世界各地的许多农村地区仍在使用这种抽拉工艺。但真正花边的出现，而且仅使用亚麻布的这种单级构造也出现了。这预示着一段长达425年的时期到来了。在这段时期，白色亚麻制品和花边成了财富、体面身份和洁净的有力象征（花边采用丝绸和金属线制作而成，但数量不多）。按理说，花边比织有图案的丝绸更加引人注目。到1560年左右，花边完全成了一种社会地位的标

第八章　棉花和亚麻的重要性　1500年至1950年　　199

志。当时，相对较小的飞边衣领和袖口成为一种风尚。使用这些物件能给人一种视觉延伸的感觉，虽然这种延伸是隐喻性的。但延伸的意义在于，一件单独的衣服却由很多看不见的精美亚麻衬衣组成，而这些衬衣价值不菲，还需要仆人来打理。大约在 1630 年，飞边（16 世纪至 17 世纪流行的白色状皱领）的长度达到了 7 码（6.4 米），或者展开之后高于耳朵，后来垂下来能够包住肩膀或轻柔地围住脖子。它的造型随着潮流趋势而不断变化。一直到 19 世纪 30 年代初，男性都穿戴着这种飞边，而女性对飞边的喜好则多坚持了一个世纪。飞边有一个细节始终未变，就是在下巴周围和

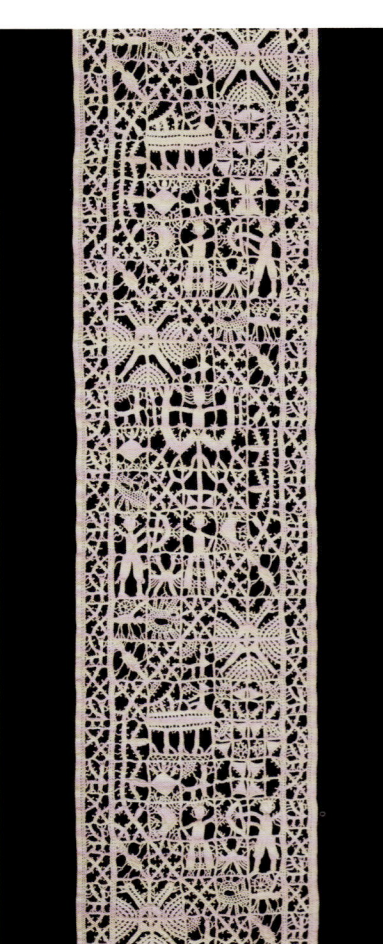

162　左图。到 1600 年左右，针绣花边饰带在意大利得到了高度发展。亚麻布带被裁剪之后，只剩下狭窄的方形网格，然后使用锁眼针迹在这些网格中填满各种图案。西方所有的针绣花边都从这种技术发展而来。

163　右图。这是比利时于 1855 年至 1850 年生产的一块亚麻布制手帕。从中我们可以看到，梭心蕾丝花边是一种交织技艺，它可以产生与平纹织物非常相似的实心区域。

手腕处都使用花边，这样能让面部和手部的手势更加生动（如果手里拿一块精美手帕，效果会更加明显），从而使花边与身份最紧密地结合在一起。以克拉为单位的蕾丝配饰（如钻石）和不那么奢侈的全亚麻布料配饰之间的选择也表明了对宗教的忠诚。给花边选择配饰时，有人会选用钻石等以克拉为单位的贵重物品，也有人会选用不太奢侈的纯亚麻布织物，显然这种选择能体现他们的宗教信仰。1623 年，西班牙国王腓力四世禁止了花边和其他奢侈纺织品。除禁令颁布以后的这 30 年以外，花边象征着天主教文化，而亚麻布制衣领和袖口则与加尔文主义和其他新教教派联系在一起。

因此，秘鲁和新西班牙的总督辖区有很多大受欢迎的奢侈品，而花边就是其中之一。其中，秘鲁的总督辖区包括现在的秘鲁、玻利维亚、厄瓜多尔、哥伦比亚部分地区、委内瑞拉、智利、阿根廷和巴西西部。新西班牙的总督辖区包括现在的墨西哥、安的列斯群岛、中美洲到现在的巴拿马北部边界、北美洲西南部和菲律宾。据说，那些地方的大部分人直到 1715 年都喜欢穿着带花边的服饰，尤其是男性。到这一时期，新西班牙的"土著"妇女也慢慢将欧洲花边（主要来自佛兰德斯，经塞维利亚）加入到自己的服装之中，作为她们与自己古老贵族阶级之间的纽带。这些花边大部分经塞维利亚从佛兰德斯进口而来。现在，当地人也开始制作这类花边了。而且，这些地区的人们现在仍然穿着各种节日服装，而花边最终成了这些服装的必选配饰。除了骆驼毛等原材料外，葡萄牙和西班牙还从其拉丁美洲殖民地进口了大量纺织品，包括亚麻制品和帆布。这种情况会产生什么影响还有待探索，但这种影响在那些可能是后来生产的多种棉纱织物中都得到了体现。这些织物既有农村生产的，也有专业生产的（后者位于加泰罗尼亚）。作为回报，伊比利亚与这些殖民地分享了大量白色刺绣方面的专业知识。

白色刺绣也就是白布上的白色装饰。社会各个阶层都在使用它，唯一的区别在于细度和白度。视觉上最难以捉摸的是奇坎卡里（chikankari），在最轻薄的棉纱的背面进行加工，制作出纱丽织物上的暗纹图案。这种刺绣品与莫卧儿时期（1526 年至 1857 年）的勒克瑙有关。据口述历史的记载，一位女绣工花了十年时间才掌握了 35 种必要的针法。她使用这些针法在一个蓝色图案上进行操作。这个图案（由男性）通过手工木模印花的方式制作而成，易褪色，操作完成之后就会被洗掉。尽管白色刺绣也用于衣物装饰和宗教场所，但它在床上用品和窗帘上的使用最为明显和持久。后者在 18 世纪之前很少见，但到 18 世纪末，白色平纹细布窗帘已经流行起来了。随着这些棉纱变得越来越普遍，在它们身上出现了更为精致的变化，

164　这件 1600 年至 1620 年的西班牙亚麻盖布由 195 个相互交错的雕绣方格和织补布拉托方格组成，每个方格长宽均为 12.7 厘米。它展示了西班牙和前殖民地仍在使用的技术，但现在用的是棉布而不是亚麻布了。

包括花边绣饰、奔跑针织花纹、嵌花，或者大约在 1850 年之后，所有这些装饰物以及那些"预花边"技艺的机织棉制替代品。五颜六色的床上"地毯"让位给单色床罩，这些床罩上绣有花缎式和刺绣样本氏花纹，而这些花纹由附加纬圈或长长的漂浮物制作而成。这些都与真正的纬起绒布有关，如灯芯绒和棉绒等纤维织物，它们的经纱是亚麻做的，而显眼的纬纱是棉花做的（"假"纬起绒布，比如斜纹棉布，使用的是同样的纤维，但织法更简单，它的表面被刷得更浓密、更绒软）。纬起绒布是许多重量更轻且由混合纤维制成的"新式垂褶织物"中的一种，起源于中东织工，但在 16 世纪中后期，由佛兰德流亡织工分散到英国等富有同情心的国家。随着英国各地区的纺织业日益专业化，真假纬起绒布都以博尔顿为中心，而博尔顿将它们命名为饰有纬圈图案的手织白色全棉床罩。

人们可能早在 17 世纪 10 年代就生产出了博尔顿床罩，但直到 18 世纪 60 年代至 19 世纪 50 年代它的出口量才达到顶峰。当时，人们使用奔跑针法也制作了一些替代品。规模可观的棉制白色刺绣产业会根据不断变化的用途和喜好进行调整，因此它在该地区一直持续到 1950 年左右。例如，20 世纪初，博尔顿的巴洛-琼斯（Barlow & Jones）棉纺厂不仅生产"土耳其"（环形经纱绒面）毛巾以及模仿马赛绗缝或提花垫纬凸纹布而制作的高质量马尔萨拉被褥等家居产品，而且使用废纱来生产白色毯子。长期以来，大多数非洲中部和南部地区的人们一直将这些毯子当作衣服来使用（他们将它们染成了红色）。在其他地方，带有环状图案的被罩本身也有着同样悠久的历史。西班牙早在 18 世纪 60 年代至 20 世纪 40 年代就开始制作这种带有小纬圈或较宽松剪裁和未剪裁的纬圈的康菲特斯（confites）。最初，人们使用大麻经纱来制作它们，有时会用蓝色羊毛圈而不是白色棉圈来进行装饰。只要是大量种植或进口棉花的地方，这些技艺以及类似的技艺就会出现。在美国，尤其是南部山区，人们手工制作这类割圈毛圈织物，直到这些"烛芯纱桌布"为机织版本所取代。

于是，人们在寻找白色或接近白色的织物时，棉布也成了备选物资。虽然纯白的棉铃现在是这种作物的象征，但许多品种以前产出的是彩色棉绒。因此，漂白工艺同样也非常耗时：18 世纪印度南部马德拉斯的文字记载描述了一次长达 6 个月的漂白过程，其中包括使用山羊粪清洗棕色的布料，在粥米制成的淀粉中煮沸三次，并用靛蓝来防止粥和布里出现红色和棕色斑点（现代洗衣粉中的蓝色颗粒来源于后者）。主要由葡萄牙人开辟并绘制的海上航线让人们能够更加方便地获得漂白材料、染料和棉花。1662 年，英格兰国王查理二世与葡萄牙布拉干萨王朝的凯瑟琳公主结婚，他们的婚姻对英国纺织业产生了深远的影响。凯瑟琳公主的巨额嫁妆包括转让葡萄牙在东印度群岛、孟买、丹吉尔和巴西的贸易权。因此，英格兰 18 世纪的全棉织物是用来自巴西以及英属和法属加勒比群岛的纱线制成的。

165　这是一间 1835 年左右的英国卧室，里面所有的白色织物，从平纹细布帐篷式床饰到床上的博尔顿床罩，全都由棉花作为原料制作而成。窗帘可能是亚麻布制的，但除此之外，这种纤维唯一确定的用途是用来制作针状或钩状炉前地毯的背衬。炉前地毯位于图片右侧，那块双面提花地毯的上面。

第八章　棉花和亚麻的重要性　1500 年至 1950 年

这些地方是三分之二非洲奴隶的目的地，是"三角贸易"的一部分。大约从 1518 年到 1819 年，英格兰将糖蜜（经过蒸馏之后可制成朗姆酒）、烟草、大麻和靛蓝等染料从新大陆运往欧洲，其中葡萄牙船只运送的货物占运载总量的近 40%。其他欧洲船只分别来自英国（18.5%）、西班牙（约 10%）和法国（9%）。尽管最近对这一复杂问题的研究表明，火药贸易导致了奴隶数量的显著增加，但那些主要源自印度的纺织品或大约 1780 年以后欧洲生产的仿制品，也因为这种三角贸易而来到了非洲西部。

奥斯曼巴尔干和黎凡特加大了生棉的供应量，因此欧洲的这些棉花产业变得越来越重要了。瑞士各州也参与了日益增长的全球贸易，其中既有阴暗的一面，也有善良的一面。17 世纪 90 年代，日内瓦接纳了胡格诺派难民，他们在那里建立了第一家印度印染工厂。随后，这一工艺通过纳沙泰尔（一个历史悠久的亚麻和丝绸制梭心蕾丝花边织造中心）、比尔（大约兴盛于 1745 年至 1880 年）和其他中心传播开来。所有这些中心都取得了成功，因为法国、英格兰和普鲁士通过禁止印花工艺来保护织布工人，但瑞士却没有一成不变（米卢斯直到 1798 年才属于法国）。1746 年，那里开设了第一家工厂，后来在法国的印染行业中占据了主导地位）。1785 年，位于科尔塔约的瑞士法布里克-纽夫（Fabrique-Neuve）工厂成为欧洲最大的印度产品生产商，其中一些被运往非洲，在当地用作易货商品。同时在瑞士东部，阿彭策尔和圣加仑同样因亚麻刺绣而闻名，阿彭策尔保留了其手缝传统，但使用棉线来对亚麻底布进行加工。相比之下，圣加仑在 19 世纪初首次尝试机械化棉纺工艺，实现了工业化（见第九章）。瑞士商人和企业家后来之所以能够取得巨大成功并具有强大的影响力，是因为棉花在其中起了最重要的作用。他们交易印度棉花、日本丝绸和西非可可，这些商品很少留在瑞士，但却创造了利润。例如，经营生棉的瑞士沃尔卡特（Volkart）公司（成立于 1851 年）很快就控制了印度出口欧洲的棉花总量的 10%；该公司总部设在温特图尔，这些物资从这里运往法国北部、意大利、比利时、德国鲁尔和瑞士其他地区的纺纱厂。

尽管其他地方也在创新，但直到 1820 年左右，印度次大陆仍然是世界上最大的奢侈成品棉纺织品生产国。这些棉纺织品由本国商人以及荷兰人、葡萄牙人，尤其是 1600 年后的英国人，销往世界各地。直到 18 世纪 80 年代，印度织物和其他地方生产的织物之间还有几个关键区别，即印度手纺纱的强度和细度更高。之所以会有这些品质，可能是因为印度人保留了纺锤。例如，孟加拉东部的达卡地区（该地区拥有得天独厚的棉花品种，其品质好于次大陆其他地方种植的棉花）在生产最受欢迎的平纹细布

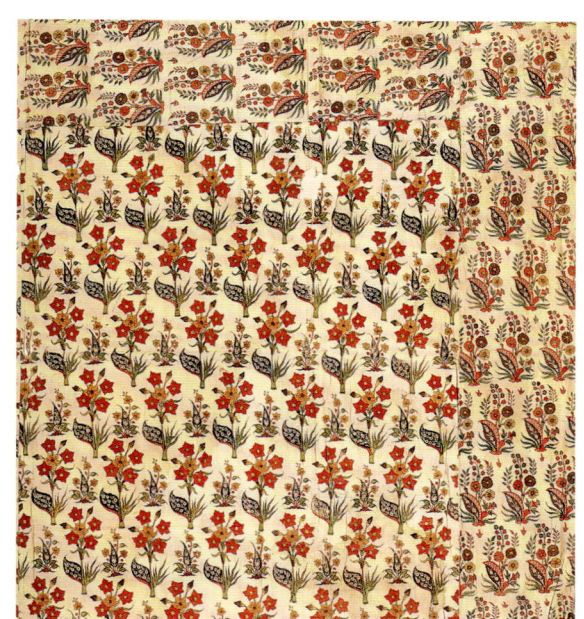

166 图中的大块碎片来自一块手工绘染的莫卧儿皇家夏季地毯（以前在斋浦尔附近的琥珀宫里），该地毯制作于大约公元1690年前。由于使用的磨损度和年代久远，有些地方已经变暗了。从中我们可以看到，棉布的白度如何增强或减弱了它上面的颜色。

时就使用了纺锤。除了英国高度扭曲的精梳毛纱外，欧洲纺纱工到16世纪为止几乎都普遍采用了两种纺车中的一种：大的用于不连续的韧皮纤维纺纱，小的用于连续的羊毛纺纱。而且，他们还无法生产出足够结实的棉纱来用作经纱。因此，他们的"棉布"实际上是亚麻经棉纬织物，除非他们使用了进口纱线或布料本身。例如，克里斯多夫·奥贝肯夫（Christophe Oberkampf）于1760年在法国创立的茹伊昂若萨印染厂从1767年开始偶尔使用印度棉布，从1776年至1796年一直使用印度棉布，而从1775年开始印染的葡萄牙印花棉布使用的则是巴西棉花。

从1700年至1820年，印度平纹细布织物及其纱线的市场需求量特别大。有了它们，人们才能制作最精美的抽拉线绣品，这些绣品被称为"德累斯顿作品"（德累斯顿作品是丹麦和德国北部的特产，它继承了波罗的海地区的传统，但通体呈白色，质地非常柔软，织补过程非常复杂）。这种布料的手感完全取决于纱线。这种纱线非常精细，因此在18世纪90年代，一段达卡"超细"平纹细布需要花费织布工头、织布工和熟练工六个月的时间才能生产出来。然而，当时用于白色刺绣的纱线主要纺制于英国。18世纪80年代早期，在一名意大利流亡工人的帮助下，爱丁堡地区建立起了

第八章 棉花和亚麻的重要性 1500年至1950年 205

苏格兰缝制平纹细布产业。在此过程中出现了转变。随后，该产业迅速向西扩展到艾尔郡。那里的人们使用当地生产的棉纱和布料来制作德累斯顿式作品和绷圈刺绣品，这些纺织品直到 19 世纪 60 年代仍很流行。

　　英格兰引入了机器纺纱工艺，这种创新促进了这些变化。1678 年，有人试着将多个纺锭组合在同一个纺织机中，这种已知最早的尝试在当年获得了专利，而人们在 18 世纪 30 年代将机械动力应用于单个纺轮。第一台基于大轮原理制造成功的手动多锭机器是詹姆斯·哈格里夫斯（James Hargreaves）的"珍妮机"（约 1764 年），但它纺出来的线很粗，而且不够结实，不能用来制作经纱。五年之内，人们开始将水力用于小轮式连续纺纱工艺〔理查德·阿克莱特（Richard Arkwright）的水力纺纱机〕，生产出足够结实的粗线来制作经纱。同时，纤维制备工艺也取得了过展。1779 年，塞缪尔·康普顿（Samuel Compton）整合了珍妮机和水力纺纱机（因此被命名为"骡机"，即走锭纺纱机）的多个方面，并为此申请了专利。骡机最终制出了又精细又结实的线。在大约十年的时间里，水力和蒸汽动力纺纱工艺慢慢普及起来，而机纺纱线随之销往全球各地，来到了所有手工编织者的手中。在英国，这些纱线彻底改变了手工针织行业，并对网眼

167　直到 18 世纪 90 年代，上好的印度手纺棉纱平纹细布为德累斯顿作品提供了基础。这件三角形披肩于 18 世纪初制作于丹麦北石勒苏益格。其中，人们通过数纱和绑纱结合或脱线等工艺制作出了十几种图案。

206　流光——世界纺织史

织物和花边的机器生产做出了重大贡献（见第九章）。1794 年，伊莱·惠特尼（Eli Whitney）用于去除棉籽的机械轧棉机获得了专利（不过，印度和中国在 12 世纪至 14 世纪就开始使用双辊轧棉机了）。随着人们开始采用机械轧棉机，北美作物大约在 1805 年变得重要起来。美国南部地区成了世界生棉出口的佼佼者，这种优势一直保持到 1937 年。因此，当地对奴隶劳工的依赖越来越强烈，1865 年工人获得自由后，生棉供给便进一步增加。

1775 年至 1780 年，约翰·伍尔默（John Woolmer）在英国用木模印花技艺制作了这幅图案，其精巧程度非常明显，因为底布是一块精致的全棉布，其中的经纱不是来自印度，就是英格兰"骡机"纺纱工艺的早期样品。图中的花纹来自法国人让·皮埃尔门特（Jean Pillement）（1719 年至 1808 年）的"中国风"版画。

尽管英国政府直到 1824 年才废除针对英国熟练工匠的移民禁令，但北美很快就掌握了棉纺技术。在四年之内，美国获得了环锭纺纱技术专利，产出了更结实但更粗的线。直到 20 世纪，这种线一直是北美纺纱产业的主要产品。1815 年，拿破仑战争宣告结束。此后直到 19 世纪 70 年代，中欧和西班牙才迎来真正的和平并实现工业化。这种情况让英国、美国和俄罗斯相继领先于世界，其中俄罗斯第一个成功的纺纱和织造厂，亚历山德罗夫斯克国家纺织厂，直到 1798 年才建立起来。在英格兰，埃德蒙·卡特赖特（Edmund Cartwright）在 18 世纪 80 年代末开始进行平纹布的动力织造实验，到 1820 年时仍处于完善阶段，但随着工厂纺纱工艺在世界各地的传播，这种实验也顺应了工厂纺纱的潮流。例如，到 1831 年，印度本地治里就有了一家法国赞助的工厂，不过从 1854 年至 1915 年，孟买出现了 80 多家工厂。从 19 世纪 50 年代开始，巴西出现了现代棉纺厂，雇佣了来自英国和美国的外来技术和企业家。到 1866 年时，英国的走锭纺纱机在日本投入使用，到 19 世纪 90 年代，中国开设了不少工业化棉纺厂，其中一些是英国和日本投资兴办的。

机器精纺棉的大量出现第一个世纪同时也见证了离机技术的复兴，这并非巧合。花边、穗带、线带和流苏的专业制造商很快采用了棉花，在这个过程中，这些物品的销路越来越宽。从 19 世纪 20 年代开始，在越来越多的"女性"书籍和杂志（以及后来由纱线公司自己印刷的小册子）的帮助下，熟练的业余手工业者将钩针、梭织、编结、织网和针织等技艺应用到了极致。这些技艺通常依赖于棉花，不过人们也使用羊毛等其他纤维，尤其将它用于制作针织保暖产品。然而，亚麻并没有主导这一趋势，曾经亚麻这一词语含义丰富，但现在只剩下"线"这一层了。直到 20 世

168　1775年至1780年，约翰·伍尔默（John Woolmer）在英国用木模印花技艺制作了这幅图案，其精巧程度非常明显，因为底布是一块精致的全棉布。其中的经纱要么来自印度，要么是英格兰"骡机"纺纱工艺的早期样品。图中的花纹来自法国人让·皮埃尔门特（Jean Pillement）（1719年至1808年）的"中国风"版画。

纪初，以及后来在一些地区，它专指亚麻线：棉线被称为"cottons"，以区分两者。

　　棉花取代了亚麻，一方面是由于棉花的新颖且便于获取，另一方面也是由于亚麻纺纱和织造的机械化非常困难。大麻和亚麻都不如棉花有弹性，在早期机器纺纱工艺的张力下会出现断裂的情况。直到1850年左右，19世纪20年代首次尝试的湿法纺纱才取得了足够的成功，从而为亚麻床单和衬衫的动力织造提供了保证。奢侈亚麻制品的手织法幸存了下来，但许多以前富裕的亚麻制品织工却陷入了贫困状态（手工纺纱从来都不赚钱，而且将亚麻和大麻纤维破坏之后用来织造粗麻布已经成为济贫院和囚犯的工作了）。许多以前用手纺亚麻经纱制成的织物现在改用机纺棉制经纱来制作了。这些织物包括所有以前的亚麻／棉组合产品，如丁尼布和斜纹棉布等纬起绒布。因此，后者变成了一种比以前更薄的全棉布料，可能是这种更加松弛的经营管理导致了英国和美国业余绒线刺绣行业的衰落。在这个行业中，自1560年左右引入白色斜纹棉布以来，上面就一直绣着松捻精纺纱线，而且这些纱线染成了鲜艳的颜色。

绒线刺绣通常由专业人士在家中绘制大型的东方化图案，然后通过刺绣制作而成。它因其精纺纱线或松捻双股细绒线而得名。这件床帷于 1675 年至 1700 年制作于英国。这种床帷的底布通常是亚麻经、棉纬的斜纹棉布。到 19 世纪中期，这一术语用于指代全棉斜纹布。

随着棉布的崛起，许多亚麻和丝绸、羊毛或精纺毛料的组合织物退出了历史舞台，其中最受欢迎的是整布被褥，一种亚麻毛织品（它的亚麻经纱是以林德赛命名的。林德赛是东安格利亚的一个"新式装饰织物"小镇，那里的精纺毛料，本案中用作纬纱是该地区的特产）。带有醒目花纹的手织床罩也不再使用亚麻布了，这些花纹使用白色经纱衬着染色的羊毛纬纱制作而成。它们在北美被称为"浮纬花纹""冬暖夏凉"和"双层组织"，而它们的制作工艺来自荷兰、英格兰、德国、斯堪的纳维亚和苏格兰移民，这些人最初也织造全亚麻布料。到 19 世纪 30 年代，东部地区出现了昂贵的提花机织，这时只有偏远地区还在为流动织工提供手织亚麻纱线了。更通俗地说，直到那些组合织物制造业在 19 世纪 70 年代走向衰落时，只有那些图案还代表着这些逐渐消失的亚麻布织造传统了。

亚麻布走进了幕后。到 19 世纪 30 年代，人们提议将亚麻布用于制作（印花棉布制成的）"工作服"的内衬，因为它与印花棉布不同，洗涤时不会收缩，因此有助于保持服装的形状。同样，丝绸、美利奴呢绒和羊毛紧

169　到 19 世纪 90 年代，中国已经有了棉纺厂。那时，这件儿童"家居"马甲使用平纹染色棉布制作而成。上面的装饰品则采用丝线直针绣和填充绣，以及平铺和贴线缝绣的镀金线绣制而成。

第八章　棉花和亚麻的重要性　1500 年至 1950 年　　209

170 绒线刺绣通常由专业人士在家中绘制大型的东方化图案，然后通过刺绣制作而成。它因其精纺纱线或松捻双股细绒线而得名。这件床帷于1675年至1700年制作于英国。这种床帷的底布通常是亚麻经、棉纬的斜纹棉布。到19世纪中期，这一术语用于指代全棉斜纹布。

身上衣的内衬也使用亚麻布来制作，以防止这些花哨织物（由更富弹性的纤维制成）在穿着时因拉伸而变形。出于同样的原因，亚麻和大麻，到19世纪30年代，还有黄麻，在平织地毯的经线中非常常见，人们将它们用作绒面地毯的整个底布和油毡（出品于1861年）的背衬。所有的被单都有与北美制造床单相同的"亚麻"图案。"帐篷"是以前的一个术语，指代那些使用数纱绣技艺制作而成的亚麻制品，因此才会有指代斜针绣的"帐篷针法"和指代绣花架的"帐篷"这些术语。只有在帐篷被厚重且快速缝制的精纺"柏林作品（毛线刺绣品）"掩盖时，人们才会继续使用这一术语。有时候，人们也会将绳绒线、丝线和串珠制成柏林作品。对缝纫业而言，"线"比"棉"要耐用得多：因此，人们需要用线来装订书籍、缝合亚麻布或皮革；如果织物很重，还需要给"线"打蜡以增加强度，而乡下人的工作服、围裙和其他实用外套就采用了这种方法。棉花甚至以轻质帆布的形式侵入了这一领域（帆布因印度大麻而得名，所以它最初还是"大麻"制品）。

在19世纪晚期的中国，人们一直以来非常欣赏朴素、结实的大麻和亚麻布料的耐用性和含蓄美，所以才对机器纺棉的兴起产生了某种形式的抵制。偶尔，这些和其他耐寒的纤维植物被纳入19世纪40年代至20世纪30年代发起的众多项目中，这些项目将纺织品引入（或重新引入）农村经济，

171，172　这里的两件被罩代表了欧洲和北美的亚麻织造传统，其中一件是亚麻毛织布，辅之以染色的羊毛纬线，大约于 1810 年在瑞典斯莫兰的一台多综片织机上织造而成（左）。另一件用未染色的亚麻布和染成蓝色的羊毛织成。1830 年，一名流动提花机织工为一个名叫海丝特·珀迪（Hester Purdy）的人所制。1825 年，这名织工很可能在印第安纳州拉斐特织了一个几乎相同的版本（只在文字方面有所不同）。

以缓和工业化和殖民地化造成的不公正后果。1825 年左右，葡萄牙亚速尔群岛引入了世纪植物金边龙舌兰，这是一个早期的例证。这种植物的芦荟纤维为一种名为"亚速尔花边"的精致针织物提供了原料。然而，尽管大多数此类尝试，例如地毯编织、绗缝和花边制作，都是基于非常适合韧皮纤维的结构，但棉花的使用更为普遍了。在西方国家，只有那些 19 世纪末和 20 世纪初工艺美术运动的追随者们有意识地复兴了韧皮纤维布料，因为他们更喜欢这些纤维的自然色调。这些举措以及种植大麻的便利性使得韧皮纤维作物保留了下来。现在，中国、加拿大、俄罗斯、印度和欧洲等其他地方还在种植这些作物，主要是为了获得可食用的种子、油、纤维和麻醉品，但在欧洲，这些作物主要用于造纸。

漂白也是其中一个问题。1800 年左右，人们引入了粉末状氯和石灰漂

第八章　棉花和亚麻的重要性　1500年至1950年

白剂，因此，漂白棉花所需的时间缩短到了几天，但漂白亚麻仍然需要几周的时间，因为它仍然需要进行日光漂白（铺设或"草地暴晒"）。这种更为有效的漂白剂对染色图案也有重要的影响。人们很快就可以在棉花上进行拔染印花了，不仅价格合理，而且非常精致。"青金石风格"将媒染剂与漂白膏结合在一起，因此可以完美地将一种颜色转换为另一种颜色：例如，在拔染而成的靛蓝底布上出现一个茜草红点。漂白过的布可以让干染和浸染的颜色更加鲜明透亮，而且它对媒染染料和拔染土耳其红非常重要，因此，直到 20 世纪 50 年代，最有效的配方被称为"茜草漂白剂"。 以前的烧碱溶液现在的用途不一样了。1844 年，约翰·默瑟（John Mercer）获得了丝光技术的专利，但直到 19 世纪 90 年代才改良成现在的配方。丝光技术使用这种碱来对处于紧绷状态的棉纱和布料进行处理，然后再进行中和酸浴。因此，纤维会永久膨胀，变得更容易吸收染料，也更有光泽。

到 19 世纪中期，英国成了向世界各地市场提供高质量染色和印花棉布和纱线的主要供应商（直到 20 世纪 50 年代，英国仍在其中一些市场占据主导地位）。例如，南太平洋诸岛的白色和靛蓝或白色和猩红相间的长方形大花布就是在曼彻斯特地区设计和制造的。大约在 1850 年以后，美国开

173　1824 年至 1840 年的柏林皇室内部的奢侈品中，有许多亚麻和大麻"隐蔽性"用途的例子：家居装饰品下面的布料、绒面地毯的底布，以及 在"柏林作品"中恰当地绣有装饰品和衬垫的"帐篷"（1804 年，人们发行了一些印刷图表，它们可用来制作精纺数纱绣品。这些图表来自柏林，而"柏林作品"正是以此命名）。

212　流光——世界纺织史

174 虽然名字叫亚速尔花边，但却是针织而成的。当时，人们发明了椅套，并将桌巾创造性地用作装饰垫，亚速尔花边是19世纪的一件新事物。然而，特别之处在于，它并非使用棉线而是使用芦荟纤维纱线制作而成。

始出口棉花，其中许多出口到了拉丁美洲。在南北战争期间，各地争相购买和生产棉花，竞争非常激烈，由此导致了19世纪60年代的"棉花短缺"。这种情况在世界范围内造成了严重后果。19世纪60年代，印度、下埃及、安纳托利亚西部、墨西哥、秘鲁和中国的棉花出口量急剧增加，而阿根廷、外高加索、中亚和非洲西部则扩大了棉花种植面积。铁路的发展也是如此：货物流通的速度加快了，但农村生产者却享受不到铁路带来的便利，这种情况进一步巩固了机器制造产品的主导地位。因此，特别是印度次大陆和中亚地区的手工编织技艺和木模印花工艺濒临灭绝。印度次大陆成了英国纺织品的净进口国，而中亚则依赖于俄罗斯纺织品。两者都沦为生棉供应地，专为纺织品制造国提供原料。但由于当时社会环境危机四伏，使人们流离失所，印度的手工纺纱业开始衰落。正因为有国内市场的支撑，加上手纺纱制成的棉布在国外仍然享有质量好和耐用性强的口碑，这一行业才得以苟延残喘。20世纪20年代以后，只有手工艺规模化生产这种模式幸存下来了。类似的情况也出现在各地的本土手工生产中。尽管如此，印度织工还是靠生产粗纺棉和韧皮纤维制品生存了下来，而且从1867年开始，生产力也有所提高。1950年，印度和巴基斯坦仍有300多万台手工织布机。

在从亚麻布向棉布转变的复杂趋势中，后者成了全民布料。然而，有两件意想不到的事情发生了。一件与营销策略有关：棉布容易磨损，因此它可能是第一个拥有先天性有效期的制成品。另一件是关于消费和对棉花的物理和美学局限性的反应，除了长方形印花布等织物外，面向非洲西部的蜡染布或其他特定文化的印花布不是染成了纯色，就是漂白成了亮白色。

第八章　棉花和亚麻的重要性　1500年至1950年　213

175　1806年至1817年，英格兰兰开夏郡乔纳森·皮尔（Jonathan Peel）的教堂银行印染厂出版了一本书，书中有很多滚筒印花棉的样品。这些样品中包括许多拔染印花的例子。这种工艺在黑色或红色的底布上出现小的白色图案的地方表现得尤为明显。

其中，越来越多的布料上都布满了很多非常小的花纹（这是机器印花工的强项）。因此，棉布拥有相对较低的耐磨性和"平整度"，这些特点促使世界各地的人们选择用它来完成嵌花、拼布和绗缝等工艺。尤其是绗缝，大大提高了成品的强度。人们生产了很多不知名的棉布和纱线，但正因为有了这些创造性的技艺，它们才被制成了各种有名有姓的产品。这些技艺仍然以家庭生产为特色，制作出了各种织物：包括圣布拉斯特区的传统手工镂空织物莫拉（molas）、拉贾斯坦的拼布织物拉利（ralli）、中南半岛的反向嵌花（前两种也是这样）、埃及的嵌花帐篷帘布或孟加拉国（坎塔）和北美洲截然不同的拼缝被褥。

对于纺织业来说，19世纪60年代的棉花短缺激发了更多的创造性思维，产生了更多从废料中纺出的纱线，新品种的混合纤维布料，以及更多人尝试制造"人造"纱线。在这些尝试中，最成功的是根据1892年的一项英国专利创立了粘胶纤维工艺。粘胶纤维（人造丝）由木浆或棉绒中的纤维素、烧碱和酸混合而成的。到1905年，它可用于制造玻璃纸和连续长丝纱线的商业化生产了。到20世纪20年代和30年代，粘胶纤维工艺为各种

214　流光——世界纺织史

产品提供了一系列量身定制的纤维,从服装到轮胎内的加固绳。虽然它一度被称为"刺绣丝线",而且化学性质与棉花相同,但除了在生产过程中使用有害的二硫化碳外,粘胶纤维的光泽、优越的强度和各种最终用途更符合韧皮纤维的特点。此外,到 1950 年,粘胶纤维比棉花便宜得多。棉花的统治地位最终被一种类似亚麻和大麻的再生纤维所终结,这看起来颇具讽刺意味。

176 1900 年至 1920 年,印度比哈尔北部可以制作这种刺绣嵌花挂毯了,但当地无法织造其中含有的全棉成分。相反,机织布无疑来自英国,而线可能来自几个欧洲国家、地区或公司,其中重要的是 DMC 公司 [多尔夫兹－米格(Dollfus-Mieg & Compagnie)]。这家公司位于法德边境且历史悠久,至今仍以其棉线和与 19 世纪刺绣师泰蕾兹·德·迪尔蒙特(Thérèse de Dillmont)的联系而闻名。

第八章 棉花和亚麻的重要性 1500年至1950年

177 自19世纪以来，圣布拉斯群岛（巴拿马加勒比海海岸附近）的库纳印第安妇女就已经完全采用素染机织棉布来制作彩色莫拉了。老挝的白苗族人也制作了一种类似的反向嵌花。

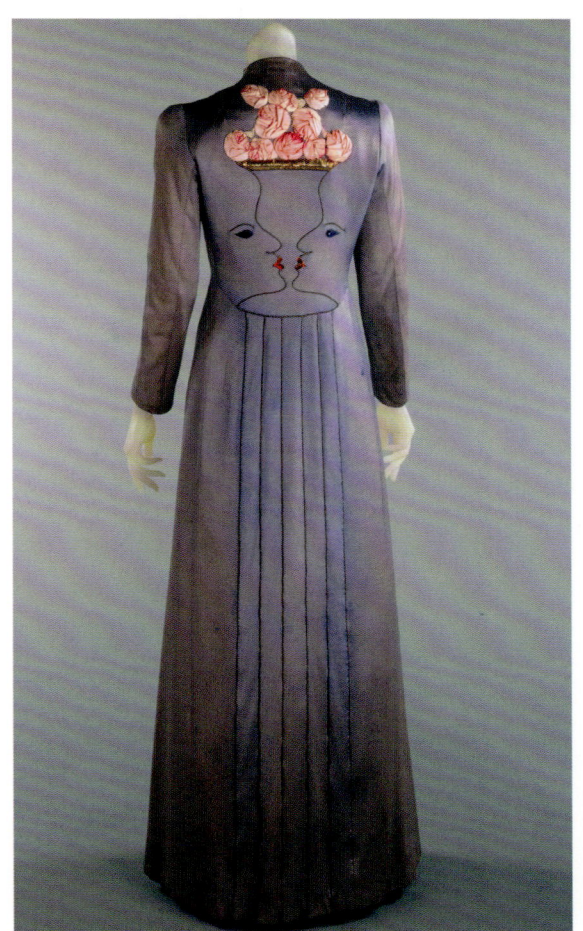

178 这件女士晚礼服是艾尔莎·夏帕瑞丽（Elsa Schiaparelli）1937年秋季系列的一部分。它是一件粘胶纤维针织衫，是艾尔莎打造的时尚面料。特里斯坦和伊索德的图像是她与让·科克托（Jean Cocteau）合作创作的，然后由巴黎莱萨基（Lesage）工坊用丝线和镀金金属线绣制而成。1969年，夏帕瑞丽亲自将这件珍贵的衣服捐赠给了费城艺术博物馆。

第八章 棉花和亚麻的重要性 1500年至1950年　　217

第九章

新技术与纤维
1600年至今

1600年以来，人们转让了许多纺织机械方面的专利，或者发明了许多新染料和纤维的配方。如果对它们逐一进行解说，内容都可以写成好几本书了。况且，还有许多从未获得专利的发明。它们之所以未能获得专利，是因为这些固定期限的垄断权（在1600年仍是一个新概念）只针对与现有技术具备本质区别的发明。这两个类别都包括补偏救弊、或昙花一现，逐渐被其他工艺所取代。有些概念一直处于休眠状态，直到其他进展让它们的应用成为现实。它们的问世和发明者在少数情况下已经广为人知，但事实上，大多数发明，即使是其中最著名的发明，都是许多人长期改进的结果，而且往往在二三十年后才得到一定程度的应用（特别是在受到专利限制的情况下）。此外，这些发明之所以得以传播，是因为得到了进一步的改进。因此，几十年过去了，而新概念在各个地区或专业领域不断涌现。然而，如果人们普遍接受了这些新概念，那么纺织品生产的特征就会发生变化，而且纺织品生产以前与特定纤维或技术的区域联系也会改变。尤其值得注意的是，在1600年后欧洲和后来的北美地区工业化突飞猛进，启蒙运动以回归理性为终极目标，引起了实践经验和科学理论之间的联系，这才推动了工业化进程。直到19世纪下半叶，各种高速生产技术的知识才开始传播，并最终在20世纪中后期传入大多数国家。创新随之而来：例如，20世纪70年代，日本开发了新的纺纱技术，使微纤维比人的头发还要细。

　　如前所述，机器纺纱的引入导致了棉花产业的转型。机器纺纱对世界各地的社会、经济和政治平衡产生了影响，同时，人们对其质量的期望也发生了变化，而且即使那些与世隔绝的民族最终也开始消费相关产品，如纱线、布料或成衣。相比之下，丝绸仍然是一种高档纤维。尽管如此，丝绸拥有的崇高地位——因而可能导致更高的利润率，这推动了许多关键的技术和组织发展，为棉花产业的发展提供了借鉴意义，指明了方向。哪座城市能够制造出足够结实的经线，哪里就能成为重要的棉布（和所有织

179 这些年纺织技术方面的许多进步都源于科学研究和军事发展的需要。其中，要求最高的终端用途当属宇航服。以最近的一件缝有软管并装有水冷设备的衣服为例，这件衣服上面还铺着尼龙和织物通风管道。外层的宇航服可能有 16 层，由带有氯丁橡胶涂层的尼龙制成。镀铝的密拉上有一层名为卡普顿的无纺布聚酯纤维，用于热防护；最外面是两层用铁氟龙涂层细丝织造而成的阻燃布。

物）织造中心。丝绸也是如此，1600 年欧洲的丝绸生产不是集中在意大利，就是依赖于意大利提供的经丝（人们将用来制作经线的优质硬捻丝线成为经丝）。

在接下来的 17 世纪里，意大利一直是丝绸加工和织造技术创新的源头。1607 年，宗卡（Zonca）在《新机器剧院》(Novo Teatro di Machine) 上发表了意大利丝线生产的机制。虽然在 1620 年和 1686 年又出版了几个版本，但该机制的传播在很大程度上依赖于亲身经历。例如，1718 年托马斯·隆贝（Thomas Lombe）将水力捻丝机应用在他的德比工厂（世界上第一个完全机械化的工厂）。当时，这些机器由隆贝的兄弟约翰从皮埃蒙特带来的意大利工人负责监管。

丝绸无疑是最早采用凹版印花方法的布料。1425 年至 1450 年期间，德国（当时为神圣罗马帝国）和意大利大力发展了用于纸上印花的铜板雕刻技术。1500 年以后，酸化蚀刻技术出现了，这是一种在蜡防染剂上用针来作画的技术，它从一种装饰武器和盔甲的方法发展而来，后来又出现了金属版印刷法和凹版腐蚀制版法等。前者的工作原理是去除刻好带有纹理的底面（在概念上与拔染非常相似），而后者则通过洒上树脂来抗酸，所有这些都统称为凹版技术。在使用这些技术时，着色剂需保持在印版表面以下。人们很少探索纸品印刷术和纺织品印花术之间的联系，但实际上它们有很多相似

第九章　新技术与纤维　1600 年至今　　221

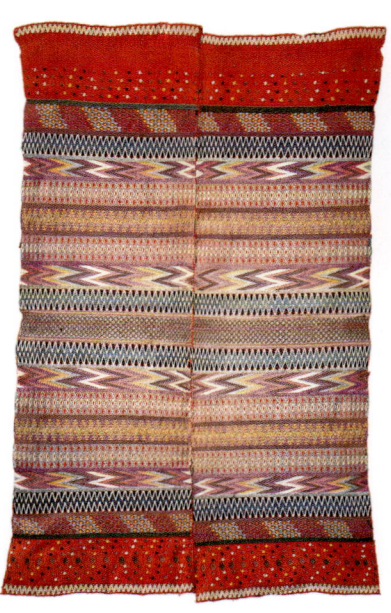

180　左图。这件危地马拉手织连衣裙可以追溯到19世纪。当时纺织品生产的全球化使其制作成为可能。它的底布是棉布，棉布在拉丁美洲曾是一种奢侈纤维。而拎织图案则由丝绸制成。直到18世纪捻丝技术传播开来时，美洲才开始大量使用丝绸。

181　右图。这种西塞莱丝绒的使用寿命取决于经丝（垂直经线）的结实程度。1600年，欧洲只有意大利才能制造这种经线。意大利也是金属线的重要来源，我们从连续纬纱制成的环形图案中可以看出，将丝芯包裹起来就可以形成金属线。

的功能，比如可以携带图像和信息。在布上印刷的刺绣指南、在纸上印刷的用来制作编织图形的网格和印好的期票，都与这两种印刷技术之间的联系有关。从期票中衍生出了银行票据，现在人们将这些票据视为金属铸币的替代品。不过，这种票据仍然主要印制在注了明胶的棉纸上，而且棉纸有时与亚麻、马尼拉麻或类似纤维混合在一起，所以这种票据是一种现代形式的"布币"〔早在614年，人们就开始用一种名为三桠的日本植物来造纸，所以它还有另外一个名字"结香"（意为"东方纸灌木"）；在中国，早期的钞票是由桑树皮制成的，而桑树皮也广泛用于纺织品生产〕。这两种主要类型的印刷机本质上是螺旋式亚麻印刷机或轧布机的变体，它们在紧密放置的滚筒之间拉伸布料。后者将印版和湿布压在一起，这种类型的机器常用来给丝绸印花。考虑到意大利在欧洲丝绸加工领域的领先地位，这种机器可能起源于意大利。科学家在日耳曼地区发现了一些以这种方式印花的早期丝绸样品（这些地区是中世纪以来冷雕版印花的重要产地，它们通常模仿拜占庭和意大利丝绸用金或银在丝绸上印花）。例如，约1501年，阿尔布雷希特·丢勒（Albrecht Dürer）制作了一幅名为《圣尤斯塔斯》（St Eustace）的铜版画，它的几份副本以丝质缎面印痕的形式保存了将近一个世纪。到17世纪，伦敦确实已经开始使用滚筒印刷机给丝绸印花了。据传，伦敦所有的印染工最初都是丝绸印花工，关键的区别在于，到17世纪晚期，伦敦和几个欧洲大陆的织造中心都使用印度式媒染染料来给成段的棉布或"混纺布料"（亚麻和棉花）进行雕版印花，而同一时期只有大块的版印丝绸幸存下来了。直到19世纪初，许多丝绸都遭遇了过度刺绣。

浸渍或冷染雕版印刷成功的关键是用黏胶使着色剂变稠，让它黏附在印版上，以便转移到布料上。阿拉伯树胶（取自阿拉伯胶树）是最好的增稠剂。到16世纪，人们从非洲撒哈拉的西南角进口阿拉伯树胶，而从17世纪末到19世纪70年代，它一直是毛里塔尼亚和塞内加尔出口到欧洲的

182 凹版印刷方法将着色剂放进刻出的凹陷处，而不是像雕版印刷那样放在表面上。1667至1727年期间，J. 克鲁尔（Cluer）在伦敦使用铜版印花技术制作了这条丝帕。上面印的是文策斯劳斯·霍拉（Wenceslaus Hollar ）(1607年至1677年）的一些图像。霍拉出生于布拉格，在法兰克福接受教育，1636年后不久定居伦敦，他是一名雕刻家和水彩画家。

第九章　新技术与纤维　1600年至今

最重要的贸易商品（在那里，人们首选的货币和信贷媒介是几内亚布，这是一种染成靛蓝色的印度棉布，从本地治里经法国运到西非，与奴隶贸易的其他商品一样，几内亚布此后一直是一种有价值的商品，这种状态一直持续到 20 世纪）。尽管法国人在 1811 年发现了一种名为糊精的替代性碳水化合物，但直到 20 世纪 30 年代，纺织工业仍在继续使用塞内加尔树胶。纸张印刷工非常熟悉染料物质油墨，同样也很了解这类黏性物质。那些版印丝绸的人和那些版印成段植物纤维织物的人之间是否存在着直接联系，这一点还有待证实，但 1676 年在伦敦申请媒染剂雕版印花专利的威廉·舍温（William Sherwin）似乎与在伦敦版印丝绸的威廉·舍温是同一个人。此外，仅存的几张 17 世纪晚期的版印墙纸与后来版印亚麻、棉花和混纺布上的花纹和重复图案有着惊人的相似之处。弗朗西斯·尼克讼（Francis Nixon）于 1752 年在爱尔兰印刷了一些墙纸，并于四年后将它们带到了伦敦郊区。目前，科学家只找到了这方面史料记载，这类先例和 18 世纪中期那些样品中复杂的交叉镶边重复图案，表明它在当时是一种熟练的工艺，而不是一种全新的工艺。当奥贝肯夫于 1770 年采用这种技术时，瑞士和塞夫尔等法国城镇也采用了这种工艺。在法语中，这种技术被称为茹伊印花（toile de Jouy）。[法国人把这种技术称为爱尔兰印花（toile d'Irelande），这也承认了它们的来源。不过，这种技术和其他手工印花方法的专业知识更多地来自英格兰、德国、荷兰、苏格兰和瑞士]。北美也出现过铜版印花工艺，印度可能也出现过。后来，铜板印刷逐渐被滚筒印花所取代，但人们继续使用铜版印刷了一个世纪，特别是将它用于印刷纪念物品，尤其是用在丝绸上。

到 1785 年，苏格兰人约瑟夫·贝尔（Joseph Bell）发明的机械化滚筒印花技术，经过曼彻斯特人亚当·帕金森（Adam Parkinson）改进之后，在英格兰兰开夏郡投入使用。与此同时，科尔马和威瑟林（两者都位于今法国东部）也有机器印刷的记载。许多早期的滚筒很可能是由插入了金属楔的木头制成的，木制印花版上也已经插入了金属楔用来添加细节。起初，滚筒印花像平板印花一样，只能印出一种颜色，而通过雕版或手工可以添加额外的颜色。到 1815 年，进行了许多改进和变化，可以实现双色印花。这些改进包括刻好的铜辊，将铜辊与木（表面）辊相结合的机械装置，以及使用不连续雕版的机械化印花形式（波若丁印花机）。1808 年左右，曼彻斯特的约瑟夫·洛基特（Joseph Lockett）引入了"缩绒和染色"雕刻工艺。这是一种非常重要的创新，也标志着印钞技术的重大进步。在这种技艺中，一个带有凹凸图案的钢筒绕着一个铜辊转动几圈，在几天内就能

183 右图。这是让－巴蒂斯特·休伊特［(Jean-Baptiste Huet)(1745年至1811年)］受奥贝肯夫委托而制作的第一个茹伊花纹。借此花纹，奥贝肯夫庆祝自己的茹伊昂若萨工厂在1783年至1784年期间得到了皇室的支持。该花纹通过铜版印花工艺印制在进口的印度棉花上。从中我们可以看出印花工艺的各个环节，从上到下依次为："草地暴晒"（铺布以便将其漂白）、雕版印刷以及版印本身。

184 右图。德国（当时为神圣罗马帝国）在纸上印花方面取得了重大进展，该地区因此成为纺织品印花专业知识的重要来源。这是一块1675年至1700年间制作的雕版印花亚麻布。从中我们可以看出雕刻家的技艺，其花边样的图案中体现了德国样品册更为广泛的影响。

印出以前需要几个月手工完成的复杂小图案。洛基特被认为是英国最重要的纺织雕刻公司，它实施了其他改进措施，并具有全球影响力，在接下来的二十年里，雕刻辊的方法得到了改进，并引入了第三种颜色辊。

　　制作书籍、大幅报纸、墙纸和纺织品的印刷机之间具有非常密切的相似之处，而且它们共用许多图案，尤其是后两者之间。在19世纪40年代到20世纪50年代之间，人们在布料上尝试了平版印刷和油毡雕版印花等

第九章　新技术与纤维　1600年至今　　225

方法（还是重点在丝绸），而更快、更复杂的雕刻铜辊印花机则在纺织品印花领域占据了主导地位。起初，人们之所以大量推广手工雕版印花工艺，是因为它能在单色机器印花布料上增加更多色调。在第二次世界大战之前，手工雕版一直得到了相当普遍的应用。雕版印花工艺对于印刷有质感和高质量的布料而言尤其重要。直到 20 世纪手工丝网印花工艺的出现，雕版印花这一行业才真正受到了威胁。现在，它仍然是一种技术含量很高的手艺，流传于印度和泰国专业人士中。泰国使用历史悠久的英国木板来制作相关的模板。此外，它的生产规模很小，对各地的居家印花工有很大的吸引力。

19 世纪 60 年代，日本重新对外开放。这让人们对模板印刷（型纸）的艺术潜力产生了更大的兴趣，还可能对太平洋岛民产生了影响，因为他们在这一时期采用了塔帕型版印花工艺。然而，与之有关的丝网印花工艺体现了西方历史悠久的型版印花技术与另外两项进展的融合，分别是：从 19 世纪 70 年代开始对更多合成染料进行的分离实验，和 19 世纪 70 年代和 80 年代针对速记员、标识制作员和产品贴标员的一些发明。这些发明包括 A.B. 迪克（Dick）和大卫·基士得耶（David Gestetner）的专利。他们分别在美国和英国创立了以自己名字命名的复印机公司（迪克还使用了托马斯·爱迪生的专利）。纺织品手工丝网印花工艺的前身可以追溯到 1887 年，美国密歇根州的查尔斯·纳尔逊·琼斯（Charles Nelson Jones）获得了专利。密歇根州是美国粮食的核心产区。现在这种工艺使用一个绷有薄布（最初是丝绸）的画框来进行操作，并且该画框同时支撑着一种阻隔物质，避免串色。在纺织品领域，该工艺最早似乎长期用于给面粉袋印制图案。关于它后来的发展，由于史料甚少难以了解。只知道荷兰人贡献了他们悠久的清花工艺，以及几个国家在 1894 年至 1910 年期间获得了喷绘或干法染色纺织品的专利。制作这种纺织品时需要使用手工定位的丝网或连续不断的型版，后者是出生于西班牙但生活于威尼斯的马里亚诺·福图尼（Mariano Fortuny）申请的 22 项专利之一。从 1915 年开始，人们使用一项 1907 年的英国专利技术来大规模地印刷美国国旗，这证实了该技术的商业可行性；不久之后，又有几项专利改进了图像制作和色彩传递系统，后者包括橡胶刮浆板。

丝网印花比雕版印花便宜得多，因此，它终于在 20 世纪 30 年代成了手工印花的主流；到 20 世纪 50 年代，半自动和全自动机器已经非常普遍了。后来，又出现了一种"跨学科"技术，被称为"胶印""转印"或"转移印花"，这种技术类似于制陶和造纸中的热传导方法。到 20 世纪 70 年代，这种转移印花技术和轮转丝网印花技术是唯一在产量方面继续显著扩大的

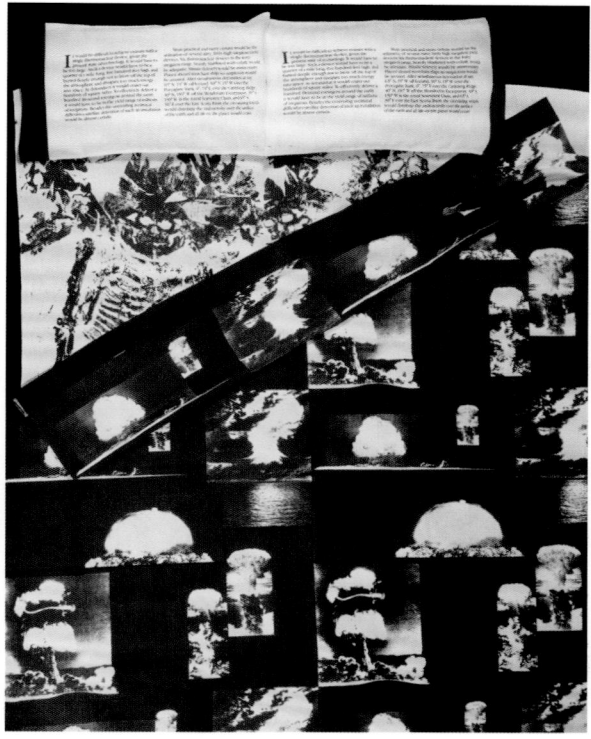

185 左上图。1910 年，出生于西班牙的马里亚诺·福图尼（1871 年至 1949 年，从 1889 年开始活跃于威尼斯）获得了一种连续型版印刷机的专利。这种印刷机带有一个丝网和为了逼真而制作的障碍层。这件制作于 1929 年至 1930 年的丝绒长袍采用金属颜料模印而成。

186 右上图。印花床单和毛巾是 20 世纪 60 年代的一项创新。它们的出现应归功于宽达 3 米的丝网印刷机、树脂粘合颜料和更为先进的照相凸版印刷技术。美国艺术家罗伯特·莫里斯（Robert Morris，1931 年至 2018 年）的作品《不安的睡眠者／原子裹尸布》（Restless Sleeper/Atomic Shroud）是对消费激增的讽刺性回应。该作品于 1981 年在纺织品工坊（1977 年成立于美国费城）通过手工丝网印花工艺制作而成。

印花布或机织布形式。大约从 1990 年开始，数码印刷提供了一种直接印花的备选方案，虽然它目前仅生产全球 5% 的印花纺织品（包括泰国的经纱伊卡特），但其低成本、高精度和环保特性（印刷周期有望缩短，以及油墨、电和水的消耗减少）预计将大大增加其使用频率和范围。

机器针织与编织和印花有很大的不同，它是 20 世纪发展最快的行业。

第九章 新技术与纤维 1600 年至今 227

187 绞染虽然消耗时间，但安娜·丽莎·赫德斯特伦（Ana Lisa Hedstrom）掌握了这门技术。2001 年，她利用该技术创作出自己的第二件"数字分层外套"。它由分层聚酯纤维透明硬纱制作而成，并通过一台大型染料热升华打印机将扫描的岚绞（一种绕杆防染技术）样品打印出来，而该打印机利用热量将染料转移到原料上。

在这段时间里，机器针织风靡全球，得到了广泛的应用。据估计，现在人们穿的衣服中至少有五分之一是针织而成。此外，自 1600 年以来，针织技术的发展给纺织品和服装带来了最显著和最根本的变化。我们可以通过这些细节来了解它复杂的历史：1589 年，威廉·李（William Lee）发明了一台手控机器来针织粗毛长袜；起初，粗毛长袜在伦敦销量不佳，他很失望，并迅速调整,开始织造丝绸。后来,他在英格兰未能获得专利,并于17世纪初先后移居鲁昂和巴黎;在他死后,他的兄弟詹姆斯回到伦敦并直到17世纪20年代,和李的一个学徒(他其间改进了这台纺织机)在英格兰中部的诺丁汉郡取得了成功。该地区后来在针织袜生产方面占据了主导地位,这些针织袜使用精纺棉制作而成。1730年后,精纺棉先是用来自印度的棉花,后来也使用了英国本地棉花。伦敦的机器针织工专门生产丝绸。尽管意大利和荷兰也曾尝试建立丝绸机器针织家庭工业,但很久以后,英格兰中部地区才有了真正的竞争对手,倒钩针是这台机器的关键部件之一,每个线圈都有一根倒钩针。手动操作的"手指"同时将一段连续的纱线推入线圈,此时再移走前一段纱线,从而形成一排线圈。在任何情况下,最终制成的布料都是平整的,而且制作完成时就已经成形了。

到1700年,人们通过在相邻的针上移动线圈来制作简单的中空图案。从18世纪中期开始,人们在白色针织品上制作了许多更加奇特的花纹(hosiery这个词后来包括长袜以外的服装,泛指针织品)。在接下来的150年里,无数的专利、改进和衍生品接踵而至。那时,动力机器开始出现了,既有针织横机,也有用于制作更粗糙更廉价织物的圆形针织机。1847年,英国发明了一种自动化程度更高的舌针针织机,这种机器和圆形(圆形纬编)针织机在北美和德国颇受青睐。为了制作高级成衣,英国保留了原来的方法,工业化进程非常缓慢。这种方法主要采用旋转驱动的针织横机来同时编织几件衣服。人们将这种针织横机称为(威廉)柯登式平机,于1864年推出,此后进行了改进。这逐渐消除了长期以来向成千上万的外包工出租机器的做法。到了19世纪时,这些工人走投无路了。

该织袜机有四个显著特征。首先,机器的制造技术出现得相对较早,因为西班牙和意大利(欧洲丝绸手工编织行业的佼佼者)以及英国和瑞士-德国各省(拥有精纺毛纱)的手工编织家庭工业直到15世纪和16世纪才大量出现。在李所处的时代,西班牙或意大利的手织丝袜受到了狂热的追捧,因为这种丝袜非常昂贵,所以大多数人都穿碎布长筒袜,而李无疑受到了这种狂热状态的鼓舞。因此,织袜机可以说是第一台针对特定消费者需求而开发的机器,当然,它也制造了第一件成型的成衣。其次,刚开始时,织袜机推广得非常缓慢,虽然上述国家以及后来的日耳曼敦和费城在19世纪成了手动机器编织行业的重要中心,但手工针织行业却继续蓬勃发展。例如,手工针织为苏格兰高地提供了大量的就业机会,这种状态一直持续到20世纪。而17世纪80年代引入的机器针织直到18世纪后才成为低地边界地区的专门产业。在19世纪和20世纪的大部分时间里,霍伊克

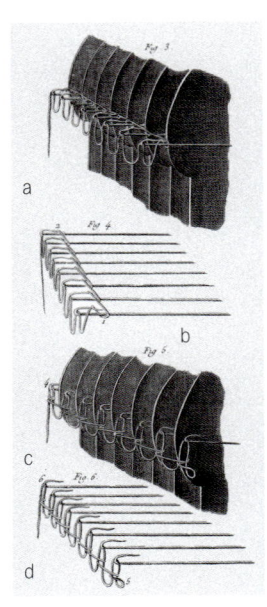

188　左图。手动织袜机的基本流程是通过倒钩针将环纱定位（a），并关闭倒钩以捕捉下一段纱线（b），然后将纱线推到倒钩上面（c），形成针织行（d）。这一行随即被拉回来，放在一段新的纱线上。如此循环往复。

189　右图。这只18世纪的女性丝袜是在李和佩吉特（Lee and Paget）针织机或其衍生机型上制作而成。产地可能是西班牙。这些装饰性的"花边"是在编织和缝合时形成的，编织的过程中会把它们嵌入袜身。

等城镇完全依赖于羔羊毛和山羊绒等软纤维的加工。其中的部分原因与织袜机的第三个特征有关，即人们发现了一种复制针和单线技术的方法（不过，在引入机械动力之前，这是一种耗时费力的工艺）。必须通过专业的金属锻造才能制成针织机，而木工手艺是织机和绣花架的基础，因此，针织机的出现标志着木工向作为纺织工业独立部门的机器制造的转变。申请专利和创建小厂需要大量资金，实现这种转变也是如此。这比针织和许多其他纺织工艺中的动力技术出现得更早一些。

织袜机的第四个也是最值得注意的特征是，它催生了一系列复杂的技术。它的适配针、机器辅助打环和中空图案的概念产生了各种机器制造的丝网。1750年后，英国获得了数十项丝网专利，并在这方面做了大量改进。其中包括1769年的"弗罗斯特网"（Frost's net）（在网状底布上创造出了平针织袜法，通过一个插入了楔子的滚筒来制作图案。这种滚筒就像后来的印染辊或筒式风琴一样）。也包括1771年所做的一些改进，改善了针的左右针织方式，还包括1775年发明的经编织机器。该机器从经线侧面拉出线圈并将其固定，是第一台多线针织机。它能够制作出独特的织物结构。起初，人们使用这种结构来制作结实的粗毛织品，从1795年开始用它来制作丝网。这些操作规范为其他织物提供了范例，甚至是直接的灵感。1800

年左右，人们制作出了更为精细的经编针织衫（平纹）和经向斜纹（罗纹）织物。从 1808 年起，约翰·希思科特（John Heathcoat）的多线六角网眼纱织机取得了巨大的成功，其缠绕的和横移的经纱复制出了手工线筒制造的 droschel（六角形网）。六角网眼纱（或绢网）被广泛用作手工奔跑针织网、嵌花网和钩针绣制网的底布，这和花边经编工艺引起了 19 世纪 10 年代的发明狂潮，这些发明包括多线花边织机，如普舍尔（Pusher）花边机、列韦斯（Leavers）花边机和"窗帘"机（或诺丁汉花边窗帘机），这些机器都是 1841 年由雅卡尔（Jacquard）控股公司发明的。

从 1818 年到他 1860 年去世期间，希思科特自己的机器在英国（水力动力）和法国（蒸汽动力）都得到运用。机器可以复制手持针的工作是经过了检验的事实，这带来了一系列新的发明：受比例绘图仪控制的单线奔跑针"手动"刺绣机（米卢斯，1828 年）、美国和英国的奔跑针和改进的双线锁边缝纫机（发明于 19 世纪 40 年代末，改进于 1856 年至 1877 年）、相关的单线链式康利（Cornely）绣花机〔19 世纪 70 年代在邦纳兹（Bonnaz）的基础上改进而来，1863 年获得专利，使用绷圈刺绣钩针〕，和双线锁边缝动力席尔弗里斯（Schillflis）缝纫机（手动缝纫机的后继产品，基于缝纫机原理）。1863 年，艾萨克·高布利（Isaak Gröbli）在圣加仑发明了这种多针工业用绣花机。从那时起直到第一次世界大战后，全世界一半以上的机器缝制织物都来自圣加仑（现在的生产制造大部分外包给泰国和斯里兰卡了）所有这些都要归功于早期的各种针织机。

此外，16 世纪至 18 世纪，人们将许多与针织机相关的改编应用在手织机上，尤其是那些用来制作缎带、雪尼尔纱、穗带和边带等小物品（或金银饰带）的改良技术。这些小件物品因此成为室内装饰和时尚领域的香饽饽。17 世纪，人们开始使用所谓的"荷兰引擎"或"引擎织机"来一次性手工制作几十件小物品。在 17 世纪或 18 世纪，"引擎"并不是指机械驱动的设备。17 世纪末，人们改良了"荷兰引擎"，给了它一个新的名字"挖花织机"，它能生产更为优质的产品。18 世纪，它采用了本地化线轴，这种线轴可以左右移动，以便插入许多完全相同的附加纬纱。有时它也被称为"苏黎世织机"，因为一个缎带织造中心。这种织机对法国和英国在圣艾蒂安和考文垂的缎带织造中心也很重要，而与它相对应的是踏盘织机，踏盘织机插入了局部的辅助经纱。此外，人们也使用挖花织机和踏盘织机在与织机同宽的布料上制作小型图案。一直到 20 世纪仍用于制作专业产品，如英格兰麦克尔斯菲尔德生产的丝绸领带，以及瑞士著名的带有小圆点和几何图案的平纹细布。

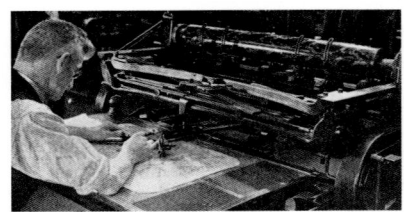

190　左图。苏格兰的机器花边工业在19世纪80年代就已经建立起来了，当时它也成为生产协调性装饰织物和半透明窗户嵌板的佼佼者。这种嵌板通过诺丁汉花边窗帘机和纱罗薄纱（马德拉斯）提花织机制作而成。1899年，休·麦克拉克伦（Hugh Maclachlan）为亚历山大·莫顿公司（Alexander Morton & Company）制作了该嵌板上的花纹。这种花纹展示了一种醒目的镶边图案，同样适用于手工打结地毯（该公司一年前开始在爱尔兰生产这种地毯）。

191　右图。比例绘图仪操作员描出花纹，然后雕刻师按重复顺序将花纹刻到滚筒上。这一概念（基于1808年发明的"缩绒和染色"技术）最早出现在瑞士的"手动机"操纵装置中。该装置用来操纵双眼绣花针，到1828年，它已经得到了完善。现在的飞梭刺绣机中保留了比例绘图仪，这种仪器广泛用于模具雕刻及相关领域。

1801年，约瑟夫-玛丽·雅卡尔（Joseph-Marie Jacquard）在巴黎展出了一台拉花机，后来他的名字就成了拉花机的代名词。后来，人们对这台机器做了改进，而这次改进对大型图案而言具有最为重要的意义。这台机器最初是为法国的丝绸工业而设计的，并被法国的丝绸工业所使用，但直到人们将它用于制作更大的图案后，它才真正为织工所接受。与此同时，斯皮塔佛德的织工们正在研究所谓的"机械牵线童"。这是一种与织机相邻的线筒和挂钩装置，可能促进了多臂织机的进化。1820年，萨缪尔·威尔逊（Samuel Wilson）暗中获取了雅卡尔的技术，并在英格兰申请了专利。很快欧洲大陆和北美的其他地方也都知道了这种机器。而改良后它用两串顶置式连接穿孔卡片取代了织工的助手，而这些卡片是根据雅克·德·沃康松（Jacques de Vaucanson）1745年法国织机的设计图来制作的。其中，较大的那组卡片允许或阻止金属杆上升（大部分人往往将其称为"针"），通过这种方式，它们颠倒了筒式风琴的原理，并将其更为灵活地利用起来。这些金属杆反过来控制经线，从而完成图案制作。另一组卡片则制作了底布上的编织图案。只需要一个脚踏板，这台机器就能完成所有环节。这加快了它从人力机织向动力机织的转变过程，人们用一根绳子将每个凹槽连接到顶置式棘轮上，每个凹槽固定了下一张卡片，而每一段纬线对应一张卡片，即使手工操作，它也比拉花机快得多。当它与约翰·凯（John Kay）于 1733 年在英国发明的飞梭结合使用时（人们直到 18 世纪末才开始广泛使用飞梭），效率提升的尤为明显。然而，双人织布机很久以后才遭到彻底淘汰。20 世纪 20 年代，英格兰埃塞克斯的沃纳桑斯（Warner & Sons）丝绸厂仍在用它来培训学徒，欧洲的其他公司也同样如此，而且世界各地的手工编织者已经将它改进为单人操作了。

大约从 1820 年至 1860 年，人们普遍且广泛地利用提花机来制作大多数西方手织奢侈品，如花边和羊绒披肩（提花机在其他地方的使用情况没有得到充分的记载），提花机的影响表现在两个方面：第一，它能控制每条经线，制作出丰富且逼真的图案。第二，它让地毯成了一种更加便宜的商品。1825 年至 1830 年期间，人们改进了提花机，制出了无绒织机和绒头织物织机，以及英国的威尔顿（Wilton）绒头地毯织机（有绒织机）和布鲁

192　19 世纪，伦敦斯皮塔佛德衰落后，麦克尔斯菲尔德成了英格兰最重要的丝绸之城。当地有名的产品包括围巾、领带和领结丝。人们往往使用挖花织机控制的线轴，通过提花法（或"多色纬纱织造法"）来突出这些产品上的细节。图中这件 19 世纪 50 年代的样品就是这种情况。

第九章　新技术与纤维　1600 年至今　　233

塞尔（Brussels）织机（毛圈织机）。英国的这两种织机相当于前面的绒头织物织机。19世纪40年代，动力提花机也随之而来，马萨诸塞州洛威尔市的埃拉斯图斯·布里格姆·毕格罗（Erastus Brigham Bigelow）在美国和英国申请了专利。同一时期，地毯、床罩和布料编织之间的相互融合产生了新式绒面织物以及机织"挂毯"，这种挂毯非常柔软，而且拥有密集的纬线，该织物在结构上类似于提花机织披肩，两者的图案有时候也极为相似。1839年，格拉斯哥的披肩制造商詹姆斯·坦普尔顿（James Templeton）发明了用预先图案化的雪尼尔纱线编织地毯技术。因为它模仿了英国的手工打结地毯，所以他把这种织物称为雪尼尔阿克斯明斯特地毯。动力提花机器（也被称为阿克斯明斯特地毯织造机）做出了合理的模仿。从19世纪60年代到80年代，它们在美国取得了技术的进步，并在英国得到了改进。

193 一件提花机械装置位于手工操作的五架布鲁塞尔地毯织机上方，其右侧是几组大型图案控制卡片。机框是所有经纱绒面织机的特有组成部分，它为织机提供需要打环的经纱，而底布经纱则从下面供应，底部供应上来时就已经处于紧绷状态了。

234　流光——世界纺织史

到 1895 年，人们将各种提花机械装置用在席尔弗里斯缝纫机上。于是，不断扩大的中产阶级首次拥有了丰富的丝绒、绒头织物、长毛绒以及图案丰富的布料和花边织物，用于室内装饰和服装。

20 世纪初，人们进一步改进了动力驱动提花机，它的工作效率更高了。大量的小型图案织机也可能出现类似的情况。这些织机自带凸轮、线筒—钩针以及打孔卡片或纸带控制装置，人们将它们统称为"多臂织机"。制造和生产过程更加专业化了，产量也增加了。尽管织机制造业在 20 世纪中期实现了标准化，但人们还是开发出了许多不同类型的织机。即使是那些专门生产平纹织物的织机，也有数百种不同的型号，以适应特定的纱线、织机宽度和环境条件。1958 年，意大利斯基奥制造了第一台剑杆织机，使用夹持器来推动纬纱。到 1970 年，喷水和喷气引纬使得相同布料的织造速度比 1900 年快了 15 倍（比 18 世纪中叶时期快了 300 多倍）。处于世界领先地位的德国向南美供应了 30% 的机器，向中国、印度、巴基斯坦、土耳其和叙利亚（自 2011 年以来被战火所毁）出口的机器更多。此后，经济和政治形势发生了复杂的变化。例如，2001 年中国加入了世界贸易组织（简称世贸组织），世贸组织成立于 1995 年，负责贸易协定和谈判。为了应对这些变化，也出于杜绝抄袭的考虑，越来越多的欧洲机械制造商将生

194　人们将印花工艺和织造技术结合起来，创造出了非常实惠的伊卡特－丝绒般的"布鲁塞尔挂毯式"地毯。在生产过程中，先给羊毛经线印花，再用环状绒面来制作图案（底布是黄麻和亚麻制作而成）。到 19 世纪 40 年代末，印刷滚筒得到了广泛应用，并于 1832 年在苏格兰获得了专利，取代了已有 50 年历史的法国雕版印刷。这种受日本影响的图案大约在 1880 年由马萨诸塞州波士顿的罗克斯伯里（Roxbury）地毯公司制作。直到 20 世纪 20 年代，波士顿一直是美国工业化纺织品生产的中心。

第九章　新技术与纤维　1600年至今　235

195 左图。通过在成组经线上编织各种颜色的纬纱,可以制成预打图案的纱线。如果将织成的布料按112撕开,经线就可以捻成雪尼尔纱。大约从 1840 年开始,人们将它们用于制作地毯,之后又用于制作桌布和窗帘。到 1900 年,这些商品已经非常便宜了。1920 年至 1925 年期间,荷兰亚普公司[雅各布斯·W.C.·吉丁(Jacobus W. C. Gidding)]设计了这块由棉花、黄麻和羊毛制作的地毯。其中,雪尼尔纱被用作附加的制图纬线了。

196 右图。在 2008 年北京奥运会开幕式上,中国人选择使用数千米的手工染色丝绸。这些丝绸与中国古代文化中的重要纤维联系在一起,向人们展示了中国强大的纺织制造业。五年后,中国提出恢复从中国到中亚和欧洲的陆上贸易路线的倡议,该倡议的正式名称以"丝绸之路经济带"开头。

产转移到了亚洲(布料制造商也是如此,仅美国就关闭了 700 多家工厂)。例如,现在的瑞士在全球机械市场占有 40% 的份额,处于领先地位,但其中 30% 的机器是在其他地方制造的。自 2000 年以来,中国一直在世界纺织品制造和出口方面占据主导地位,但邻近的韩国和越南(最初使用的是法国机器)等地也在继续创新。现在,世界上最快的织机是日本的津田驹喷气织机,每分钟可引入 2150 根纬线,这种速度是其他现代无梭织机的 2 倍多。

20 世纪 80 年代,计算机控制的图案制作过程或计算机辅助制造(CAM)开始腾飞,而针织行业成了该领域的领头羊。这种趋势非常合乎逻辑,因为人们最初输入计算机数据时使用的就是微型版的提花机穿孔卡片。人们随后将 CAM 应用于工业织布机中。因为它几乎消除了以前更换图案所需的停机时间,所以一些企业从织布行业的标准化生产流程中脱颖而出。而且,CAM 成了花纹设计开发的一个重要特征,并在 20 世纪 90 年代成为产品抽样(纺织品生产的高成本要素)和短生产周期的一个重要环节。

因为 CAM 装置具备后面的这几种优势,人们同时也将它用在老式织机,以及手动的计数器式织机和多臂织机上。自 20 世纪 80 年代以来,芬兰的托伊卡(Toika)创造了这一概念。1995 年,挪威的特隆鲁德(Tronrud)工程公司将其应用于手动提花机上,而现在它得到了广泛的应用。

  机器针织业也促进了纱线的发展,而英国棉纺业与纱线的关系尤其密切。例如,1835 年人们完善了一种用于织网机的上等双股棉纱,这推动了花边机的进一步发展。20 世纪,这种共生关系转移到了再生纤维素纤维、黏胶纤维和醋酸纤维素,以及来自石化产品的合成纤维上。这些纤维最初都很难在上面印花,有些还很难染色,但却适合针织。尼龙是第一种合成纤维织物,人们花了将近 12 年的时间开发。它具有羊毛般的特性,并于 1939 年年底在美国上市。聚酯纤维于 1946 年问世,随后是丙烯酸纤维。从那时起,为了更好地利用这些纤维,并将它们用于从工业领域到易耗领域的各种专门化最终用途,已经进行了多次改进。合成橡胶(弹性纤维/氨纶)长丝的完善也满足了针织品对弹性的需求,但这种长丝必须与另一种纤维混纺才能制成可用的纱线,或者与性质稳定的纱线一起编织才能制成弹性织物。其中最著名的是诞生于 1958 年的莱卡(Lycra®)。1970 年,仅英国就生产了 50 种不同的黏胶纤维、醋酸纤维素、三醋酸纤维、尼龙、聚

第九章 新技术与纤维 1600年至今 237

酯纤维、莱卡（Lycra®）等弹性体、丙烯酸纤维、变性聚丙烯腈纤维以及聚烯烃等其他合成聚合物纤维。后者在绳索、渔网、工业软管和许多其他防腐蚀工业产品中取代了亚麻和大麻类纤维，它用 1954 年意大利科学家发现的一种方法聚合聚丙烯气体而制成，并由帝国化学工业公司 ICI（1926 年由四家英国化学公司组建）与米兰的蒙特卡蒂尼（Montecatini）共同申请了专利，从 1962 年起开始投入使用。

到 20 世纪 50 年代，合成纤维织物制造商已经取代了染料公司，成了领先的应用有机化学家，同时推广新纤维和新染料。在相关的发展进程中，ICI 的科学家发现了合成聚乙烯和有机玻璃的方法，因此，ICI 在塑料行业占据了主导地位。同时，它对着色剂的改良推动了旗下多乐士涂料部门的发展。新的更结实的合成纱线促进了经编的广泛应用，例如，人们将其用于家具装饰领域。同时，这些纱线从 20 世纪 50 年代开始也推动了"非织造布"和簇绒地毯等相关产品的发展。这些针刺、黏合、热定型、层压或磨毛纺织品包罗万象，既有手术服、个人防护装备和清洁布等日常用品，也有高性能建筑、航空、地球物理、工业、军事和医疗材料。成千上万的"高科技纺织品"应运而生，其中许多来自美国。英国纺织学会总部位于曼彻斯特，代表着全球的纺织行业。在该学会出版的《纺织天地》杂志里，经常讨论关于新的技术突破，其话题包括：激光打印的超级电容器与光伏电池结合之后可以生产高效、耐洗、自供电的监测织物，以及用来支撑肌

197　再生纱线和合成纱线最初也是最成功的应用通常是在针织产品上，比如这件 20 世纪 20 年代或 30 年代的经编（拉舍尔）披肩。在 20 世纪 70 年代，涤棉混纺纱线上完全相同的图案再次流行起来。2000 年左右，进一步改良后的纱线上的图案也流行起来。它的垂直波浪形饰带利用了经编固有的左右运动。

238　流光——世界纺织史

198　斯图加特的戈特利布·戴姆勒（Gottlieb-Daimler）体育场建于20世纪90年代初。该体育场采用的特雷维拉（Trevira）薄膜屋盖面积约为36000平方米。特雷维拉是一家总部位于德国的高科技聚酯纤维和长丝专业制造商。

肉等软组织的无废3D打印结构。社会发展的步伐加快了，这种创新已经屡见不鲜了。

但也不是所有这些织物都依靠各种新技术。汽车尼龙安全气囊的试织是在有着百年历史的苏格兰"马德拉斯"（纱罗织物）织机上进行的；推进太空发射卫星的吊索是经编的，防火防刺的间位芳纶和杜邦旗下比铁还硬的凯芙拉合成纤维组成的织物，其结构通常是平纹组织。莱卡是杜邦公司在2004年以前注册使用的商标名称，后来出售给了堪萨斯州的英威达（Invista）公司。后者开发出了一种生物衍生弹性纤维。自2019年以来，莱卡制造业涉及中国投资者和瑞士海屹科（HeiQ）集团，这说明了当今世界错综复杂的企业结构。

第九章　新技术与纤维　1600年至今　239

数据显示，纱线消费量从 1993 年左右的 1900 万吨上升到了 2020 年的近 8100 万吨。消费量的飙升对环境造成了影响，这是该行业目前面临的一大挑战。到 20 世纪 80 年代中期，人们虽然只消耗了大约四分之一的棉花纤维，但棉花需要大量使用农药和水（尽管已经有了资源节约型的种植方式）。相比之下，全球消费总量的近三分之二是涤纶等油基纤维。这些纤维是人工合成的，基本上都可以循环利用。两种纱线原料各有优劣势，因此，人们难以抉择。1993 年，兰精（Lenzing）公司开发出了天丝牌莱赛尔纤维（TENCEL™ Lyocell）。相关的生产工艺可以将可持续生长的木材转化为纤维，相当于是一套"闭环"回收和再利用系统。这套系统解决了在纺制黏胶织物过程中使用危险溶剂的问题。在这方面，消费者发挥着至关重要的作用。他们可以寻求与环境和有机标准相关的各种认证、争取各种回收利用的机会，并理解降低生态足迹的真正含义。通过这些方式，消

199　人们之所以需要弹性织物，很大程度上是因为轮滑、滑板、迪斯科和舞蹈服装的逐渐流行。20 世纪 50 年代末出现的弹性纤维［斯潘德克斯弹性衣料/氨纶（Spandex®）、人造弹性纤维、莱卡（Lycra®）］促成了这些舞蹈服装的面世，它们后来在《名扬四海》等舞台剧和歌舞片中得到了广泛的应用。这幅剧照来自 1983 年左右英国黑潭的一场演出。演员们所穿的服装是由含有弹性纤维的棉纱、尼龙或涤纶丝针织而成的柔软纤维织物，从演出中可见这些织物十分贴身。

200 宝马织物材料（GINA）轻型概念车创建于 1999 年至 2002 年期间，但直到 2008 年才发布出来。它完全封闭在一个由氨纶和聚氨酯制成的"皮囊"之内。1937 年，来自德国勒沃库森市法本公司（IG Farben）的奥托·拜尔（Otto Bayer）团队首次制造出聚氨酯。它有一个更加广为人知的名字，那就是厨用海绵中的泡沫。

费者能够做出适当的选择，进而影响纱线制造商的生产工艺和流程，最终减少对环境的负面影响。

　　人们普遍比较关注新纤维和智能纺织品，但很少有人研究纺织品设计中的一个环节（除了中世纪及其以前的时期），那就是纱线本身的成分和结

第九章　新技术与纤维　1600 年至今　　241

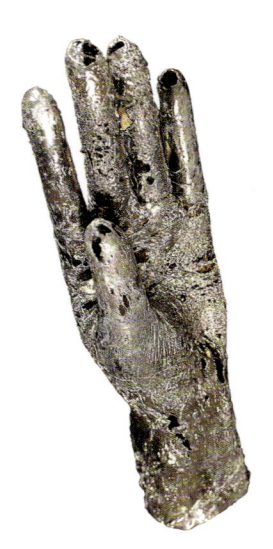

201 左上图。这幅2000年制作的名为《双手》的作品，是弗朗西斯·吉森（Frances Geesin）先用格里纶（Grillon）尼龙进行机器编织，然后再通过热成型和金属化等工艺制作而成。20世纪90年代，她发现这种导电纤维可以用作开关设备。她与飞利浦研究所等公司合作，开发了用于可穿戴计算机应用及其他相关用途的交互式织物。

202 右上图。新井淳一（1932年至2017年）是创造性使用新材料的代表人物之一。他是1984年成立的东京布（Nuno）公司的联合创始人，他将新材料和传统方法结合起来。从图中这件1988年制作的名为《巨浪》的作品可以看出，他通过物理性和防染绞染工艺制作了这件带有铝涂层的尼龙平纹织物。

构。质地、组成元素和捻度的改变会使织物的外观和性能发生根本性的变化。众所周知，上胶、金属化、打蜡、上油、塑化、热"去模糊化"、丝光和其他处理能够让织物表面变得光滑或防水。长期以来，这些环节对许多纺织品的特性和功能都很重要。但是，人们除了关注缩密和印花外，对纱线和布料的精整加工也不太在意。大约从1830年开始，橡胶本身就被用于制作防护服；鲸鱼油黄麻纱线和金属化也起源于同一时期。人们要想印制出精细的花纹，首先必须保证用来制作布料的纺制纱线拥有光滑的表面，而这种布料也是印度棉花能够吸引欧洲铜版印花商的原因之一。

印度人的精整加工技术也同样重要。18世纪30年代以前，古吉拉特织工都会根据中东买家的喜好来调整他们的技术。1664年，英国东印度公司的报告显示，打算运往波斯、巴士拉和摩卡市场的棉布必须上浆和抛光，做成像纸那样光滑，否则根本卖不出去。据此我们可以推测，正因为欧洲要进口这种布料，印度人才有了在棉花上压印的想法，但这一点尚未得到证实。同样，印度人为什么会采用这些加工方式和那些更为古老的精整加工方法，个中缘由也还有待进一步探索。

由于技术和设计相结合，发明也给纺织品的手工制作指明了方向。虽然各种工业纺织品期刊在19世纪30年代就已经提到了"地球村"，但众多个体制造商，即使通过包出制和工厂系统聚集在一起，也长期处于一种多因素交织的矛盾状态：他们能够凭直觉发现一些新问题和新事物，结合自己的知识和技能对其他地方的已知技术进行重塑，但同时也会对进口纺织品背后的"原理和技艺"感到无知和困惑。从18世纪开始，各种史料就有了关于这种现象的详细记载。例如，法国刺绣师圣奥宾（St Aubin）在1770年总结了不同民族刺绣技术的特点。他盛赞了德累斯顿的产品，称其"最精致、最完美"，也称赞了维也纳的刺绣品技艺高超。他指出米兰和威尼斯刺绣品的高昂成本，并重点提到了塞内加尔妇女绣有图案的皮肤、加拿大用蛇皮、毛皮和人发做成的刺绣品，以及印度人的螺旋金丝、昆虫身体、爪子、果核和羽毛。此后，他又对中国、奥斯曼和里昂的各种织物进行了详细介绍。他认为中国人用扁丝（丝棉）、捻丝和树皮纤维制作的产品具有无与伦比的精确度，并坚称只有中国人才懂得如何将金纸纱线缠绕

203　纺纱工对创新设计和布料性能都作出了重大贡献。在18世纪的里昂（由于17世纪60年代法国大臣科尔伯特进行了重组，它已成为法国奢侈丝绸的织造中心），许多布料结构的设计主要是为了突出雪尼尔纱等新式纱线的特点。图中，交替的水平条纹由四到七块金属薄片（平整的）和同样数量的毛圈织物（起褶的）组成。这种技术被称为"炫丽"。

第九章　新技术与纤维　1600年至今　243

204　左图。为了让织物的纹理或图案变得更加光滑和凸起，织工往往会使用轧光工艺。虽然人们长期使用许多精整加工技艺，却很少有人研究它们，而轧光就是其中之一。图中的这块印度斜纹布料制作于17世纪，上面带有彩色的织锦纬线。这块布料采用丝线和银线制作而成。从中我们可以看出，它同时使用了轧光和压纹两种技术。

205　右图。自2007年以来，西莉亚·皮姆（Celia Pym）一直在探索纺织品的损坏和修复，她的工作对象包括个人服装和博物馆档案室中的各种物品。这是伊丽莎白的纸制开襟羊毛衫，在2002年用报纸和羊毛制作而成。它把人们的注意力吸引到衣服和布料上因为磨损而变薄的地方。

在丝线上（他不知道日本人也了解这种制作方法：19世纪后，这种"日本金"线传到了欧洲，而且德国人很快就做出了复制品）。谈到格鲁吉亚和土耳其妇女使用上好的金线来加工织物时，他承认法国人对她们的精细工艺一无所知。他认为人们使用金箔和亮片的这种做法起源于里昂。这些装饰品在19世纪20年代以前确实很流行，但正如我们现在所知，它们其实有着非常悠久的历史。

　　圣奥宾的法国同胞菲利普·德·拉·萨勒是里昂丝绸产业的重大功臣，而他自己也因创造了各种布料结构而受到嘉奖。其他地方都可以看到这些结构的前身及其自成一派的衍生物。在接下来的20世纪里，威廉·莫里斯在英国"复兴"了靛蓝，当时人们实际上仍在广泛使用靛蓝。20世纪20年代，英国的菲利斯·巴伦（Phyllis Barron）和多萝西·拉彻（Dorothy Larcher）"发现"了凹版雕版印刷术。真菌，尤其是地衣，作为织物染料有着悠久的历史，但在20世纪70年代以"蘑菇染料"之名重新被人们发现。这些例子提醒我们，知识具有不连续性，但这种不连续性即使在当今世界也能激发新的时尚和激情。成功的技术通常都有一定的保密性，但所有人都以个人或团体的方式不断地干预着技术方面的"假定事实"。1900年，英属哥伦比亚大学的马蒂斯·瓦克纳格尔（Mathis Wackernagel）和威廉·里斯（William Rees）提出了"生态足迹"这一衡量标准，国际上有许多人关注生态足迹和可持续性。因此，他们赞成那些可能涉及到技术重塑的解决方案，这些方案可以是大力赞美那些实实在在的改进，也可以是重新考虑使用那些由大麻、秸秆、荨麻、香蕉树或莲花和菠萝叶制成的纤维。

第九章　新技术与纤维　1600年至今　　245

第十章

纺织品的艺术
1850年至今

纺织品的艺术性在于矛盾。一方面，纤维、颜色、结构和图案可以提供无限的可能性。一旦从中选定了一种组合，那么纺织品就会传递出某些特定的信号。另一方面，每个人对纺织品的材质、感觉、气味和外表往往都会下意识地进行深入了解，而这种了解会影响他们是否接受这些纺织品。一旦这种直观的了解遭遇了某种能够促使他们重新考虑那些假设的形式或图像时，矛盾就产生了，因为这种了解往往忽略了纺织品的复杂性。只有那些最富有的人穿着和拥有光鲜且图案精致的纺织品时，才会给人一种享有威望、令人敬畏的感觉。19世纪20年代至60年代的纺织品机械化和工业化降低了大众品味，事实并非如此。不过，工业化确实让越来越多的人拥有了并体验了各种装饰性纺织品。从那时起，只有某些特定的纺织品能被人们真正地"看见"了，因为这些纺织品质疑了公认的美学观念，挑战了根深蒂固的社会态度，重新审视了各种技术，或以意想不到的方式为人们所用。虽然制造商和消费者都参与了这种刻意的对抗，但这些对抗之所以能够产生更为广泛的影响，往往是因为行业内存在着各种形式的集体行动。这些集体行动可能来自正式团体也可能来自非正式团体。

其中的许多冲突都反映了西方艺术、工艺和设计领域中一系列著名运动所引发的问题（这些词不断变化的内涵是一个有趣但又独立的话题。本书中，它们代表了由价格、受众、媒体和最终用途所构成的那些传统界限）。19世纪中叶，英国拥有强大的纺织工业和世界上最富有的消费者市场，于是英国发起了第一场运动：工艺美术运动。这场运动得名于英国工艺美术展览协会。该协会成立于1887年，与伦敦皇家学院的年度展览针锋相对（这些展览几乎只展出架上绘画作品，完全忽略了建筑师的作品）。该运动的基本原则是"美术和应用艺术应处于同等地位"。约翰·拉斯金（John Ruskin）和A.W.N.普金（Pugin）等人虽然在理念上迥然不同，分别支持理性主义和本真性，但他们共同在19世纪中叶制定了这一基本原则。1851

206　埃德·罗斯巴赫（Ed Rossbach）（1914年至2002年）是一名技艺高超的工匠，现在他的作品和第二次世界大战后的出版物都享誉全球。他对传统技艺及其创造性的应用都了如指掌。图中的桉木夹板篮筐制作于1992年，他对于技术娴熟的程度在这张细节图中一目了然。

年伦敦世界博览会（一系列国际制成品展览会的源头）引发了关于谁才应该是设计的发起者这一问题的争论。这种争论反过来又驱使许多建筑师为当时所谓的"制造艺术品"来进行设计。其中最有影响力的建筑师是欧文·琼斯，他的《世界装饰经典图鉴》（1856年）呼应了反奴隶制游说团体的各种担忧，反对从世界上不同的文化中窃取各种图案，而是尊重和学习它们的基本概念来创造现代的设计图样。因此，到19世纪70年代，纺织品设计已经成了英国最重要的建筑实践的一个重要环节。并有多个行会、企业（如莫里斯公司，成立于1861年，1875年至1939年都采用了这一名称）以及小型企业和合作社都将纺织品设计纳入了自己的工作范畴，它们都是为了应对同样的问题而创建的。然而，大多数设计好的印花纺织品都是由资深公司生产出来的，尽管它们通常使用都是雕版印刷或手工提花编织等手工技艺。

　　工艺美术运动既是一场社会运动，也是一场美学运动。到19世纪90年代，关于工艺美术运动的精神有了多种不同的表达方式，否定将设计与制作一分为二，强调手工艺的道德和精神价值，这是"高贵的简约"这一指导理念的基本内涵。那些经营作坊的人，以及经营公司的人，将该理念运用在编织、纺纱和染色这三种纺织工艺之中。在这种精神的指引下，人们所做出来的服装中，纤维、染料和纹理就是一切，而自然的不规则性备

207　威廉·莫里斯（1834年至1896年）于1882年设计了这幅名为《布雷尔兔》（Brer Rabbit）的作品。制作时，先将棉布用靛蓝染料染成深蓝色，然后在棉布上进行雕版印花，最终将图案呈现出来。这种只对局部进行漂白，让织物呈现浅蓝色的效果被称为"半拔染"。

250　流光——世界纺织史

受推崇。除非人们想要通过图案来展示纱线或结构的质量，或通过刺绣或嵌花让图案与布料相互呼应，否则人们对图案兴趣索然。随着该运动的影响逐步扩大，一些名人也开始支持"高贵的简约"这一理念，其中包括美国人古斯塔夫·斯蒂克利（Gustav Stickley）[1901年至1916年，他用亚麻和黄麻混纺而成的纱线制作了《工匠画布》（Craftsman Canvases），该作品由唐纳德兄弟（Donald Brothers）在苏格兰用机器纺制和编织而成]、法国人保罗·罗迪尔（Paul Rodier），以及后来德国包豪斯（Bauhaus）（1919年至1933年）的几名织工。在英国，埃塞尔·迈雷特（Ethel Mairet）从1914年开始一直通过自己的出版物和"福音书"讲习班推动了这三种工艺中"高贵的简约"的发展。她培养了英国本土和欧洲大陆的织工。她一直热心地倡导个人与行业之间加强合作，并在这一领域取得了丰硕的成果。到1930年左右，她将纱线和布料结合起来，开始致力于两者的设计开发。在此期间，她取得的最大成就是帮助生于瑞士的玛丽安·斯特劳布（Marianne Straub）开启了她在英国的职业生涯。福音书还与几个斯堪的纳维亚的工作室作坊有着密切的联系，由于纺织工业化尚未起步，这些作坊利用不间断的工艺传统来发展自身尚处于萌芽阶段的大规模生产。在美国，从1930年到20世纪60年代初，斯堪的纳维亚织工的影响在克兰布鲁克艺术学院表现得最为明显，不过，前包豪斯织工和其他来自欧洲其他地方的织工都在表现织布的含蓄美。出生在加利福尼亚的多萝西·里贝斯（Dorothy Liebes）从一场看似独立的美国西部运动中脱颖而出，她曾在法国、意大利、危地马拉和墨西哥游历，因敢于大胆地使用色彩和各种有质感的材料，如竹子、羽毛、黄麻、皮革、金属、塑料和电报打字机纸带。她在旧金山（成立于1930年）和纽约（1948年至1972年）都有工作室。1955年至1971年期间，她作为杜邦家居用品的代言人，尽了最大的努力来推广合成纤维织物，世界各地现代主义的室内装饰、家具和高级时装都利用了布料结实耐用的材质。

许多支持英国工艺美术展览协会的人都是艺术工作者行会的成员。该行会于1884年在伦敦成立，很快就合并了两个资格更老且有影响力的团体。在当时和之后的几十年里，该行会的许多成员还担任了伦敦中央工艺美术学院的校长和教员。这所学院创建于1896年，目的是保护濒临消亡的手工艺，同时为这些技能找到新的应用领域，所有教员都是积极的从业者，教学只是他们的兼职工作。威廉·莫里斯的女儿梅·莫里斯（May Morris）于1898年开设了刺绣课程。后来，莫里斯公司莫特莱克挂毯工厂的工作人员开始教授挂毯制作课程。发明了"工匠提花机"的卢瑟·胡珀（Luther

208 左图。这两块鲜艳的手工染色、纺纱和编织的布料样品制作于 20 世纪 30 年代，上面的格子图案是她工作室的特点。从中我们可以看出埃塞尔·迈雷特的影响力究竟有多大，甚至波及了圣雄甘地。这两块布都由玛丽安·斯特劳布（1909 年至 1994 年）编织而成。她自己也一直在探索各种编织结构，大约 1983 年的扭曲经纱样品就是其中的试验品之一。她之所以会致力于这种探索，是因为她受到了各种秘鲁技术的启发。

209 右图。1926 年至 1936 年期间，梅尔塔·莫斯－弗特斯特伦（Märta mamatas－Fjetterström）（1873 年至 1941 年）编织了这件挂毯。虽然她的工作室被名副其实地称为整个 20 世纪瑞典最重要的手工编织纺织品生产商，但她只是众多斯堪的纳维亚人中的一员。他们的方法催生了许多新式概念，从而改进了室内装饰的许多方面，包括纺织品。

Hooper）在织造系发挥了重要作用，而多产的设计师琳赛·巴特菲尔德（Lindsay Butterfield）则教授表面设计课程。然而，对印花纺织品产生了重大影响的却是书法家爱德华·约翰斯顿（Edward Johnston）和他的学生诺埃尔·鲁克（Noel Rooke）。鲁克复兴了"白线"风格的木刻（和油毡雕刻）工艺，并从 1909 年开始在中央学院的图书制作系教授相关课程。尽管身在伦敦的其他艺术学生，如巴伦和拉彻，都开始从事雕版印刷工作了，但直到 20 世纪 40 年代，鲁克一直是在北欧、英国和美国扩大亲笔雕刻术（而不是复制雕刻术）影响力的中坚力量。鲁克以刻刀为笔，直接在木版上做出标记，并取得了巨大的成功。这种图案制作方法通过跨系合作以及学院与制造商之间的合作而快速传播开来。它将原本的图像转化为基于笔触的图像，而这种笔触看起来浑然天成。因此，这种方式做出来的图

252　流光——世界纺织史

案与手工或机器为商业生产而精心绘制的图案截然不同。"白线"方法的这种自由创作模式打破了常规，后来，那些实验性的丝网印刷商将之借为己用。现在，他们仍然经常直接在丝网上进行加工。

不少工作室、学校和作坊都在从事创业型和跨学科的纺织实践活动，而工艺美术运动和中央学院促进了这些实践活动的发展。同时，它们促成了"将艺术带入工业"的各种举措的出台。1940年以前，这些举措在北欧取得了尤为明显的效果。这其中包括维也纳工坊（维也纳，1903年至1932年）、从1907年开始在德意志帝国为机器生产设计各种产品的工艺联盟（这些联盟后来在奥地利、瑞士和瑞典也都开展了业务，而且在20世纪20年代都进军了纺织品行业），以及包豪斯和众多的艺术学校。例如，苏黎世有一所学校，斯特劳布起初在那里接受过培训。直到1928年，苏菲·陶柏-阿尔普一直在那里担任教师。在此期间，她开始从事与珠饰和挂毯等纺织品相关的跨学科艺术工作。每个组织都有自己的区域性特征以及意识形态特征。例如，维也纳工坊在不同领域有着举足轻重的地位，这些地位反映了它强大的生命力。其中，它在分离主义运动中占据领导地位，处于现代心理学的核心位置（西格蒙德·弗洛伊德），并作为欧洲咖啡公社的中心。在它所处的时代，维也纳工坊提供了一种商业上最为成功的模式，借助这种模式，人们可以通过其他途径来接触艺术家设计的各种纺织品。采

210 乔伊斯·克利索德（Joyce Clissold）在20世纪20年代接受了诺埃尔·鲁克的培训。她非常擅长"白线"风格，这一点在《帕姆花》（Pam Flowers）中表现得非常明显。1935年左右，她通过自己雕刻的油毡浮雕版来进行印花，制成了这些图案。当时，克利索德（1905年至1982年）用合成染料来进行手工印花，雇佣了大约40名员工，在伦敦有两家店铺，因此体现了全球手工艺生产的企业精神。

第十章 纺织品的艺术 1850年至今 253

用这种模式的机构还包括：保罗·波烈（Paul Poiret）的巴黎迈松·玛蒂娜（Maison Martine）公司［成立于 1912 年，生产和销售由劳尔·杜飞（Raoul Dufy）等人设计的纤维织物］，以及英格兰自己的欧米茄公司（1913 年至 1919 年），该公司由后印象派画家和艺术评论家罗杰·弗莱（Roger Fry）主持。在美国，维也纳工坊从 1922 年至 1923 年期间在纽约市第五大道开设了一家店铺。位于街角的（保罗）弗兰克尔画廊（Paul Frankl Gallery）经营的时间稍长，从 1921 年一直存续到 1934 年。该画廊专门经营来自欧洲（尤其是它的祖国奥地利）和美国的"装饰性织物"。同样打破界限的还有参展艺术家玛丽·艾伦·克里斯普（Mary Ellen Crisp）、乔治亚娜·布朗·哈伯森（Georgiana Brown Harbeson）、玛西娅·斯特宾斯（Marcia Stebbins）、玛丽安·斯托尔（Marian Stoll）和玛格丽特·佐拉赫（Marguerite Zorach）。后者是纽约女性艺术家协会的第一任主席。哈伯森在《美国针线活》（1938）中把该国现代刺绣运动的兴起归功于这一群体。

类似的冒险行为无疑为后来几家美国画廊和纺织品制造商之间的合作埋下了伏笔。1947 年至 1957 年期间，第五大道中城画廊与奥内达加丝绸公司合作，其中的商品包括罗伯特·马瑟韦尔（Robert Motherwell）制作的手工印花图案。第五大道上还有美国艺术家联合会画廊，里面的艺术家与里弗代尔（Riverdale）织物公司和 M. 洛温斯坦和桑斯（M. Lowenstein & Sons）公司（美国最大的制造商之一）建立了合作关系。希弗印花布公司（Schiffer Prints）生产的"刺激织物"中包括一款萨尔瓦多·达利（Salvador Dalí）的设计作品；在富勒织物公司（Fuller Fabrics）制作的"现代大师印花布"系列中，含有夏加尔（Chagall）、杜飞（通过他的遗孀）、莱热（Léger）、米罗（Miró）和毕加索（Picasso）制作的装饰织物。这些企业之所以这么做，是因为它们想为艺术家或民族工业提供额外的收入，或者单纯地促进各种艺术运动的发展。因此，它们通常能够得到美国国际商用机器公司（IBM）、百事可乐和标准石油公司等企业的赞助。一直到 20 世纪 60 年代中期，它们都对印花织物产生了最为明显的影响。当时，艺术家设计纺织品这一概念在上述国家以及意大利、荷兰和澳大利亚早已经确立起来了。

这类印花布在"国际风格"的室内装饰中发挥了重要作用，并使美术和纺织品之间的后现代主义界限日益模糊。与此同时，挂毯织工也在挑战各种边界。少数画室反对将技术简化为模仿艺术，这导致了艺术家们拒绝精细编织和无限的调色板，而支持粗纺纱线和有限的颜色选择范围。在第

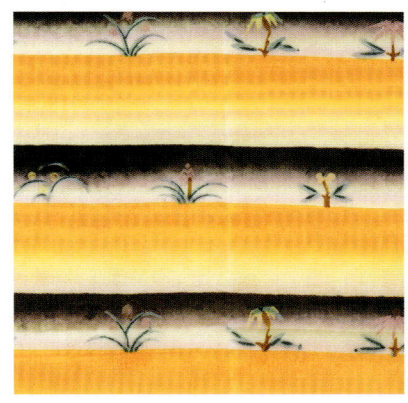 

211 左图。1913 年，维也纳工坊成立了许多艺术家工作室。这些工作室为艺术家提供无限量的原料，作为回报，艺术家们授权工作室使用他们的设计作品。达哥伯特·佩琪（Dagobert Peche）(1887 年至 1923 年）是一位多产的多学科专家。1913 年左右，他制作了一幅模板和雕版印花丝绸作品《冰川花》（Glacier Flower）。

212 右图。娜塔莉·杜·帕斯奎尔（Nathalie du Pasquier）因其对意大利孟菲斯室内设计和产品设计集团的贡献而蜚声世界。该集团位于米兰，存续时间为 1981 至 1988 年。它提倡一种兼收并蓄的后现代主义混合体，由表面颜色、图案和形状组成。一块名为"加蓬"的棉布就展现了这种风格。1982 年，该集团受到非洲、印度和澳大利亚艺术的启发，采用丝网印花工艺制作了这块棉布。

二次世界大战后的几年里，有许多艺术家设计的挂毯在市面流通，而杜飞、马蒂斯、米罗和毕加索等人制作的挂毯从此声名鹊起了。然而，所有这些跨界行为并没有引起任何变革，也不是什么新概念。在两次世界大战之间，欧洲和美国其他地方织造了不少艺术家设计的挂毯，而不计其数的专业作坊在此期间也生产了许多鲜有记载的挂毯和地毯。两相比较，前者让后者相形见绌。对于 20 世纪 50 年代的挂毯织工来说，确实是法国艺术家让·吕尔萨（Jean Lurçat）设计的奥布松挂毯上质朴而生动的图像具有最大的"知名度"。就技艺本身而言，吕尔萨的影响力在阿奇·布伦南（Archie Brennan）的作品中表现得最为明显。布伦南在 1957 至 1977 年期间担任爱丁堡挂毯公司的设计指导，而且 1962 年在爱丁堡艺术学院成立了挂毯系。20 世纪 70 年代中期，他还对维多利亚挂毯作坊的经营之道提出了不少建议，这使英国和澳大利亚的织工能够更直接地与图像互动。成立于 1982 年的美国挂毯联盟在 1990 年左右加入了一个包括英国和澳大利亚等国家在内的非正式联合体。而且，布伦南于 1993 年至 2010 年在纽约市工作，在布

第十章 纺织品的艺术 1850 年至今 255

伦南的帮助下，美国挂毯联盟一反画室制作的传统，促成了个人制作挂毯的复兴。海伦娜·赫恩马克（Helena Hernmarck）出生于瑞典并在当地接受教育，1964年移民加拿大，后来搬到美国康涅狄格州，她的作品进一步加剧了围绕织物结构本身的争论，她通过一台计数器式织机来制作挂毯，将平纹组织与独特的不连续的"凸纹"纬线结合起来，类似于电脑像素。

虽然图像对挂毯织工来说是至关重要，但在20世纪60年代和70年代，人们不仅对织毯技艺产生了质疑，也对其他结构的纺织品进行了改革。他们更加注重纺织品固有的雕塑感和非图画性。纤维和染料仍然是核心的表现元素，但在使用时通常要将重点放在表现形式上。美国艺术家克莱尔·载斯勒（Claire Zeisler）用打结的剑麻和棉花纤维制作了一件充满活力、气势磅礴的"瀑布"作品。该作品集中体现了人们对这种高高在上

213　上图。1945年，法国艺术家让·吕尔萨（1892年至1966年）设计了这件奥布松挂毯。这幅细节图展示了更为粗糙的组织和更加有限的配色。后来，作为一种艺术媒介的挂毯因为这些特点而得以复兴。

214　下图。1976年，澳大利亚州政府成立了维多利亚挂毯作坊。从那时起，该作坊不仅为挂毯的复兴做出了贡献，而且还让土著艺术得到了更为广泛的展现。1994至1995年间，格洛丽亚·佩蒂亚尔（Gloria Petyarre）制作了这件名为《女性人体彩绘2（Awelye II）》的作品，其中就展现了土著艺术。

256　　流光——世界纺织史

且苛求的存在物的探索和追求。随着织造行业的萎缩，除了那些最坚定的手织布料设计师外，所有人的工作机会都减少了，而载斯勒的这类作品似乎在说："纤维终将拨云见日"。虽然美国三年一度的纤维艺术国际评审展（1967年至今）会在宾夕法尼亚州匹兹堡展示来自世界各地的富有创造性的当代作品，但瑞士洛桑双年展（1962年至1995年）及其"展品占地面积不小于5平方米"的规定产生的影响最为广泛。洛桑双年展成为了一个重要的国际论坛，尤其对那些来自东亚和"铁幕"后面的人具有特别重要的意义。马格达莱纳·阿巴坎诺维奇（Magdalena Abakanowicz）就是其中之一。她的作品仿佛在告诉人们，"我们终将拨云见日"。

20世纪70年代，包括阿奇·布伦南和安·萨顿（Ann Sutton）在内的一个团体在一些争议中发起了一系列国际微型纺织品双年展巡展，对"越大越好"这一观点进行了反驳。1974年，首届微型纺织品国际展览会在英国举行；米尔德里德·康斯坦丁（Mildred Constantine）是早期评委之一，由她领衔与杰克·莱诺·拉森（Jack Lenor Larsen）合著的《超越工艺：艺术织物》（*Beyond Craft: Art Fabric*）（1973）在该领域产生了开创性的深远影响。随后，这种展品规格为"20厘米×20厘米"的展览相继在澳大利亚、匈牙利等其他国家举办，办展频率证明了这种规格在激发创造力方面具有重大价值。自1992年以来，立陶宛艺术家协会在维尔纽斯组织了国际微型纺织品双年展（该展览由齐德·雷杜利特策划），而乌克兰艺术家联盟成员卢德米拉·叶戈罗娃（Ludmila Egorova）和安德鲁·施耐德（Andrew Schneider）则于1996年创立了"塞西亚"——国际纺织艺术双

215 出生于波兰的马格达莱纳·阿巴坎诺维奇（1930至2017年）于1976年至1982年期间制作了这件名为《后背》的作品。起初，该作品由黄麻、粗麻布和树脂制成。后来，有人将它们铸成了青铜，这件作品不仅推动了纤维艺术的重新定位，而且增强了极简主义艺术给人带来的愉悦感。

第十章 纺织品的艺术 1850年至今 257

216 利奥·基亚基奥（Leo Chiachio）和丹尼尔·吉安诺内（Daniel Giannone）以前是画家，他们一起生活和工作在阿根廷的布宜诺斯艾利斯。2016年，他们共同创作了这件名为《安古木瓦和诺曼底》的刺绣品。他们的作品反映了社会上的各种变化，同时也展示了百科全书式的缝纫知识。他们将自己的作品描述为"自我指涉型"，重新定义了大型嵌板内的传统家庭肖像。图中这幅作品的高度为1.48米。

年展暨研讨会。这些活动不仅填补了洛桑双年展停办之后留下的空白，同时也突出了全球纺织艺术的日益增长，尤其是波罗的海至黑海地区的纺织艺术的发展。1997年，皮拉尔·托邦（Pilar Tobón）成立了世界纺织艺术协会。该协会起初为西班牙语国家或地区的创作者举办双年展，现在对这些创作者仍然具有重要的意义。

博物馆在定义和验证纺织品艺术方面起了不同的作用。博物馆当前的形式起源于19世纪中期。几个世纪以来，人们主要通过私人收藏和公开走秀等方式来展示各种纺织品，但这些方式取决于所有者的自由裁量权。由于国际"制造艺术品"展览的庆祝性和竞争性，这种情况发生了变化。许多西方国家看到了这些好处就是：展示外国和古代文物收藏品，可以同时刺激设计师和消费者。然而，虽然人们通过国际展览收藏了早前的本土文物和各种新式物品，但大部分人并不关心如何记录和保存当代或最近的作品（在世界各地，这些作品都被保存在皇家和国家档案馆以及公司档案室中。在20世纪最后的几十年里，这些档案对作品的地点、时间和技术之间的关系进行了全面的记录，这种保存方法被誉为"新考古学"）。对于纺织

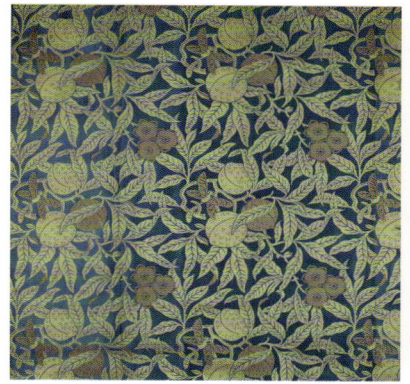 

217，218　美学运动受到了日本的影响，发生的时间比工艺美术运动早。它启发了与工艺美术运动相关的各种风格。1870 年至 1875 年期间，英国建筑师布鲁斯·塔尔伯特（Bruce Talbert, 1838 年至 1881 年）设计了这些薄绸。他还设计过家具、地毯和壁纸。英国埃塞克斯的丹尼尔·沃尔特斯和桑斯（Daniel Walters & Sons）公司在提花机上通过手织的方式制作而成。

品和其他媒介来说，这种做法将大众的注意力集中到了非西方来源和工业化前的来源上，由此产生了深远的影响（尤其是引起了关于文物返还的各种讨论话题）。起初，这些影响主要体现在风格上。19 世纪 60 年代，西方迷恋所有与日本有关的事物，近来他们又偏爱奥斯曼图案和印度花纹的既定用途。这种迷恋和偏爱融合在一起，改变了西方工艺美术纺织品的风格。事实上，西方纺织品严重依赖于这些来源。

与此同时，博物馆将纺织品重新定位为"图片"，让它们成为静态、平整、无纹理的物品，并且通常会给它们加上边框。绣工们经常会颠覆这一概念，从而达到自己的目的。到 19 世纪 90 年代，平整度成了一种视觉特征。绣工们可以让任何有色区域都保持平整，无论这些区域是采用平滑针法还是嵌花工艺制作而成。大片的背景布本身是构图的一部分，现在绣工重新允许背景"说话"，因此背景在整幅作品中也起到了自己应有的作用，许多人很早就开始支持这种方法了。其中，最重要的莫过于那些与格拉斯哥艺术学院有关的女性了，包括杰西·纽伯里（Jessie Newbery），以及她的学生安·麦克白（Ann Macbeth）和麦克白的助手玛格丽特·斯旺森（Margaret Swanson）。这个团体传播了一种独特的、影响广泛的苏格兰分离主义风格。其传播途径主要是各种出版物，其中效果最明显的当属《针线活教育》（1911 年）这类针对学校教师的出版物了。艺术刺绣俱乐

第十章　纺织品的艺术　1850 年至今　　259

219　左图。安·麦克白（1875年至1948年）和其他格拉斯哥学院的人们一样，刺绣风格非常简朴。图中这件"丝绸叠丝绸"的嵌花窗帘制作于1908年至1910年。该作品的细节就代表了她们的这种风格。虽然图案可能受到了日本的影响，但从呈现出来的效果中，同样反映出更接近东方的先例。这些东方元素包括16世纪受奥斯曼帝国影响的东正教刺绣等。

220　右图。丽贝卡·康普顿（1898年至1947年）通过自己的作品为世界范围内"自由风格"刺绣的发展做出了重大贡献。她1936年左右在英国制作了这幅作品就是其中之一。这幅名为《春天》的大型嵌板（120厘米×183厘米）的细节展示了她的双层技术，其中，缝制而成的网上覆盖着一层嵌花。

部如雨后春笋般出现在世界各地。下一代刺绣师对缝纫手法和嵌花工艺进行了更为自由的探索，希望能在这些码放整齐的、彩色玻璃般的嵌板上有所作为。他们经常将毛边暴露出来，并对底布进行分层，以此突出整个拼贴过程。其中，上层布料是透明的，所以整幅作品的层次一目了然。丽贝卡·康普顿（Rebecca Crompton），她于1936年出版的《现代刺绣设计》一书推广了这种方法并促进了设计的发展。随着作品逐渐成形，她在纸上不再使用铅笔，而是改用缝纫来完成剩下的部分（因此，类似于"以刻刀为笔"这种想法）。人们普遍认为边框意味着重要性，而她也利用了这一共识，通过给作品加上定制边框来突出重点。

作为20世纪10年代和20年代与德比艺术学院（麦克白偶尔在那里教书）有关联的几位英国女性之一，康普顿在1933年为森林女神公司出版的小册子《恳求自由》广为流传，产生了持久的影响。从1934年到1940年以及从1945年直到1947年她英年早逝为止，她一直是"针线活发展计划"

的首席顾问。制线企业 J. P. 高士（Coats）集团在苏格兰发起了这项颇具影响力的计划，该计划一直持续到 1961 年。同时，她与辛格（Singer）合作，提出了机器刺绣相关的创意。她的这些作为同样也产生了深远的影响。在 20 世纪 40 年代和 50 年代，德比绣工的作品在美国、加拿大、意大利、澳大利亚、新西兰等国家和中国香港地区进行巡回展出。第二次世界大战后，世界各地对缝纫作为一种表达媒介进行了重新评估，而上述展览对这种评估具有重要意义。康普顿曾为教师提供了各种教育材料和短期课程。通过康斯坦斯·霍华德（Constance Howard）等导师的讲解，这些教材和课程继续发光发热。伦敦金史密斯学院以康普顿的名字命名了自己的研究中心，以此来铭记她为刺绣行业所做出的贡献。世界上存在着许多成功合作的典范，康普顿就是其中之一，但这种成功在 20 世纪 60 年代和 70 年代遭遇了挑战。当时，那些制造线和纱的企业同时也生产了刺绣所需的工具包，这种做法让人误以为刺绣已经公式化了，但之所以会出现这种需求，是因为大量的刺绣杂志，以及免费的刺绣指导和低成本的宣传册已经在全球范围内掀起了学刺绣和做刺绣的狂潮。例如，理查森丝绸公司（Richardson Silk Company）等制造商开始提供宣传册后，它们立马就变得随处可见了。两次世界大战期间，美国有多家公司在世界丝绸行业内占据主导地位，而理查森是其中最大的一家。它派发的传单只需要 10 美分的成本，但里面详细介绍了 1915 年至大约 1920 年期间的各种针制图案。围绕这一现象，富有创造力的思想家行动起来了，他们重新考虑刺绣材料和方法，希望找出有效的解决方案，人们必须要正视将刺绣与"图片"放在同等位置的这种做法了。同时，将刺绣与其他纤维艺术分离开来，这种行为受到了质疑。

长期以来，私人和博物馆的各种藏品向西方展示了古今中外的各种其他文化。到 20 世纪 20 年代，这种做法已经大大改变了人们在学术和实践方面对纺织品的态度。考古发掘、民族志考察、实况调查和个人兴趣具有同等的影响力。当时，不少人用"原始"和"粗俗"来形容很多艺术，但人们逐渐加深了对它们的了解，而且这些艺术还因为带有许多抽象符号而备受赞赏。这些收藏品促使维也纳工坊和早期包豪斯艺术家使用一种"朴素的"方法来完成各种设计作品，而且它们对相关的"慕尼黑艺术"也产生了同样的影响。"慕尼黑艺术"是指以慕尼黑及其在巴伐利亚王国时期的历史为中心而构建起来的艺术流派。相比之下，阿伊努和玛雅等人的纺织品则起到了关键作用，正是因为它们，几座纽约博物馆才会在 1916 年至 1922 年期间支持与欧洲无关的美国美学的发展。一些古代文物甚至能让某种风格流行起来（1922 年科学家开启图坦卡门墓时，就发生了这种情况）。

然而，许多直接接触了当地小众或外部文化的制造者，对这些技术本身表达了深刻而持久的尊重。这些影响不仅利用了原有的优势，而且和各自的利益范围有关。例如，荷兰曾为爪哇蜡染专家提供资助，让他们在1900年巴黎世界博览会上展示自己的作品。通过这次展览，人们开始重新评估蜡染技艺，而它也由此得到了更为广泛的传播。在1925年的"艺术装饰风格"国际展览会（也在巴黎举办）上，蜡染在大多数参展国家的创新展示中占据了主导地位，而且蜡染在美国也是一种重要的表达工具。此后，蜡染的命运起起落落，直到20世纪70年代，日本的蜡阻技艺在北美大受追捧［最终为世界绞染网络招揽了大量会员，并让和田良子（Yoshiko Iwamoto Wada）成了该网络终身会长。该网络于1992年在日本名古屋成立］。与此同时，法国织工致敬了来自太平洋和非洲殖民地的各种刺绣、机织和伊卡特染色织物，这种敬意在罗迪尔和海琳·亨利（Hélène Henry）的作品中表现得非常明显。在欧洲北部，人们开始重新审视斯堪的纳维亚和其他传统的地毯编织方法。作为战后斯堪的纳维亚现代风格的一部分，这一趋势必将在世界范围内产生影响。

从19世纪80年代开始，德国对秘鲁纺织品进行了发掘，由此产生了

221　上图。非洲艺术对20世纪的西方艺术产生了深远的影响。许多纺织品因其图案不重复而特别受人赞赏，其中包括库巴—舒瓦人在1860年以后制作的拉菲亚割绒布。这种布料由男人进行编织，然后由女人进行刺绣。它们象征着崇高的社会地位，上面的每个图案都有着不同的含义。

222　下图。第一次世界大战后，保罗·罗迪尔（1867年至1946年）在法国北部雇佣了数千名居家织工、纺纱工和刺绣工，生产出这种布料，其中最大的那块，它的亚麻底布是使用毛线通过绷圈刺绣制作而成的。

223 通过这件纳瓦霍毛毯的花纹，我们可以判断它的制作时间介于 1848 年至 1863 年和 1864 年之间。1848 年，墨西哥将史前西南部割让给美国。1863 至 1864 年，美国政府将当地土著居民强制迁移到保留地，并给他们发放年金，其中包括商业化生产的布料和毯子。后来图案发生了变化，但这种毯子仍是重要的贸易商品。到 19 世纪 80 年代，它们主要卖给了非本地买家。

更为广泛的影响。在两次世界大战的间隙，M. D. C. 克劳福德（M. D. C. Crawford）以及法国学者拉乌尔·得·哈考特（Raoul d'Harcourt）等人对这些纺织品以及中美洲，尤其是墨西哥的样品进行了持续性的研究。其中，克劳福德参与了"从博物馆到设计"的运动，而哈考特发表了开创性的编织法分析文章。露丝·里夫斯（Ruth Reeves）和后来的安妮·阿尔伯斯（Anni Albers）等设计师利用了这类纺织品的第一手知识。阿尔伯斯是当今世界最著名的包豪斯编织者。1959 年和 1965 年，她在美国发表了许多有影响力的论文，重点关注了史前拉丁美洲织工的娴熟技艺。她还收集了不计其数的作品，现在存放于公共收藏机构之中。在此过程中，这些作品表明，埃及人和秘鲁人使用的立式挂毯织机与非洲、希腊、中东和纳瓦霍人仍在使用的挂毯和地毯织机非常相似。收藏界、学术界和本能反应都在以自己的方式直面那些"原始"技能而不是知名技能，而前文提到的内容只是这些方式中的一个例子而已。

关于这一方面，我们可以在埃塞尔·迈雷特的作品中找到一个更早的例子。埃塞尔嫁给阿南达·库马拉斯瓦米（Ananda Coomaraswamy）后，

第十章 纺织品的艺术 1850年至今 263

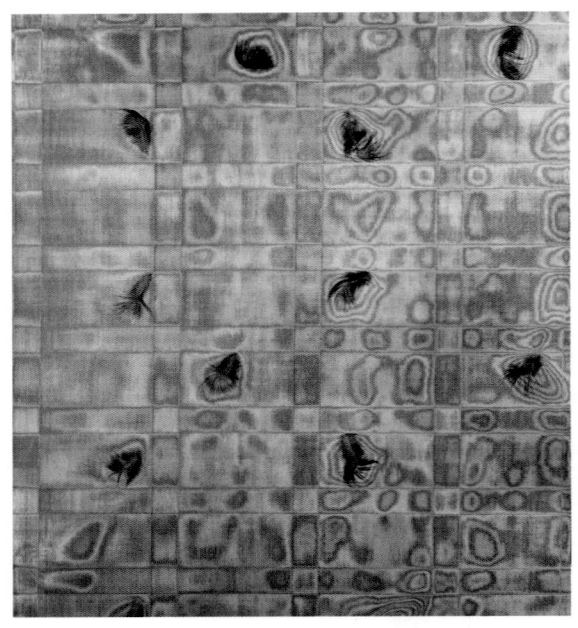

224 日本的 Nuno 公司以其新颖的布料而闻名。《羽绒蝉翼纱》(Feather Flurries) 将羽毛包裹在经过轧光处理的丝制"口袋布"或双层组织中。1995 年，须藤玲子设计了这件作品。她与新井淳一于 1984 年共同创立了该公司。

一直生活在斯里兰卡。期间，她收集了不同的纺织品并吸收各种文化的思想体系，然后将自己的理解与工艺美术运动的影响结合起来。此后，她一直奉行"高贵的简约"（以及"三种工艺"）这一原则，并将它视为美好生活以及优质作品的全部意义。迈雷特的方法不仅得到了陶艺家伯纳德·利奇（Bernard Leach）和浜田庄司（Hamada Shoji）的首肯，而且对日本的国展工艺（Kokten Korgei）也产生了影响。国展工艺是一个成立于 1927 年的联盟，旨在恢复对本土工艺丰富传统的认可，反对官方 1861 年制定的西方化政策以及当时流行的"手工艺不如绘画和雕塑"的观点。到 20 世纪 60 年代，日本布料设计师得到了全世界的赞誉，这很大程度上要归功于新井淳一的功劳（到 20 世纪 60 年代中期，他已经开发了许多新的纺织技术，并拥有不下于 36 种工艺的专利），他与须藤玲子（Reiko Sudo）等下一代设计师一起，培育了一种"高贵的简约"的变体。然而，1989 年以前，日本的建筑师和艺术博物馆仍然对纺织品唯恐避之不及。当年东京国立艺术博物馆购才买了第一件样品：久保田成子的《波浪空间 2》。在此之后，日本的企业和公共建筑里才开始接纳纤维艺术。

同样也是在 20 世纪 70 年代，英国织工彼得·科林伍德（Peter Collingwood）制作了一些高度受限制且不够人性化的薄纱。它们明目张胆地背离了"高贵的简约"这一原则，而且科林伍德强烈反对在织物上留下织造者的印记。世界各地的许多作品逐渐变得越来越深邃和概念化。纺织品对观赏者提出了更多的要求，这表明纤维艺术家在几十年的时间里获得了信心。与此同时，纺织品开始成为各种装置和现场作品的关键元素，比如克里斯托和珍妮-克劳德（Christo and Jeanne-Claude）的《奔跑的围栏》（1976 年）。这种"去个性化"纺织品的结合只会进一步模糊界限。从那时起，技术上和概念上的纺织品主要探索真品与赝品、充满活力与死气沉沉、人工与机械的问题，这种"看不见的"织物，如吹制合成布和织机编织镀膜防水油布（通常用在卡车上），成为雕塑和建筑的重要环节。非常个性化且具有社会价值的纺织品与这一趋势背道而驰，其中包括：由第一次世界大战以来的战争伤员所制作的作品、世界各地的囚犯所制作的作品、各种非西方文化中的人们所制作的作品（突出传统制作的仪式方面），以及始于 1987 年的目前仍在增长的"艾滋病纪念挂被"（现在纪念了 12.5 万多人）。任何地方的纺织实践都会不断地重复相同的姿势，因为这是纺

225　罗珊·霍克斯利（Rozanne Hawksley）（1931 年至 2021 年）曾对战争的无用性做过如下评论："……双方将会在今天的某个时刻签署一项条约"。1997 年，艺术家将她的评论做成了这个装置，并在威尔士的斯旺西进行展出。2000 年，它在英国国际针织和缝补技术展览会位于伦敦、都柏林和哈罗盖特的展馆中占据了中心位置，约有 10 万人看到了这一装置，从而在世界上造成了更大的影响。

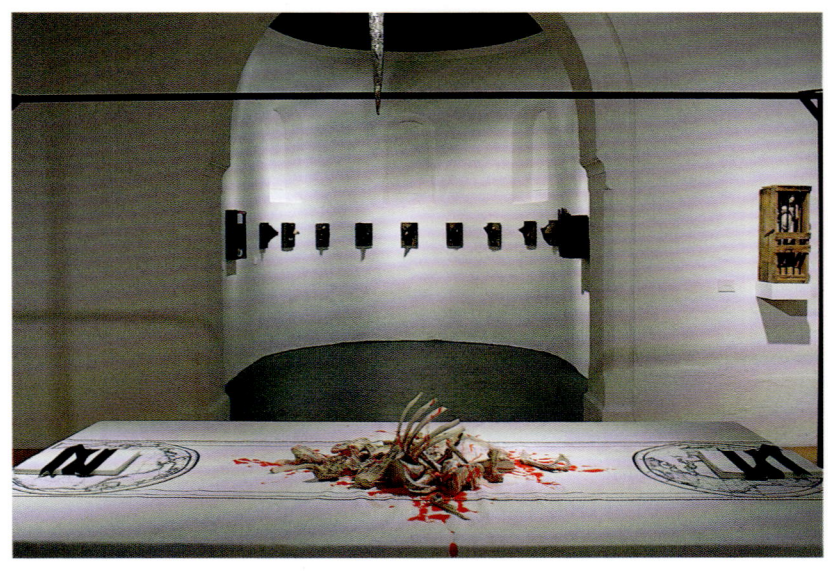

第十章　纺织品的艺术　1850年至今　　265

226 左图。周日早上,一位年轻的加纳妇女站在库马西的教堂外,身上穿着一件由"荷兰蜡"(树脂防染材料)布做成的衣服。布料上的图案融入了缝纫机的图像。这种机器蜡染印花织物(长期从英国和荷兰进口,但现在越来越多地在非洲本地进行生产)的贸易主要由西非妇女控制,其中最成功的妇女被称为"奔驰妈妈",这种称谓来自梅赛德斯-奔驰汽车和其他象征着财富的物品。

227 右图。长期以来,凯瑟琳·韦斯特法尔(Katherine Westphal,1919年至2018年)一直在探索装饰布料的新方法。在1983年制作的这幅名为《狂言2》的作品中,她将施乐复印机复印过的手制纸与染成靛蓝色的棉布结合起来,通过染色、印花和修补等工艺创造了一种服装形式。1983年至1984年期间,美国工艺品博物馆的"穿着艺术"(Art to Wear)巡展将她的作品在东南亚许多场馆进行了展出,传播了与之相关或类似的制作方法。

织实践的一个关键特征。现在人们认为纺织具有表演性,将其与音乐和舞蹈而不是静态艺术结合在一起。

  各方势力在解决因纺织品而持续存在的矛盾时,也在想办法保护相关技能并帮助从业者维持生计。为此,最近设立了一些制度化的机制,例如非政府组织、公平贸易组织和国家支持的土著合作社。这些机构有时将非西方产品和部落产品作为"优质作品"呈现出来,同时确保作品作为艺术暴露在公众面前。这些举措起源于19世纪中期。相比之下,21世纪关于非西方纺织品的叙述在许多情况下(如在非洲、亚洲和拉丁美洲),与欧洲的史料存在冲突。这些叙述重申了纺织品作为就业途径、身份象征和模仿媒介的重要性,从而颠覆了资本主义甚至比之更早的朝贡制度,以此来帮

266 流光——世界纺织史

助人们维持美好的生活。圣雄甘地将这一策略运用得炉火纯青,并产生了巨大的影响。1922 年,圣雄甘地发表宣言,敦促印度人回归本土服装和布料——由天然纤维经手工纺制和编织而成的印度土布,进而打破束缚,既不再依赖欧洲制造商又防止资金外流。到 20 世纪 50 年代末,他就完全做到了欧洲国家大约两、三个世纪以前完成的事情。人们有两条路线可以获得具有社会价值的纺织品,而从印度和拉丁美洲生产的布料中,我们可以看出它们的自发式路线:通过手织机纺纱线或增加更多精致的布料品种来对抗机器制造的织物。同样,在西非和东亚等地区的各种文化中,人们会按照特的定尺寸来裁剪一些窄幅布料,并将它们嵌入具有重要文化意义的服装之中。现在,这种窄幅布料也已经保留了下来。因为留存下来的早期纺织品非常稀少,所以这种转变还有待进一步分析,但在这种保留了手工技艺和传统元素的情况下,纺织品似乎变得更加精致了。

  后来,西方国家确实涌现出了大量质优价高的、限量生产的、独家代理的、面向特定群体的以及"翻新"纺织品。同时,它们不仅丧失了工业主导地位,而且随后遭到了进口纺织品的入侵。这种情况首先发生在大约 1890 年以后的英国(1918 年后显著增加),然后出现在大约 1970 年以后的美国。当时,美国也正在经历着可穿戴艺术运动与西方模式无关,以纺织品为主导的制衣行业获得了自发的井喷式发展。这一趋势在很大程度上鼓舞了那些富有创造力的针织工。伊丽莎白·齐默尔曼(Elizabeth Zimmermann)从 1958 年起在美国出版的各种出版物,以及蒙特塞·斯坦利(Montse Stanley)采用加泰罗尼亚方式出版的多种语言版本的《针织工手册》(1986 年至 2001 年)也起到了同样的作用。这一趋势得到了各方支持,其中以朱莉·舍弗勒·戴尔(Julie Schafler Dale)在纽约市(1972 年至 2013 年)和桑德拉·坂田(Sandra Sakata)在旧金山("飞鱼卵",1972 年至 1997 年)经营的画廊最为明显。一个多元化的集体企业与普瑞特艺术学院(布鲁克林)和加州大学(伯克利和戴维斯)的学生有着密切的联系;后者的员工包括埃德·罗斯巴赫(Ed Rosbach)、乔·安·斯塔布(Jo Ann Stabb)和凯瑟琳·韦斯特法尔。1980 年,在维也纳举行的世界手工艺理事会会议上,韦斯特法尔将美国的可穿戴艺术带上了世界舞台。她表示可穿戴艺术就是通过思想、文字、形式和材料的随意组合来讲述一个百科全书式的、诗意的、叙述性的或纪实性的故事,这是一种从画廊走向街头的艺术。因此,人们开始有意识地制作一些表演性的纺织品,并慢慢在全球范围内传播开来。1987 年,苏西·蒙克里夫(Suzie Moncrieff)成立了可穿戴艺术世界。到 2005 年左右,它吸引了来自 40 个国家的参赛者出席在新西

228 英国建筑师J·D·塞丁（J. D. Sedding，1838年至1891年）设计了这幅祭坛正面图。1869年，在设计师妹妹的监督下，东格林斯特德的圣玛格丽特学会（Society of St Margaret）将其绣制而成。她是这个英国国教高派教会的成员。她们在伦敦建有一所刺绣学校（1870年至1902年，后独立运行），同时在马萨诸塞州波士顿设有女工坊。在这些学校的帮助下，她们传播了自由诠释法，如这幅细节图中所示。

兰惠灵顿举行的为期三周的年度活动。

　　另一种获得"优质作品"的路线是借助外部力量。现在，世界银行和乐施会等各种组织都会赞助各种纺织品的生产。历史上，教会学校和修道院学校起到了类似的作用。即使到了现在，人们也没有完全了解这些机构的工作，虽然它们经常被誉为赋能者，但也有人将它们指为殖民主义势力。这概括了许多以纺织品为中心的文化交流所固有的根本矛盾。人们对那些反向影响就知之甚少了，直到20世纪60年代和70年代，人们才开始意识到，从国外回来的和平队成员对美国"发现"的几种绞染技术（尤其是扎染技术）做出了重大贡献。在同一时期，篮筐制作以及相关的离机技术进入了持久的创新阶段，为不同文化之间的持续对话、慈善干预、"局外人"对已有纺织技术的重新评估，以及自主更新提供了真知灼见。21世纪的狂风暴雨将会继续推动这类反建制的纺织品运动，人们会更加注重发挥地区优势，同时积极追求个人特质，以此对抗全球化的同质化。

　　相对而言，慈善机构或个人获得的争议更少一些。这里的个人通常是指技能高超但没有报酬的"业余人员"。他们的目的是减少社会边界内的不公平现象，而不是跨越社会边界。花边和钩针是他们早期的"武器"。1884年，拉斯金在坎布里亚大学开创了花边制作课程。此后，包括男校在内的许多学校都开设了这门课程。1886年，亚伯丁伯爵夫人伊什贝尔（Ishbel）在几位贵族的支持下成立了爱尔兰实业协会（Irish Industries

Association），促进了手工艺的发展，减轻了爱尔兰的贫困现象。还有一个例子，那就是坎迪斯·惠勒（Candace Wheeler）通过联合艺术家协会（纽约，1883年至1907年）制作的作品。大萧条时期引发的许多项目也是如此，其中包括工程兴办署（1935年至1942年）在美国各地管理的项目，以及由美国和其他地方的小型组织发起的项目。此后的一段时期内，人们逐渐认识到，被褥制作工艺是一种重要的公共意识形态的表达方式，而且这种工艺不受地区、种族背景或性别的限制。在越南战争后期（1955年至1975年），缝纫和嵌花以及视频、装置和土地艺术都成了强有力的政治工具，而且无论人们是将这些作品穿起来还是展示出来都能达到同样的效果。这种用法可以追溯到20世纪早期妇女参政论者使用的横幅、花结和腰带，其背后的根源则是19世纪70年代在英国出现的艺术针线活运动。1872年成立于伦敦的皇家刺绣学院见证了艺术针线活运动的全过程，该运动的独特方法是教会人们如何将自由选择的底纹和广泛使用的嵌花组合起来，其终极目标是培养"逆境中的淑女"。这种训练模式和哲学思想的灵感来自修女们的自助原则和刺绣技术。几十年前，她们就开始通过修道院的工作室影响圣公会的礼拜仪式了，而且还在当地实行了社会和教育改革（最终应用于整个大英帝国和其他地方）。所有这些基本上都是国内企业，它们秉持的共同原则是"为女性服务，由女性创作"。早在画廊和博物馆向这

229　荷兰纺织艺术家蒂勒克·施瓦茨（Tilleke Schwarz）于1999年创作了这幅名为《失去我们的记忆》的作品。它告诉我们，纺织品能够传递信息，这是四海皆知的真理。人类交流和创造历史需要用到各种数字信息，一旦这些信息因删除、过时或损坏而无法使用，必将造成巨大的危险。作者通过缝合的图像和文本将这种危险凸显出来。

第十章　纺织品的艺术　1850年至今　269

230 上图。安妮·威尔逊（Anne Wilson）的作品《屏气敛息：走经线（Wind-Up: Walking the Warp）》于 2010 年在得克萨斯州休斯敦上演。它提醒人们注意传统和现代纺织品制作工艺的表演性。

231 下图。尤迪特·卡尔帕蒂－拉奇（Judit Kárpáti-Rácz）是世界上唯一一个使用马毛纺纱技艺的人。这是匈牙利的一种传统毛发打结技术。但相比之下，拉奇的打结规模比传统技术要大得多，使用的材料包括金属线、塑料线或尼龙单丝。自 1996 年完善这种方法以来，她已经用它制作了从碗到"背包"的各种物品。

232 2016年至2020年期间，这幅名为《提－让（Ti-Jean）》的作品由加拿大纺织雕塑家罗斯玛丽·佩罗昆（Rosemarie psamuquin）在再生桦树皮上手工针刺而成。在《做鬼脸》（Making Faces）一书中，她将自己的工作描述为一支温馨的舞蹈："把成堆的柔软羊毛拿在手里，移动、引导、推、拉……将纤维梳理成更加密集的褶皱。我后退一步，停顿一下，转了一圈，用手和眼睛倾听，沉浸在关于各种传统的知识海洋里，走近，慢慢地重新开始，一次又一次，直到它们的本质显现出来。"

种社会政治艺术敞开大门之前，它们就利用家里、教堂、街道等随手可得的空间来践行这些原则了。

在探索阶段，往往是妇女将新技术传播开来，过去和现在都是如此。她们在世界各地的纺织教育和行会、社团以及正式组成的网络中发挥着主导作用。这种边缘地带的冒险行为有时会增强而不是降低影响力。例如，直到20世纪30年代末，丝网印刷才被认为是一种纸上艺术形式。但是大约十年以前，许多受过图形设计和美术训练的人（主要是女性）就已经将其用在纺织品上了。在20世纪最后的25年里，同样是处于行业边缘的那些发明家主导了计算机辅助设计系统的启用。因此，哪怕个人在自己的领域里得到了认可，大多数功成名就的制造商和设计师在全球范围内依然鲜为人知。自20世纪50年代以来，消费者越来越依赖于机构的认可（从评审展到与知名学校、出版物甚至公司合作的"品牌创建"）才敢放心消费，而那些在艺术／工艺／行业的迷宫中辗转腾挪以达到自己目标的人却反其道而行之，哪怕别人对他们视而不见，他们也很享受。这种满足感作为一种隐秘的表达方式直达纺织品的核心区域。在全球范围内，杰克·莱诺·拉森公司以创新和对本土技艺的创造性支持而闻名，而这种声誉应该归功于温·安德森（Win Anderson）在1961年至1976年期间所做出的鲜为人知却至关重要的贡献：两人珠联璧合，他改进了而她编织了许多原型，促进了世界各地的生产。

有时候，人们会在口头上将许多纺织品制作者称为艺术家（这是一种

233 为了纪念逝世于2020年的乔治·弗洛伊德（George Floyd），洛娜·汉密尔顿-布朗（Lorna Hamilton-Brown，大英帝国员佐勋章获得者）机器编织了一张20美元的大钞，并将其命名为"弄假成真"。钞票上的序列号代表弗洛伊德的生卒日期。它的象征意义非常复杂：一方面，提到了弗洛伊德试图使用伪造的20美元钞票这一暗示；另一方面，几乎同时宣布了推迟发行以哈里特·塔布曼（Harriet Tubman，1822年至1913年）为主题的20美元钞票，塔布曼是美国废奴主义者和政治活动家。

奇怪的西方概念，在北美尤其普遍）。1850年，美术和实用艺术之间的不和谐关系开始显现出来。到目前为止，这一问题尚未得到解决，也不应该得到解决。在所有媒介中，纺织业的蓬勃发展对自由最为依赖，这种自由表现在以下方面：制作者既能熟练使用已有的技能，又能实验性地探索新技能；既能体现公共政治，又能展现私人哲学；既继承传统又开拓创新，又能创作出美观又实用的作品。这种二元性在世界各地都是一种巨大的促进因素，而且特别适合各地的妇女，因为妇女的社会角色要求她们不断地在这些因素和其他对立力量之间寻求平衡。许多知识渊博的人对传统不屑一顾，而崔西·贝尔福德（Trish Belford）和露丝·莫罗（Ruth Morrow）是其中的典型代表。从2007年开始，她们在贝尔法斯特手工制作"阴柔混凝土"（Girlie Concrete），将丝绒、水晶、亚麻和缝线嵌入混凝土中，成品可用于北爱尔兰、迪拜、开罗、阿布扎比和伦敦等地的室内装饰。

有时候，纺织品对艺术哲学［如19世纪后期由阿洛伊斯·里格尔（Alois Riegl）所阐述的哲学］和新表现主义（该术语20世纪80年代首次用于德国艺术）等艺术运动做出了直接贡献。这种风格拒绝极简主义，而是推崇纹理、情感、性征和叙事——正是这些主题推动了中欧和东欧的纤维艺术，并在20世纪60年代和70年代对纺织界产生了巨大影响，并自此定义了许多纺织方法。到20世纪90年代，许多与自传和回忆有关的艺

234 到21世纪初,最强大的纺织品来自纺织品,而不是其他艺术。迈克尔·布伦南－伍德(Michael Brennand-Wood)通过从英国到日本的短期课程和诸如《一圈又一圈》(1997年)等作品,在这方面具有很大的影响力。在这幅作品里,他从抽绣花边和印版制作技术的"重新发现"中汲取了灵感。

术都利用了纺织品或其技术,因为这些历史比任何其他人工制品都要悠久,更具包容性,为生命和人类起源提供了普遍而古老的隐喻。例如,出生于阿根廷的艺术家西尔维亚·贾普金(Silvia Japkin)现在在探索建筑环境的同时,也反思了前哥伦布时期的艺术——古秘鲁结绳文字——将秘密故事包裹在线和结、光和影中。现在计算机运算的分形分析证实了各种纺织神话一直坚持的观点:生命以图案为基础,在潜在的永无止境的重复中展开,直到结构与其命运相符。

术语表

醋酸纤维素： 参见纤维素。

酸： 含氢化合物，可被金属原子取代而产生盐；酸会让石蕊变成红色。弱酸天然存在于醋、柑橘类水果、牛奶和胭脂和胭脂虫红中。它们的pH值很低。

丙烯酸： 参见合成纤维。

茜草色素： 一种广泛存在的橙红色结晶固体，从许多染料根中提取，包括茜草和茜草属的其他种、印度驱虫苋、亚洲巴戟天和拉丁美洲茜草科；现在由煤焦油的衍生物蒽制成，并产生各种各样的染料。

碱： 与酸反应生成盐和水的化合物（碱），具体来说，碱可溶于水；碱会让石蕊变成蓝色。碱在将不溶性染料还原成溶液的过程中起着很重要的作用，无论是浸泡染色还是干/冷染色。碱金属包括钠和钾；碱土金属包括钙和镁。它们的pH值很高。

矾： 参见盐类。

嵌花： 将一块布缝在底布上；反向嵌花采用两层布，上面那层剪成碎片，让下面那层显示出来；翻车钝由三层或更多层制成；在嵌花编织中，将两层同时进行裁剪，一层用来制作底布，另一层用来制作图案。

花毯： 参见挂毯。

扎染： 参见防染材料。

内皮： 韧皮纤维，也叫韧皮部纤维，是一种植物纤维，可以从某些双子叶植物的茎周围的韧皮部或韧皮中收集而来。韧皮纤维可以从栽培的草药中获得，如香蕉、亚麻、大麻、黄麻、洋麻、苎麻和剑麻，也可以从野生植物中获得，如椴树、桑树和紫藤。

蜡防印花法： 参见防染材料。

运弓法： 参见梳理。

织锦： 参见纬纱。

布拉托： 带织补图案的有结网状物，也叫方网眼花边，类似于在合股网上进行织补的饰线。

驼绒： 来自骆驼科的纤维，包括骆驼、羊驼和美洲驼；这些是蛋白质纤维。

地毯： 参见复合布，经纱。

底图： 参见挂毯。

梳理： 对纤维进行交叉精梳，以去除杂物、起毛并制成棉条（纤维束）用于纺纱；也可以通过"运弓法"来实现，顾名思义，使用一种狩猎型的弓以终端对接的方式在纤维中旋转。

山羊绒： 来自克什米尔山羊下腹部的一种蛋白质纤维，现在主要产自中国、蒙古和伊朗。

纤维素： 一种碳水化合物，是植物细胞壁的重要成分；它来自木浆，可用于制作醋酸纤维素、黏胶纤维和相关的再生纤维。纤维素会被强酸腐蚀。

驱虫苋： 参见茜草色素。

印花棉布： 该术语是多个印度单词的变体，因此拥有多层含义。主要来自 chitta，意思是有斑点的或有色的；到18世纪，指的是全色光滑印花棉布（有限的调色板被称为"半印花棉布"）。也表示高光泽精整加工，而且在一些织工中，也表示使用附加着色纬纱。

胭脂虫红： 参见酸，媒染剂。

着色剂： 一种半永久或永久的着色物质，以物理或化学方式与布结合。

精梳： 通过排列而不是交叉精梳来制备纤维；由此产生的粗纱（纤维束）生产出更光滑的纱线。

复合布： 在结构合理的织物所需的经纱和/或纬纱之外加入经纱和/或纬纱，通过这种方式制成的各种织物，就是此处所说的复合布。之所以采取这种方式，通常是为了引入更加复杂的图案（因此是"花布"）或制作双层布和三层布等更加厚实的布料/地毯。

棉花：参见植物纤维。

挑绣：用另一根线来固定线或其他装饰元素。

花缎：泛指任何织物，这些织物上面的图案只需要通过两种织物结构的并置就能形成，这两种结构通常是缎子和斜纹。

丁尼布：参见斜纹布。

烧花工艺：一种制造技术，双纤维材料经过化学过程而溶解了其中一种纤维（通常用于制作起绒组织），留下由第二种纤维编织而成的底布，该底布通常是半透明的。

拔染：通过漂白选定区域来形成图案的方法——技术上讲，是一种干/冷染色过程。

卷线杆：参见牵伸纺纱。

牵伸纺纱：将纤维同时从一束纤维中抽出，形成连续的纤维束，并将纤维束进行旋扭，让所有纤维固定在一起。基本的工具包括：用来控制纤维束的东西（一根卷线杆）和用来保持旋转和固定纱线的东西（一个锭子，通常像一个带螺纹的陀螺一样下坠和加重，或者后来由一个轮子驱动）。

提花机：参见真正织机。

干/冷染色：不涉及浸泡或蒸煮的图案染色的任何方面，尽管可能在该过程前或后进行浸泡。

细茎针草：参见植物纤维。

表面组织：参见平纹组织、缎子、挂毯、斜纹布、经纱。

有花纹的：参见复合布。

饰线：参见布拉托。

飞梭：一种手工操作的类似吊索的装置，推动梭子从布端一边到另一边。

薄纱：一种织机制成的带有网状小孔的布料，方法是：用纬纱将相邻的经纱固定在适当的位置，然后将这些经纱旋扭在一起，由纬线固定在适当的位置，直至旋钮恢复至静止状态；与网眼编织法（没有接结纬）和经纱缠绕法（不旋扭回来）有关。

综片：真正织机的部件。经纱穿过综片后会被抬高，既可以单根抬高（挂毯或者相关的手工编织技术中，经纱就是以这种方式被抬高的）也可以按照预先分好的组别来进行抬高。起初，综片由绕在一根杆上的绳索组成，后来由两根木条之间的有眼绳索组成，再后来由金属制成。当时，这种组合被称为"轴"或"吊带"。

交叉缝式：参见斜纹布。

伊卡特：参见防染材料。

尿蓝母：在热带靛蓝植物的叶子中发现的主要染料化合物，与菘蓝叶子中发现物和贝类染料骨螺中的一种成分极为相似。尿蓝母发酵后会产生吲哚酚，它会吸附在纤维周围，形成最持久的染料。

靛蓝：参见尿蓝母。

提花机：参见真正织机。

斜纹棉布：参见斜纹布。

胭脂虫粉：参见酸，媒染剂。

缂丝：参见挂毯。

基里姆地毯：参见挂毯。

小袖：腕部开口很小的日本长衣，一直穿到19世纪晚期。

虫胶：参见媒染剂。

方网眼花边：参见布拉托。

亚麻布：由植物纤维亚麻和大麻制成的纱线和布料。

茜草：参见茜草色素，媒染剂。

金属线：这些包括平镀金膜、镀金线，或缠绕在纤维芯上的纸；它们通常比较脆弱且不能承受张力，仅用作织造的纬线，在刺绣中用挑绣来进行固定。

马海毛：一种蛋白质纤维，来自安哥拉山羊毛，这种羊原产于小亚细亚。它的毛较长，白色，有光泽，无毡化性。

翻车鲀：参见嵌花。

绒头织物：参见经纱。

术语表 275

媒染剂： 一种化学制剂（通常是金属盐），能在纤维和染料之间形成一种不能溶解的粘合剂。不同的媒染剂能让相同的染料呈现不同的颜色，这种方法对红色染料非常有效，曾经被称为"茜草染料印花法"。茜草色素、胭脂虫红、胭脂虫粉和虫胶都是媒染染料。

巴戟天： 参见茜草色素。

骨螺： 参见尿蓝母。

赭石： 由含有杂质的水合氧化铁制成的天然着色剂，水合氧化铁是一种由含铁矿层风化而成的褐铁矿矿床。褐铁矿的颜色从黄色到红色、棕色和黑色不等，见于沼泽铁矿、铁帽以及热带和亚热带铁矾土中。

酸碱度： 范围数值在 0～14，它代表一个对数刻度。其中，pH 值 7 表示中性；在 7 以下，表示该物质为酸性，且数值越小酸性越大，在 7 以上则表示碱性。

亮片： 镀金、镀银或有色金属制成的闪亮的小物件或其外观上镀了这些金属，也称为闪光的饰片和闪光装饰品。

平纹组织： 也称为"平纹"；最简单的织造结构，由纬纱上下交错穿行而组成。在平衡的平纹织物中，经纱和纬纱直径相同或相似；在表面组织中，"面"纱比埋纱细。

扎染： 参见防染材料。

植物纤维： 最大的天然纤维群，主要由纤维素组成，包括：棉花、亚麻、大麻、荨麻等内皮，包括苎麻；草、棕榈藤和叶；灯芯草以及如细茎针草和纸莎草等芦苇属植物；以及丝兰和剑麻等浆叶。

合股法： 参见纺轮。

史前西南地区： 美国境内与各种文化有着密切联系的大片地区，横跨与墨西哥现在的边界。

聚酯纤维： 参见合成纤维。

蛋白质纤维： 由肽键（-NH-CO-）连接的一条或多条氨基酸链组成的复杂有机化合物，由细胞制造而成。一种是角蛋白，它是一种不溶性纤维蛋白，是丝绸和所有哺乳动物皮毛（无论是毛发、羊毛还是毛皮）的主要成分。蛋白质纤维会被碱腐蚀。

碳 14 测年法： 测量放射性碳 14 的持续、稳定衰变，并用于测定 4 万年以内有机物的年代。

苎麻： 参见植物纤维。

再生纤维： 参见纤维素。

印加茜属植物： 参见茜草色素。

防染材料： 物理防染（绞染）使用线绑定（扎染）、夹子或任何其他设备对布（或纱线，在伊卡特中）的某些区域施加压力，使染料无法渗透；它们专用于浸泡式染色工艺。添加性防染剂是将糨糊、泥浆或蜡添加到布料表面，用于浸渍（蜡染、蜡阻）和干/冷染色（蜡缬）。

粗纱： 参见精梳。

蜡阻／蜡缬： 参见防染材料。

盐： 氯化钠（NaCl）和矾等任何类似的化合物，当酸与碱反应时与水一起形成；盐在媒染剂中很重要，在制造肥皂、肥料和陶器等许多东西中也起到重要作用。

萨米特： 参见斜纹布。

缎子： 有长浮纹的编织结构，表面有光泽，通常为经面。

哔叽： 参见斜纹布。

鞍褥： 一种装饰性的马布（垫于马鞍下）。

绞染： 参见防染材料。

丝绸： 参见蛋白质纤维，纺轮。

梳条： 参见梳理。

纺轮： 它能通过手或踏板带动锭子，将线组合在一起（丝绸中的"捻"，将两条或更多现成的纱线组合起来时的"合股"）；线轴也绕在类似的轮上。

纺纱机： 它有各种形式，均用于牵伸纺纱工艺。

拼接： 将两端搭接或通过捻合让两种物品联合起来。

网眼编织法： 参见薄纱。

合成纤维： 一般来说，聚酯和丙烯酸等纤维是通过获得或创造聚合物而制成，这些聚合物经过改性后可以用作纤维、热塑性塑料和涂料。

绷圈刺绣： 使用钩针或绷圈钩进行加工的链式针迹。

挂毯： 通常是手工编织时的一种纬面结构，其中，经纱完全被线覆盖，而只有需要这些线的地方才会将它们来回梳整；还有其他术语可以描述这种技术，包括（丝绸中的）缂丝、（羊毛中的）缂毛、日本的"指甲编织"、阿拉斯挂毯（以阿拉斯命名，在意大利语中称为"阿拉兹"）和基里姆地毯（不过，后者在土耳其和波兰语中意为平织和打结地毯）。斜纹织锦之所以如此命名，是为了分辨它非平织而是斜纹的编织结构。挂毯上的图画被称为"底图"。"挂毯"一词也被机织工用来指代纬纱密集的织物或任何图案复杂性类似于挂毯的东西，比如用印花经纱制成的地毯。

格子呢： 参见斜纹布。

捻丝： 参见纺轮。

扎染： 参见防染材料。

tiputas： 类似于披风的衣服，由每一层像纸一样薄的塔帕布（树皮布）制成。

薄绸： 参见纬线。

特兰西瓦尼亚： 一种与特兰西瓦尼亚有关的地毯，特兰西瓦尼亚是奥斯曼帝国的一个自治的罗马尼亚王国。1687年，它成了神圣罗马帝国的一部分。

提花垫纬凸纹布： 在绗缝织物背面的缝隙中插入的局部填充物。

真正织机： 有一套系统的方法来给纬纱创造一个开口（梭口），称为自动开口装置。任何有这种装置的织机都称为真正织机。它包括梭杆、综片杆以及拉花和提花等复杂技术。

向阳性植物： 一种一年生的大戟属植物，能产出媒染染料；在照明器领域也广为人知，后来被广泛用作食用色素。

斜纹布： 产生对角线的一系列织物结构，这些结构可以根据所涉及的经纱和纬纱的数量来进行描述；它们包括哗叽（哗叽是法语中斜纹布的意思）、真格子呢、丁尼布、斜纹棉布和萨米特（1∶2纬面斜纹布）。人字纹是一种斜纹，它在正则点上反转之后形成一个V形图案。

丝绒/平绒： 参见经纱、纬纱。

黏胶纤维： 参见纤维素。

经纱： 织机织造时绷紧的线，也叫"经密"。经线多于纬线的织物结构被称为"经面"。丝绒、绒头织物、威尔顿机织绒头地毯（裁剪过的绒头织物）、布鲁塞尔（未裁剪的绒头织物）和布鲁塞尔地毯（印花经纱）里面的绒毛是由一根附加经纱形成的，这条经纱暂时环绕在与纬纱同向的杆上，并由几根底纬进行固定；环被切开，或保持环状而杆被移除。

经纱缠绕法： 参见薄纱。

纬纱： 织机织造时未紧绷的线，也叫"纬密"。除了形成布料结构所需的纬纱外，从一边布端延伸到另一边布端且绝大多数都在布料表面的纬纱，被称为"附加纬纱"，或者如果不太明显，称为"饰纱纬线"（因此有了布料术语"薄绸"）。手工插入的局部纬纱是织锦纬纱。全部或大部分经纱被覆盖的织物结构被称为"纬面"。平绒的绒毛是由环状和剪断的补充纬纱形成的。

螺纹： 参见牵伸纺纱。

菘蓝： 参见尿靛母。

羊毛、毛料织物、精纺毛料： 它们指代不同纺纱工艺。早期的硬捻手纺纤维是羊毛，羊毛本身是一种蛋白质纤维；羊毛和所有其他软梳、轮纺纤维被称为毛纺纤维；精梳纤维是指精纺纤维。

参考书目

Introduction

Dunbar, R. I. M., *Grooming, Gossip and the Evolution of Language*, London, 2004 [eBook, 2011]

Gilligan, I., *Climate, Clothing, and Agriculture in Prehistory*, Cambridge, 2019

Harari, Y. N., *Sapiens: A Brief History of Humankind*, [2011], London, 2015

Jeffries, et al., *The Handbook of Textile Culture*, London, 2016

Postrel, V., *The Fabric of Civilization: How Textiles Made the World*, New York, 2020

Ridley, M., *The Evolution of Everything*, London, 2015

Wells, P., *Image and Response in Early Europe*, London, 2008

Chapter 1
Prehistoric Materials and Techniques

Archaeological Textiles Newsletter (ATN), Danish National Research Foundation's Center for Textile Research at the University of Copenhagen (CTR), Denmark, 1985-present

Ashley, C. W., *The Ashley Book of Knots*, [1944], Naples, 2019

Barber, E., *Prehistoric Textiles*, [1991] Princeton, 2006

Barber, E., *Women's Work: The First 20,000 Years*, [1994] New York, 2018

Braun, B. (ed.), *Arts of the Amazon*, New York and London, 1995

Collingwood, P., *The Techniques of Rug Weaving*, [1973] New York and London, 1999

——, *The Techniques of Sprang: Plaiting on Stretched Threads* [1974], New York, 1999

——, *The Techniques of Tablet Weaving* [1996], Brattleboro, Vermont, 2015

Dario, N., and E. Füsun, '"Baskets of the World" the Social Significance of Plaited Crafts', *Proceedings of the IVth International Congress of Ethnobotany* (ICEB 2005), 2006, 617–689, https://www.researchgate.net/publication/330261652_BASKETS_OF_THE_WORLD_THE_SOCIAL_SIGNIFICANCE_OF_PLAITED_CRAFTS (2019)

Fisch, A. M., *Textile Techniques in Metal*, [1996] North Carolina, 2018

Gleba, M., and U. Mannering (eds), *Textiles and Textile Production in Europe: From Prehistory to AD 400*, Oxford, 2019, 619–688

Grömer, K., *The Art of Prehistoric Textile Making: The development of craft traditions and clothing in Central Europe*, Vienna, 2016

Hoffmann, M., *The Warp-weighted Loom*, [1974] McMinnville, Oregon, 1997

MacKenzie, M. A., 'Androgynous Objects: String Bags and Gender in Central New Guinea', *Studies in Anthropology and History*, vol. 2, [1991] Abington and Melbourne, 1998

Rast-Eicher, A, et al., 'The Use of Local Fibres for Textiles at Neolithic Çatalhöyük', *Antiquity*, 1–16. doi:10.15184/aqy.2021.89, Cambridge, 2021

Rossbach, E., *Baskets as Textile Art*, London, 1974

Schier, W., and S. Pollack (eds), *The Competition of Fibres: Early Textile Production in Western Asia, Southeast and Central Europe (10,000–500 bc)*, Oxford, 2020

Siennicka, M., et al. (eds), *First Textiles: The Beginnings of Textile Manufacture in Europe and the Mediterranean*, Oxford, 2021

Strand, E. B. A., et al. (eds), *North European Symposium for Archaeological Textiles X*, Oxford, 2015

Strand, E. A., and M.-L. Nosch (eds), *Tools, Textiles and Contexts*, Oxford, 2015

Turner, J. C., and P. van de Grient, *History and Science of Knots*, Singapore, 1996

Völling, E., *Textiltechnik im Alten Orient*, Baden-Baden, 2008

Chapter 2
The Dye and Loom Age c. 3200–600 BC

Archaeological Textiles Review, Society Friends of ATR, Centre for Textile Research, Copenhagen: https://www.atnfriends.com

Balfour-Paul, J., *Indigo*, [1998] London, 2011

Bergerbrant, S., and S. Sabatini (eds), *Counterpoint: Essays in Archaeology and Heritage Studies in Honour of Professor*

Kristian Kristiansen, Oxford, 2013
Brenigiet, C., and C. Michel (eds), *Wool Economy in the Ancient Near East and Aegean*, Oxford, 2014
Chenciner, R., *Madder Red: A History of Luxury and Trade*, [2000] Richmond, 2011
Conway, S., *Thai Textiles*, [1992] London, 2001; *Tai no senshoku*, Tokyo, 2007
Enegren, H. L., and F. Meo (eds), *Treasures from the Sea: Sea Silk and Shellfish Purple Dye in Antiquity*, Oxford, 2017
Geijer, A., *A History of Textile Art*, London, 1979; *Ur textilkonstens historia*, Uppsala, 2006
Gillow, J., *African Textiles: Colour and Creativity Across a Continent*, [2003] London, 2016
Grömer, K., et al. (eds), *Textiles from Hallstatt: Weaving Culture in Bronze and Iron Age Sale Mines*, Budapest, 2013
Hakonardottir, H., *The Warp-weighted Loom: klinkins steins*, Skald Forlag, 2016
Harlow, M., et al., *Prehistoric, Ancient Near Eastern & Aegean Textiles and Dress: An Interdisciplinary Anthology*, Oxford, 2015
Kasselman, K. D., *Natural Dyes of the Asia Pacific Region*, Studio Vista Monograph Series, vol. 2, London, 1997
King, H., et al., *Peruvian featherworks: art of the Precolumbian era*, New Haven and London, 2012
Kirby, J., *The Diversity of Dyes in History and Archaeology*, London, 2017
Maik, J., *Dynamics and Organisation of Textile Production in Past Societies in Europe and the Mediterranean*, Łódź, 2018
Mair, V. H., and J. P. Mallory, *The Tarim Mummies: Ancient China and the Mystery of the Earliest Peoples from the West*, London, 2008
Nosch, M.-L, and R. Laffineur (eds), *Kosmos: Jewellery, Adornment and Textiles in the Aegean Bronze Age*, Leuven and Liege, 2012
Ortiz, J., et al. (eds), *Textiles, Basketry and Dyes in the Ancient Mediterranean World*, València, 2016
Pritchard, F. (ed.), *Crafting Textiles: Tablet Weaving, Sprang, Lace and Other Techniques from the Bronze Age to the Early 17th Century*, Oxford, 2021
Rodriguez, J., 'Qiemo': https://pages.vassar.edu/central-asia-sites/2017/05/21/qiemo/
Sandberg, G., *The Red Dyes: Cochineal, Madder, and Murex Purple*, [1994] North Carolina, 1997
Ulanowska, A., et al. (eds), *Dynamics and Organisation of Textile Production in Past Societies in Europe and the Mediterranean*, Łódź, 2018
Ulanowska, A., and M. Siennicka (eds), 'Tradition and Innovation in Textile Technology in Bronze Age Europe and the Mediterranean', *Światowit*, vol. LVI, 2017

Chapter 3
Trade and Trends 750 BC to AD 600

Becker, J., *Pattern and Loom: A Practical Study of the Development of Weaving Techniques in China, Western Asia and Europe*, [1987] Copenhagen, 2014
Becker-Nielsen, T., and D. Bernal Cassola (eds), *Ancient Nets and Fishing Gear: Proceedings of the International Workshop of "Nets and Fishing Gear in Classical Antiquity: A First Approach"*, Cadiz, 2007
Bergerbrant, S., et al., *A Stitch in Time: Essays in Honour of Lise Bender Jørgensen*, Gothenburg, 2014
Bravermanová, M., et al., *Archaeological Textiles: Links Between Past and Present*, Prague, 2017
Busana, M. S., et al., *Textiles and Dyes in the Mediterranean Economy and Society*, Valencia, 2018
Debaine-Francfort, C., and A. Idriss, *Keriya mémoires d'un fleuve: Archéologie et des oasis du Talkamakan*, Suilly-la-Tour, 2000
De Moor, A., C. Fluck and P. Linscheid (eds), *Excavating, Analysing, Reconstructing: Textiles of the 1st Millennium AD from Egypt and Neighbouring Countries: Proceedings of the 9th Conference of the Research Group 'Textiles from the Nile Valley'*, Antwerp, 27–29 November 2015, Tielt, Belgium, 2017
Gleba, M., and R. Laurito, 'Contextualising Textile Production in Italy in the 1st Millennium BC', *Origini*, vol. XL, Rome, 2017
Gleba, M., and J. Pásztókai-Szeöke, *Making Textiles in Pre-Roman and Roman Times*, Oxford, 2016
Grömer, K., and F. Pritchard, *Aspects of the Design, Production and Use of Textiles and Clothing from the Bronze Age to the Early Modern Era*, Budapest, 2015
Harlow, M., and M.-L. Nosch (eds), *Greek and Roman Textiles and Dress: An Interdisciplinary Anthology*, Oxford, 2015
Hildebrandt, B. (ed.), *Silk: Trade and Exchange along the Silk Roads between Rome and China in Antiquity*, Oxford, 2017
Jenkins, D. (ed.), *The Cambridge History of Western Textiles*, Cambridge, 2003
Koslin, D., 'Between the Empirical and the Rational: Looms through Time and Space'

in M. Schoeser, C. Boydell (eds) *Disentangling Textiles*, London, 2003

Long, B., and F. Zhao, 'A high point in the development of ancient Chinese pattern looms: the multiple heddle pattern device', *Fiber, Loom and Technique*, vol. 1, 2021

Mayén de Castellanos, G., et. al, *Corfadia: Mayan Ceremonial Clothing from Guatemala*, Guatemala, 1993

Rivers, V. Z., *The Shining Cloth: Dress and Adornment that Glitters*, [1999] London, 2003

Sawyer, A. R., *Early Nasca Needlework*, London, 1997

Sheng, A., 'The Origin of Chinese Tapestry Weave: a New Hypothesis', *Textile History* 26:1, Leeds, Spring 1995

Stauffer, A., *Textiles of Late Antiquity*, New York, 1995

Trilling, J., *Roman Heritage: Textiles from Egypt and Eastern Mediterranean 300–600 AD*, Washington, D.C., 1982

Wertime, J. T., *Sumak Bags of Northwest Persia and Transcaucasia*, London, 1998

Xu, C., et al., 'Eastern Zhou Tomb at Lizhou'ao in Jing'an County, Jiangxi', *Chinese Archaeology*, vol. 9, 2014

Zhao, F., et al., *Chinese Silks (The Culture & Civilization of China)*, New Haven and London, 2012

Chapter 4
Church and State AD 600–1500

Allsen, T. T., *Commodity and Exchange in the Mongol Empire: A Cultural History of Islamic Textiles*, [2001] Cambridge, 2010

Brommer V., et al., *Rediscovery of Pre-Columbian Textiles*, Antwerp, 1994: http://paulhughesfinearts.com/perch/resources/rediscovery-of-pre-columbian-textiles.pdf

Brown, C., et al., *Weaving China's Past: The Amy S Clague Collection of Chinese Textiles*, Phoenix, Ariz., 2000

Clarke, S. E. B., and R. Y. Kondo, *Byzantine Silk on the Silk Roads: Journeys Between East and West, Past and Present*, London, 2021

Conservar Património ARP, Associação Profissional de Conservadores-Restauradores de Portugal, Issue 31, May 2019

Crowfoot, E., et al., *Textiles and Clothing 1150–1450*, [2001] Woodbridge, 2012

Drooker, P. B., and L. D. Webster (eds), *Beyond Cloth and Cordage: Archaeological Textile Research in the Americas*, Salt Lake City, 2000

Ellis, M., *Embroideries and Samplers from Islamic Egypt*, Oxford, 2001

Erikson, M., *Textiles in Egypt 200–1500 AD in Swedish Museums*, Göteborg, 1997

Garrett, R., and M. Reeves, *Late Medieval and Renaissance Textiles*, London, 2018

Gittinger, M., *Splendid Symbols: Textiles and Tradition in Indonesia*, [1979] Singapore and New York, 1991

Huang, A. L., and C. Jahnke (eds), *Textiles and the Medieval Economy: Production, Trade, and Consumption of Textiles, 8th–16th Centuries*, Oxford, 2019

Keller, D., and R. Schorta (eds), *Fabulous Creatures from the Desert Sands: Central Asian Woolen Textiles from the Second Century BC to the Second Century AD*, Riggisberg, 2001

Liu, X., *Silk and Religion: An Exploration of Material Life and the Thought of People, AD 600–1200*, Delhi, 1996

Mackie, L., *Symbols of Power: Luxury Textiles from Islamic Lands 7th–21th Century*, New Haven, 2015

Munro, J. H., *Textiles, Towns and Trade*, Aldershot, Hants, 1994

Pedersen, K. V., and M.-L. Nosch (eds), *The Medieval Broadcloth: Changing Trends in Fashions, Manufacturing and Consumption*, Oxford, 2009

Riello, G., *Cotton: The Fabric that Made the Modern World*, Cambridge, 2013

Shamir, O., 'Cotton Textiles from the Byzantine Period to the Medieval Period in Ancient Palestine', *Revue d'ethnoécologie* [Online], 15, 2019; online since 30 June 2019, connection on 04 July 2019. http://journals.openedition.org/ethnoecologie/4176; DOI: 10.4000/ethnoecologie.4176

Shorta, R. (ed.), *Central Asian Textiles and their Context in the Early Middle Ages*, Riggisberg, 2006

'Special Issue on Medieval Textiles', *Textile History* 32:1, Leeds, May 2001

Staniland, K., *Medieval Craftsmen: Embroiderers*, [1991] London, 2006

Teague, L. S., *Textiles in Southwestern Prehistory*, Alburquerque, N. M., 1998

Thomas, T. K., and D. D. Harding, *Textiles from Medieval Egypt, AD 300–1300*, Pittsburgh, 1990

Tozer, A., *Threads of Imagination: Central Asian and Chinese Silks from the 12th to the 19th Century*, London, 1999

Weiner A. B., and J. Schneider (eds), *Cloth and Human Experience* [1989], Washington, D.C. and London, 2003 [eBook 2013]

Chapter 5
Western Ideas and Styles Dispersed 1300–1900

German Renaissance Patterns for Embroidery: A Facsimile Copy of Nicolas Bassee's New Modelbuch of 1568, Austin, 1995

Anderson, Fiona, *Tweed*, London and New York, 2017

Bonar, E. H. (ed.), *Woven by the Grandmothers: Nineteenth Century Navajo Textiles from the National Museum of the American Indian*, Washington, D.C., 1996

Brown, C., et al., *English Medieval Embroidery: Opus Anglicanum*, London, 2016

Campbell, T. P., *Henry VIII and the Art of Majesty: Tapestries at the Tudor Court*, New Haven and London, 2007

Cavallo, A., *Medieval Tapestries in the Metropolitan Museum of Art*, New York, 1993

Coe, R. T., et al., *The Responsive Eye: Ralph T. Coe and the Collecting of American Indian Art*, New Haven and London, 2003

Cormack, E., and M. Major, *Threads of Power: Lace in the Collection of the Textilmuseum St. Gallen*, New York, 2022

Delmarcel, G., *Flemish Tapestries from the 15th to the 18th Century*, Tielt, 1999

Erickson, K. C., 'Las Colcheras: Spanish Colonial Embroidery and the Inscription of Heritage in Contemporary Northern New Mexico', *Journal of Folklore Research*, vol. 52, no. 1, 2015, Bloomington: https://doi.org/10.2979/jfolkrese.52.1.1

Fanelli, R. B., *Five Centuries of Italian Textiles, 1300–1800: A Selection from the Museo Tessuto Prato*, Prato, 1981

Griffiths, C., *'Woad to this' and the Cloth Trade of Frome*, Frome, 2017

Hanson, V., *Swedish Textile Art*, London, 1996

Miller, L., 'Paris-Lyon-Paris' in R. Fox, A. Turner, *Luxury Trades and Consumerism in Ancien Régime Paris*, Aldershot, 1998

Monas, L., *Renaissance Velvets*, London, 2012

Morrall, A., and M. Watt (eds), *English Embroidery from The Metropolitan Museum of Art, 1580–1700*, New Haven and London, 2008

Pritchard, S. (ed.), *Quilts 1700–2010: Hidden Histories, Untold Stories*, London, 2010

Rothstein, N., et al., *18th-century silks: the Industries in England and Northern Europe*, Riggisberg, 2000

Schoeser, M., *French Textiles 1760 to the Present Day*, London and Paris, 1991

Stobart, J., et al. (eds), *Selling Textiles in the Long Eighteenth Century*, London, 2014

Thurman, C., *European Textiles in the Robert Lehman Collection*, [2001] New York, 2012

Vega, P. Junquera de and C. H. Carretero, *Catálogo de Tapices*, Madrid, 1986

Westman, A., *Fringe, Frog and Tassel: The Art of the Trimmings-Maker in Interior Decoration in Britain and Ireland*, London, 2019

Weissman, J. R., and W. Lavitt, *Labors of Love: America's Textiles and Needlework, 1650–1930*, [1987] New Jersey, 1994

Chapter 6
Oriental Influences 1450–1900

The Fabric of Their Lives: Hooked and Poked Mats of Newfoundland and Labrador, St John's, Newf., 1980

Avril, E. B., and R. Barnes, *Traded Treasure: Indian Textiles for Global Markets*, Ithaca, 2019

Clarke, D., et al., *African Textiles. The Karun Thakar Collection*, Munich, 2015

Crill, R. (ed.), *The Fabric of India*, London, 2015

Ellis, M., and J. Wearden, *Ottoman Embroidery*, New York, 2001

Gervers, V., *The Influence of Ottoman Turkish Textiles and Costume in Eastern Europe with particular reference to Hungary*, [1982] Ontario, 2012: http://archive.org/details/influenceofottomoogerv

Gillow, J., *Textiles of the Islamic World*, [2010] London, 2015

Hann, M. A., *Dragons, Unicorns and Phoenixes – Origin and Continuity of Technique and Motif*, Leeds, 2004

Hull, A., and J. Luczyc-Wyhowska, *Kilim: The Complete Guide*, [1993] London, 2008

Kuhn, D., *An Epic of Technical Supremacy: Works and Words of Medieval Chinese Textile Technology*, Riggisberg, 2021

Jackson, R. D., *Imperial Silks: Ch'ing Dynasty Textiles in the Minneapolis Museum of Art*, Minneapolis, 2000

MacDonald, B., *Tribal Rugs: Treasures of the Black Tent*, Woodbridge, 2017

Meller, S., et al., *Silk and Cotton: Textiles from the Central Asia That Was*, New York, 2013

Milanesi, E., *Carpet: Origins, Art and History*, Milan, 1999

Nabholz-Kartaschoff, M.-L., *Persian Textiles: The Ramezani Family Collection*, Salzburg, 2019

Nosch, M.-L., et al. (eds), *Global Textile Encounters*, Oxford, 2014

Paine, S., and I. Paine, *Embroidered textiles: a world guide to traditional patterns*, London, 2010

Peck, A., et al., *Interwoven Globe: The Worldwide Textile Trade, 1500–1800*, New York, 2013
Raby, J., and A. Effeny (eds), *Ipek: The Crescent and the Rose: Imperial Ottoman Silks and Velvets*, London, 2001
Rothberg, M., *Nomadic Visions: Tribal Weavings*, Ft Lauderdale, 2021
Schäfer, D., et al. (eds), *Threads of Desire: Silk in the Pre-Modern World*, Woodbridge, 2018
Schurz, W. L., 'Mexico, Peru, and the Manila Galleon', *The Hispanic American Historical Review*, vol. 1, no. 4, [1918] Durham Stable URL: https://www.jstor.org/stable/2505890
Sherrill, S. B., *Carpets and Rugs of Europe and America*, New York, London, Paris, 1996
Spring, C., and J. Hudson, *North African Textiles*, London and Washington, D.C., 1995
Suleman, F., *Textiles of the Middle East and Central Asia: The Fabric of Life*, London, 2017
Tokatlian, A., *Sous de Paradis: Tapis et Textiles D'Orient du Musée des Tissus Lyon*, Paris, 2008
Vainker, S., *Chinese Silk: A Cultural History*, London, 2004

Chapter 7
Surface Patterning from Indigo to Ikat 600–1900

Barnes, R. R., *Indian Block-Printed Textiles in Egypt: The Newberry Collection in the Ashmolean Museum*, Oxford, 1997
Bjerregaard, L., *The preColumbian Textiles in the Roemer- and Pelizaeus-Museum Hildesheim*, Lincoln, 2020
Coles, D., *Chromatopia: An Illustrated History of Colour*, Melborne, 2018
Corrigan, G., *Miao Textiles from China*, London, 2001
Crill, R., *Indian Ikat Textiles*, London, 1998
Dronsfield, A., and J. Edmunds, *The Transition from Natural to Synthetic Dyes*, Little Chalfont, Bucks., 2001
Eaton, L., *British and American Cottons and Linens 1700–1850*, New York, 2014
Fee, S., and S. Becker, *Cloth that Changed the World: The Art and Fashion of Indian Chintz*, New Haven and London, 2020
Fox, R., and A. Nieto-Galen (eds), *Natural Dyestuffs and Industrial Culture in Europe 1750–1880*, Canton, Mass., 1999
Garfield, S., *Mauve: How One Man Invented a Colour that Changed the World*, [2000] London, 2001
Gibbon, K. F., and A. Hale, *Ikat Silks of Central Asia: The Guido Goldman Collection*, London, 1999

Gillow, J., *Printed and Dyed Textiles from Africa*, London, 2001
Gittinger, M., *Master Dyers to the World: Technique and Trade in Early Indian Dyed Cotton Textiles*, [1982] Washington, D.C., 1997
—— *Textiles and the Tai Experience in Southeast Asia*, Washington, D.C., 1992
Gluckman, D. C., and S. S. Takeda, *When Art Became Fashion: Kosode in Edo-period Japan*, Los Angeles and New York, 1992
Gonick, G., *Splendor of the Dragon: Costume of the Ryukyu Kingdom*, Los Angeles, 1995
Guy, J., *Indian Textiles in the East, from Southeast Asia to Japan*, London, 2009
Hamilton, R. W., *From the Rainbow's Varied Hue: Textiles of the Southern Philippines*, Los Angeles, 2002
Harvey, J., *Traditional Textiles of Central Asia*, [1996] London, 2009
Howard, M., *Bark Cloth in South East Asia*, Bangkok, 2007
Neich, R., and M. Pendergrast, *Pacific Tapa*, London, 2004
Nenadic, S., and S. Tuckett, *Colouring the Nation: The Turkey Red Printed Cotton Industry in Scotland c. 1840–1940*, Edinburgh, 2013
Nieto-Galen, A., *Colouring Textiles: A History of Natural Dyestuffs in Industrial Europe*, Dordrecht, Boston and London, 2001
Wada, Y. I., M. Kellogg Rice and J. Barton, *Shibori: The Inventive Art of Japanese Shaped Resist Dyeing*, [1983] Tokyo, New York, London, 2011
Yoshioka, S., et al. (eds) *Tsutsugaki Textiles of Japan: Traditional Freehand Paste Resist Indigo Dyeing Technique of Auspicious Motifs*, Kyoto, 1987

Chapter 8
The Importance of Cotton and Linen 1500–1950

Adamson, G., et al., *Global Design History*, London, 2011
Ashmore, S., *Muslin*, London, 2012
Askar, N., and R. Crill, *Colours of the Indus: Costumes and Textiles of Pakistan*, London, 1997
Bouchaud, C., et al., 'Tightening the thread from seed to cloth. New enquiries in the archaeology of Old World cotton', *Revue d'ethnoécologie*, 15, 2019L: http://journals.openedition.org/ethnoecologie/4501
de Bonneville, F., *The Book of Fine Linen*, [1994] Paris, 2015
de Bonneville, Cormack, E. and Michele Majer (eds), *Threads of Power: Lace from the*

Textilmuseum St. Gallen. New York, 2022

Dillmont, T. de, *The Complete Encyclopedia of Needlework*, [1891] Philadelphia, 1978

Durrie, A. J., *The Scottish Linen Industry in the Eighteenth Century*, Edinburgh, 1979

Fox, R., and A. Nieto-Galen (eds), *Natural Dyestuffs and Industrial Culture in Europe, 1750–1880*, Canton, Mass., 1999

Heinrich, L., *Linen: From Flax Seed to Woven Cloth*, Atglen, PA, 2010

Kiracofe, R., and M. E. Johnson, *American Quilt: A History of Cloth and Comfort 1750–1950*, New York, 1993

Levey, S. M., *Lace: A History*, London, 1983

Paludan, C., and L. de Hemmer Engeberg, *98 Monsterboger til Broderi, Knipling og Strikning* (*98 Pattern Books for Embroidery, Lace and Knitting*), Copenhagen, 1991

Perrin, M., *Magnificent Molas: The Art of the Kuna Indians*, London, 1999

Prakash. O., et al. (eds), *How India Clothed the World: The World of South Asian Textiles, 1500–1850*, Leiden, 2009

Riello, G., *Cotton: The Fabric that Made the Modern World*, [2013] Cambridge, 2018

Riello, G., and P. Parthasarathi (eds), *The Spinning World: A Global History of Cotton Textiles, 1200–1850*, Oxford, 2011

Roberts, E. (ed.), A History of Linen in the North West, Lancaster, 1998

Rose, M. (ed.), *The Lancashire Cotton Industry: A History since 1700*, Preston, 1996

Rutt, R., *A History of Hand Knitting*, [1987] Loveland CO, 2003

Schoeser, M., and C. Rufey, *English and American Textiles: 1790 to the Present Day*, London and New York, 1989

Thomas, G. Z., *Richer Than Spices*, New York, 1965

Tirthanhai, R. (ed.), *Cloth and Commerce: Textiles in Colonial India*, New Delhi and London, 1996

Wilson, K. C., *Irish People, Irish Linen*, Athens, Ohio, 2011

Zaman, N., *The Art of Kantha Embroidery*, [1981] Dhaka, Bangladesh, 2012

Chapter 9
New Technology and Fibres 1600 to Today

Black, S., *Knitwear in Fashion*, London, 2005

—— (ed.), *Fashioning Fabrics: Contemporary Textiles in Fashion*, London, 2006

Blanc, P. D., *Fake Silk: The Lethal History of Viscose Rayon*, New Haven and London, 2016

Blaszczyk, R. L., *Fashionability: Abraham Moon and the Creation of British Cloth for the Global Market*, Manchester, 2017

Brackman, B., *Patterns of Progress: Quilts in the Machine Age*, Seattle, 1998

Braddock Clarke, S. E., and M. O'Mahony, *Techno Textiles 2: Revolutionary Fabrics for Fashion and Design*, London, 2007

—— and J. Harris, *Digital Visions for Fashion + Textiles: Made in Code*, London, 2012

Burges, R., and C. White, *Fibershed: Growing a Movement of Farmers, Fashion Activists, and Makers for a New Textile Economy*, Chelsea, Vermont, 2019

Burns, L. D., and J. Carver, *Stories of Fashion, Textiles, and Place*, London 2021

Collier, B. J., et al., *Understanding textiles*, 7th ed. Upper Saddle River, NJ, 2009

Earnshaw, P., *Lace Machines and Machine Laces*, vols. 1 and 2, [1986] London, 1995

Endrei, W., *The First Hundred Years of European Textile Printing*, Budapest, 1998

Handley, S., *Nylon: The Story of a Fashion Revolution*, Baltimore, 2000

Henderson, W. O., *The Industrialization of Europe 1780–1914*, London, 1969

Horrocks, A. R., and S. C. Anand (eds), *Handbook of Technical Textiles*, [2000] Cambridge, 2016

Lang, A. R. (ed.), *Dyes and Pigments: New Research*, New York, 2013

Ghandi, K. (ed.), *Woven Textiles: Principles, Technologies and Applications*, Duxford, 2020

McCarty, C., and M. McQuaid, *Structure and Surface: Contemporary Japanese textiles*, New York, 1998

McQuaid, M. (ed.), *Extreme Textiles: Designing for High Performance*, New York, 2005

Noteboom, E., 'Screen Printing: Where Did it All Begin?', *Screenprinting* 82/10, Sept. 1992

Pacifico, M. (ed.), *Mantero 100 Anni di Storia e di Seta*, Florence, 2002

Quinn, B., *Textile Futures: Fashion, Design and Technology*, Oxford, 2010

Schoeser, M., 'A Secret Trade: Plate-printed Textiles and Dress Accessories, c. 1620–1820', *Dress: The Annual Journal of the Costume Society of America*, vol. 34, 2007, p. 49 ff.

—— et al., *Silk*, New Haven and London, 2007

Stevens, R. A. T., *Technology as Catalyst: Textile Artists on the Cutting Edge*, Washington, D.C., 2002

Tagwerker, E., *Siho and Naga – Lao Textiles: Reflecting a People's Tradition and Change*, Bern, 2009

Trebilcock, C., *The Industrialisation of the Continental Powers 1780–1914*, [1981], London and New York, 1992 [eBook 2013]

Wee, H. van der, *The Rise and Decline of Urban*

Industries in Italy and the Low Countries, Leuven, 1988

Wells, F. A., *The British Hosiery and Knitwear Industry: Its History and Organisation*, [1935] London, 1972

Chapter 10
The Art of Textiles 1850 to Today

Backemeyer, S. (ed.), *Making Their Mark: Art, Craft and Design at the Central School 1896–1966*, London, 2000

Barrkman, J., *Aboriginal Screen-Printed Textiles from Australia's Top End*, Los Angeles, 2021

Blum, D., et al., *Off the Wall: American Art to Wear*, New Haven and London, 2019

Cassidy, C., *Beyond Tradition: Lao Textiles Revisited*, New York, 1995

Coatts, M., *A Weaver's Life: Ethel Mairet 1872–1952*, London, 1983

Cole, D., *Textiles Now*, London 2008

Constantine, M., and L. Reuter, *Whole Cloth*, [1997] New York, 2001

Cumming, E., and D. Weir, *The Art of Modern Tapestry: Dovecot Studios since 1912*, Farnham, 2012

Fowler, C., *The Modern Embroidery Movement*, London, 2020

Freeman, R. L., *Communion of the Spirits: African-American Quilters, Preservers, and Their Stories*, Nashville, Tenn., 1996

Fruman, S. (ed.), *Pull of the Thread: Textile Travels of a Generation*, London, 2022

Gillow, J., and C. Iley, *Arts and Crafts of India*, London, 1996

Hedlund, A. L., *Reflections of the Weaver's World: The Gloria F Ross Collection of Contemporary Navajo Weaving*, Denver and Seattle, 1992

Jeffries, J., et al., *Contemporary Textiles: The Fabric of Fine Art*, London, 2008

Kettle, A., and J. McKeating, *Machine Stitch: Perspectives*, London, 2018

Mason, A., et al., *May Morris: Arts and Crafts Designer*, London, 2017

Parry, L., *Textiles of the Arts and Crafts Movement*, London, 2005

—— *William Morris Textiles*, London, 2013

Picton, J. (ed.), *The Art of African Textiles: Technology, Tradition and Lurex*, London, 1999

Rayner, G., et al., *Artist Designed Textiles 1940–1976*, Woodbridge, 2014

Riegl, A., *Problems of Style: Foundation for the History of Ornament*, [1893] Princeton, 2018

Ross, D. H., *Wrapped in Pride: Ghanaian, Kente and African American Identity*, Seattle, 2002

Rowe, A. P., and J. Cohen, *Hidden Threads of Peru: Q'ero textiles*, Washington, D.C., 2002

Schoeser, M., *Textiles, The Art of Mankind*, London, 2013

—— et al., *The Watts Book of Embroidery: English Church Embroidery 1833–1953*, London, 1998

Stevens, R., and Y. Wada, *The Kimono Inspiration: Art and art-to-wear in America*, Washington D.C., 1996

Sudo, R., *NUNO: Visionary Japanese Textiles*, London, 2021

Troy, V. G., *Anni Albers and Ancient American Textiles: From Bauhaus to Black Mountain*, [2002] Aldershot, Hants, and Burlington, VT., 2017

Völker, A., *Textiles of the Wiener Werkstätte 1910–1932*, [1994] London, 2004

Walker, S. (ed.), *Modern Australian Tapestries from the Victorian Tapestry Workshop*, Melbourne, 2002

Wells, K. L. H., *Weaving Modernism: Postwar Tapestry Between Paris and New York*, New Haven and London, 2019

Wronska-Friend, M., *Javanese Batik to the World*, Jakarta, 2016

Yunoki, Prof., et al., *The Japanese Craft Tradition: Kokten Korgei*, Blackwell, 2001

Bibliographies, Dictionaries and Technique References

Blakeley, B. B., 'Recent developments in Chu studies: A Bibliographic and Institutional Overview', *Early China*, 1985–87

Clugston, M. J., *The New Penguin Dictionary of Science*, Harmondsworth, 2009

d' Harcourt, R., *Les textiles anciens du Perou et leurs techniques*, Paris, 2008

—— et al., *Textiles of ancient Peru and their techniques*, [1962] New York, 2002

Emery, I., *The Primary Structure of Fabrics: An Illustrated Classification*, [1966] London and New York, 2009

Gillow, J., and B. Sentance, *World Textiles: A Visual Guide to Traditional Techniques*, [2004] London, 2009

Harris. J. (ed.), *A Companion to Textile Culture*, Hoboken, New Jersey, 2020

Hayward, J., et al., *The Cassell Atlas of World History*, London, 2001

Johnson, D. C., *Agile Hands and Creative Minds: A Bibliography of Textile Traditions in Afghanistan, Bangladesh, Bhutan, India, Nepal, Pakistan and Sri Lanka*, Bangkok, 2000

Kadolph, S. J. and Sara B Marcketti, S. B., *Textiles*, 12th ed., Boston 2017

Mishra, R., and J. Militky, *Nanotechnology*

    in Textiles: Theory and Application,
    Cambridge, 2018
Montgomery, F. M., *Textiles in America 1650–1870*,
    [1984] New York, 2007
Nosch, M.-L., and C. Gillis, *Ancient Textiles: Production, Crafts and Society*,
    Oxford, 2014
Randall, J. L., and E. M. Shook, *Bibliography of Mayan Textiles*, Guatemala City, 1993
Rennie, R., and J. Clark, *Oxford Dictionary of Chemistry*, 8th ed., Oxford, 2020
Sarkar, A. K., et al., *The Fairchild Books Dictionary of Textiles*, 9th ed, New York, 2021
Seiler-Baldinger, A., *Textiles: Classification of Techniques*, Washington D. C., 1995
Sentance, B., Basketry: *A World Guide to Traditional Techniques* [2001] London, 2007
Siegelaub, S. (ed.), *Bibliographica Textilia Historiae*, Amsterdam and New York, 1997
Trench, L. (ed.), *Materials and Techniques in the Decorative Arts: An illustrated dictionary*, London, 2003
Wilson, S., *Research is Ceremony: Indigenous Research Methods*, Black Point, Nova Scotia, 2008
Wisniowski, M.-T., 'Blog Spot', *Art Quill Studio: The Education Division of Art Quill & Co. Pty. Ltd*, since 2010: https://artquill.blogspot.com

插图鸣谢

1 Christie's Images, London
2 Philadelphia Museum of Art. Purchased with the Joseph E. Temple Fund, 1906
3 Philadelphia Museum of Art. 125th Anniversary Acquisition. Purchased with the Stella Kramrisch Fund, 1999
4 Collection Victoria Z. Rivers. Photo Barbara Robin Molloy
5 Heritage Auctions, HA.com
6 National Museum of Denmark, Copenhagen. Photo Roberto Fortuna and Kira Ursem
7 Courtesy of the Penn Museum, image #29-43-296
8 Rafael Ben-Ari/Alamy Stock Photo
9 Christie's Images, London
10 © Xavier Renauld/Fondation EDF
11 Christie's Images, London
12 Christie's Images, London/Scala, Florence
13 Christie's Images, London
14 Israel Antiquities Authority
15 © Xavier Renauld/Fondation EDF
16 Photo IPAX
17 © Museum der Kulturen, Basel
18 Christie's Images, London
19 The University Museum, Philadelphia
20 Private collection
21 Christie's Images, London
22 Abbot Hall Art Gallery, Kendal
23 Collection Mary Schoeser. Photo George Shiffner
24 Eddie Gerald/Alamy Stock Photo
25 Museo del Oro, Bogatá
26 Metropolitan Museum of Art, New York. Fletcher Fund, 1931
27 Christie's Images, London
28 Album/Alamy Stock Photo
29 Pinotepa de Don Luis, Oaxaca
30 Photo Courtesy Whitworth Art Gallery, Manchester
31 Collection Gösta Sandberg
32 Xinjiang Uyghur Autonomous Region Museum Collection
33 Ethnographic Museum, Gothenburg
34 National Museum of Denmark, Copenhagen. Photo Roberto Fortuna
35 Photo Museum of Natural History, Vienna
36 Peabody Essex Museum, Salem. Gift of the New England Historic Genealogical Society, 1963 E39383. Courtesy of the Peabody Essex Museum
37 Heritage Auctions, HA.com
38 Metropolitan Museum of Art, New York. Gift of George F. Baker, 1890
39 Christie's Library, London
40 Metropolitan Museum of Art, New York. 30.7.3. Anonymous gift, 1930
41 Courtesy American Museum of Natural History, New York
42 National Museum of Denmark, Copenhagen
43 Swiss National Museum, Zurich
44, 45 Collection Mary Schoeser. Photo George Shiffner
46 Metropolitan Museum of Art, New York. Fletcher Fund, 1931
47 Jingzhou Prefecture Museum, Hubei Province
48 Philadelphia Museum of Art. Purchased with the Bloomfield Moore Fund, 1951
49 Staatliche Antikensammlungen, Munich
50 Acropolis Museum, Athens/Scala, Florence
51 State Hermitage Museum, St Petersburg. Photo by Alexander Koksharov
52, 53, 54 State Hermitage Museum, St Petersburg
55 Musée du Louvre, Paris
56 National Museum, Naples
57 Hungarian National Museum, Budapest
58 Manchester Museum, University of Manchester. Photo Geoff Thompson
59, 60 University Museum of Cultural Heritage - University of Oslo, Norway. Photo Ove Holst
61 Tomb 1 at Mashan, Jiangling, Hubei Province
62 Philadelphia Museum of Art. Purchased with the Bloomfield Moore fund, 1934
63 © Xavier Renauld/Fondation EDF
64 Private Collection
65 © Xavier Renauld/Fondation EDF
66, 67, 68 Collection David Bernstein, New York
69 Musée Historique des Tissus, Lyon
70 Museum fur Kunst und Gewerbe, Hamburg
71 Photo by VCG Wilson/Corbis/Getty Images
72 St Ursula's Church, Cologne
73 The Granger Collection/Alamy Stock Photo
74 Photo Scala, Florence
75 Kunsthistorisches Museum, Vienna
76 Victoria and Albert Museum, London
77, 78 Archivio de Obras Restauradas. I.P.H.E. Ministerio de Educación y Cultura

79 Philadelphia Museum of Art. Purchased from the Carl Schuster Collection with the John T. Morris Fund, 1940
80 Metropolitan Museum of Art, New York. The Michael C. Rockefeller Memorial Collection, Bequest of Nelson A. Rockefeller, 1979
81 Cathedral Treasury, Uppsala
82 Philadelphia Museum of Art. Purchased with the John T. Morris Fund, 1951
83 Cooper-Hewitt, Smithsonian Design Museum, New York
84 Museo Sacro, The Vatican. Photo Scala, Florence
85 Art Institute Chicago. Robert Allerton Endowment
86 Museum of Fine Arts, Boston
87 Philadelphia Museum of Art, Gift of Howard L. Goodhart, 1936
88 Photo Christophel Fine Art/Universal Images Group/Getty Images
89 British Museum, London. MS 42130 f.202v
90 Photo courtesy Simon Peers
91 Collection David Bernstein, New York
92 Metropolitan Museum of Art, New York. Fletcher Fund, 1946
93 Christie's Images, London
94 Museum fur Kunst und Gewerbe, Hamburg
95 Christie's Images, London
96 Philadelphia Museum of Art. Purchased with the Joseph E. Temple Fund, 1939
97 Christie's Images, London/Scala, Florence
98 Courtesy Museo Diocesiano, Pienza/Scala, Florence
99 Photo National Museum of Norway, Oslo
100 Circulo de Armas, Buenos Aires
101 Musée de l'oeuvre Notre Dame de Strasbourg
102 Bibliothèque Forney, Paris
103 Philadelphia Museum of Art. Purchased with the Wandell Smith Fund, 1939
104 Musée du Louvre, Paris. Photo RMN-Grand Palais/Jean-Gilles Berizzi
105 Bayerisches National Museum, Munich. Photo Bastian Krack
106 Philadelphia Museum of Art. Purchased with funds contributed by Mr and Mrs Henry W. Breyer, Jr., 1967
107 Philadelphia Museum of Art. Purchased with funds contributed by an anonymous donor, 1996
108 Philadelphia Museum of Art, Bequest of Isabel Zucker, 1990
109 Philadelphia Museum of Art. Collection of Titus C. Geesey, 1955
110 Philadelphia Museum of Art. Purchased with museum funds, 1940
111 National Museum of Finland, Helsinki
112 Philadelphia Museum of Art. Purchased with the membership fund, 1922
113 Philadelphia Museum of Art. Gift of Mrs George C. Thomas, 1922
114 Philadelphia Museum of Art. John D. McIlhenny Collection, 1943
115 Royal Palace, Stockholm
116 Christie's Images, London/Scala, Florence
117 Collection Mary Schoeser. Photo George Shiffner
118 St Mary's Church, Gdansk
119 Ashmolean Museum, Oxford. Presented by Miss Edna Bahr, in memory of A. W. Bahr, 1965
120, 121 Christie's Images, London
122 Philadelphia Museum of Art. Bequest of Miss Elizabeth W. Lewis, 1899
123 Philadelphia Museum of Art. John D. McIlhenny Collection, 1943
124 Philadelphia Museum of Art: Gift of Mrs Anthony N. B. Garvan, 1992
125 Philadelphia Museum of Art. Purchased with the John T. Morris Fund from the Carl Schuster Collection, 1940
126 Philadelphia Museum of Art. Bequest of Miss Elizabeth W. Lewis, 1899
127 ATA, Army Museum, Stockholm
128 Leeds Museums and Art Galleries (Temple Newsam House)/Bridgeman Art Library
129 Christie's Images, London
130 Philadelphia Museum of Art. Gift of the Friends of the Philadelphia Museum of Art, 1988
131 Philadelphia Museum of Art. Gift of the children of Mrs Charles Custis Harrison, 1929
132 Christie's Images, London
133 Philadelphia Museum of Art. Purchased with Museum Funds 1876
134 Jean-Paul Leclerc, Musées de la Mode et du Textile, Paris, coll. U.C.A.D.
135 Reproduced by permission of the Warner Textile Archive, Braintree District Museum Trust
136 Textile Museum, Washington D.C., 6.140
137 Philadelphia Museum of Art. Purchased from the Carl Shuster Collection with the John T. Morris Fund, 1940
138 Philadelphia Museum of Art. Purchased with the Offertory Fund, 1927
139 Cliché Bibliothèque Nationale de France, Paris
140 Christie's Images, London/Scala, Florence
141 Department of Anthropology, National Museum of Natural History, Smithsonian Institution, Washington, D.C. Photo Larry Kirkland

142 Philadelphia Museum of Art. Gift of Hilda K. Watkins, 1985
143 Private Collection
144 Victoria and Albert Museum, London. T.282-1987. Photo Daniel McGrath
145 Philadelphia Museum of Art. Gift of Mrs George W. Childs Drexel, 1939
146 Philadelphia Museum of Art. Purchased with the Art in Industry Fund, 1939
147 Philadelphia Museum of Art. The Henri Clouzot Collection, purchased with the funds of Mrs Alfred Stengel, 1929
148 Philadelphia Museum of Art. Gift of Mr and Mrs Rodolphe Meyer de Schaunsee, 1951
149 British Museum, London MM42.11-12.13
150 Tokyo National Museum, Japan
151 Shosoin, Todaiji Temple, Nara, Japan
152 Auckland Museum, Tāmaki Paenga Hira
153 Collection Mary Schoeser
154 Philadelphia Museum of Art. Gift of Stella Kramrisch, 1961
155 Philadelphia Museum of Art. Purchased with the Costume and Textiles Revolving Fund, 1994
156 Philadelphia Museum of Art. Gift of Mrs Hampton L. Carson, 1913
157 Swiss National Museum, Zurich. AG-2369
158 Christie's Images, London
159 Philadelphia Museum of Art. Gift of Mrs Edward Browning, 1950
160 Philadelphia Museum of Art. Gift of Miss G. B. Everett, 1912-99
161 Philadelphia Museum of Art. Gift of Charles Edward Brinley and Katharine Faneuil Adams, 1937
162 Philadelphia Museum of Art. Gift of Mrs Morris Hawkes, 1945
163 Philadelphia Museum of Art. Gift of Mrs G. Craig Herberton 1889-34
164 Philadelphia Museum of Art. Gift of Mrs Morris Hawkes. 1945-13-2
165 Private Collection
166 Philadelphia Museum of Art. Bequest of Mrs Harry Markoe, 1943
167 Philadelphia Museum of Art. Purchased with Museum funds, 1922
168 Philadelphia Museum of Art. The Henri Clouzot Collection, gift of Mrs Alfred Stengel, 1929
169 Philadelphia Museum of Art. Purchased with the Mrs John T. Morris Fund, 1940
170 Philadelphia Museum of Art. Gifts of the Friends of the Philadelphia Museum of Art, 1996
171 Philadelphia Museum of Art. Gift of Per Ebbersten, 1923
172 Christie's Images, London/Scala, Florence
173 Hessische Hausstiftung, Kronberg
174 Pat Earnshaw
175 Human History Department, Bolton Museum and Art Gallery. Photo John Parkinson Jones
176 Philadelphia Museum of Art. Purchased with funds contributed by Mr and Mrs John Gilmore Ford, 1984
177 Private Collection
178 Philadelphia Museum of Art. Gift of Mme Elsa Schiaparelli, 1969
179 Science Journal, December 1966
180 Philadelphia Museum of Art. The Samuel S. White 3rd and Vera White Collection, 1967
181 Jean-Paul Leclerc, Musée de la Mode et du Textile, Paris, coll. U.C.A.D.
182 Museum of London, A.14395
183 Musée Oberkampf, Jouy. 978.1.6a Gift of Mlle Biver
184 Philadelphia Museum of Art. Gift of the Associate Committee of Women, 1894
185 Philadelphia Museum of Art. Gift of Mrs Thomas Raeburn White
186 Philadelphia Museum of Art. Gift of an anonymous donor, 1983. © The Estate of Robert Morris/Artists Rights Society (ARS), New York/DACS, London 2022
187 Photo Don Tuttle
188 From Diderot's *Arts des Textiles: Travail au Ras au Métier*, Plate II
189 núm.reg. 12521 Museu Tèxtil de Terrassa/ Quico Ortega
190 Courtesy Mary Schoeser & Maclachlan Estate
191 Courtesy of the Calico Printer's Association, Ltd
192 Macclesfield Silk Museums
193 *Penny Magazine*, 1843
194 Natural Museum of American History, Smithsonian Institution, Washington, D.C.
195 Art Institute Chicago. Purchased with funds provided by Mr and Mrs. Robert Hixon Glore in memory of Robert Hixon Glore, Jr., 1986. The Art Institute of Chicago/Art Resource, NY/Scala, Florence
196 akg-images/Science Source
197 Hampshire County Council Museum Service
198 Photo Cristo Rich/Mauritius/SuperStock
199 Photo SSPL/Getty Images
200 © BMW AG, Munich (Germany). All rights reserved
201 Photo Ron Geesin
202 Philadelphia Museum of Art. Gift of Nuno Corporation, 1991. Courtesy Riko Arai
203 Civiche Raccolte di Arte Applicata, Milan
204 Philadelphia Museum of Art: Gift of J. K. Nazare-Aga, 1928

205 Courtesy the artist. Photo Michele Panzeri
206 Courtesy Brown Grotta Gallery, Wilton, Connecticut. © Tom Grotta
207 Philadelphia Museum of Art. Gift of Mr and Mrs Richard Hartshorne Kimber, 1964
208, 209 Collection Mary Schoeser. Photo George Shiffner
210 Courtesy of Central Saint Martin's Museum and Study Collection, London
211 Philadelphia Museum of Art. Gift of the Friends of the Philadelphia Museum of Art, 1988
212 Philadelphia Museum of Art. Gift of Furniture of the Twentieth Century, Inc., 1983
213 Collection Mary Schoeser. Photo George Shiffner
214 Collection Victorian Tapestry Workshop
215 Courtesy Marlborough Gallery, New York. © Magdalena Abakanowicz
216 Courtesy the artist. Photo Nacho lasparra
217, 218 Reproduced by permission of the Warner Textile Archive, Braintree District Museum Trust
219 Glasgow School of Art Collection
220 Derby Museum and Art Gallery
221 British Museum, London. Photo The Trustees of the British Museum
222 Collection Mary Schoeser. Photo George Shiffner
223 Christie's Images, London
224 Philadelphia Museum of Art. Gift of Nuno Corporation, 1995
225 Courtesy Rozanne Hawksley. Photo Nicola O'Neill
226 Courtesy John Picton
227 North Carolina State University, Design Library. © Katherine Westphal
228 Dean and Chapter of York: By kind permission
229 Courtesy Tilleke Schwarz
230 Courtesy the artist and Rhona Hoffman Gallery, Chicago. Photo Simon Gentry
231 Courtesy Judit-Kárpáti Rácz
232 Courtesy Rosemarie Péloquin. Photo Emily Christie
233 © Lorna Hamilton-Brown RCA MBE
234 © Michael Brennand-Wood. Photo Pam Seale

鸣谢

虽然我用了毕生的阅历来写这本书,但大部分功劳应归因于我的老师、同事和朋友们。首先要感谢乔·安·斯塔布,她在加州大学戴维斯分校时装设计和服装历史课程展示了为什么要注重细节,并证明了设计师和制造者也可以成为优秀的历史学家。还有许多人也开阔了我的眼界,并为我创造了很多机会,他们分别是来自爱丁堡的阿奇·布伦南、乔治·唐纳德、罗伯特·希尔登布兰德和雷维尔·奥蒂,来自南加利福尼亚州的康妮·格伦和帕특·里夫斯,以及来自伦敦的凯伦·芬奇、瓦莱丽·门德兹、琳达·帕里和凯·斯塔尼兰。我要特别感谢圣约翰·蒂比茨。他让我成为沃纳的第二任档案保管员,给了我莫大的帮助,让我有机会将档案工作与写作、策展和授课结合起来,丰富了我在公司的九年时光和之后的所有岁月。此外,他还为我写作玛丽安·斯特劳布的传记提供了不少支持,并因此让我与她建立了深厚的友谊。斯特劳布对生活和布料的态度让我受益匪浅。蒙特塞·斯坦利也是如此,她让我初步了解了针织领域。在他们和其他企业主、收藏家、策展人和档案保管员的热心帮助下,我获得了许多关于历史纺织品的第一手资料。同时,数百名工作室、作坊和工厂的从业者也都不吝赐教,加深了我对他们专业知识的理解。在此,我向他们所有人表示衷心的感谢。在写这本书的过程中,许多人为我提供了有益的评论、建议和支持,其中包括西尔维娅·贝克梅耶、大卫·伯恩斯坦、桑迪·布莱克、简·布里吉曼、柯尔斯蒂·巴克兰、安娜·布鲁玛、迪莉斯·布卢姆、玛戈特·科茨、琳达·伊顿、林恩·费尔舍、大卫·加兹利、塞姆·朗赫斯特、黛安·麦凯、莱斯利·米勒、玛吉·米尔罗斯、约翰·芒罗、约翰·皮克顿、费伊·兰斯、杰拉尔丁·拉奇、菲利普·西卡斯、埃莉诺·范·赞特,尤其是安娜贝尔·韦斯特曼和约翰·格雷戈里,他们对初稿进行了评论。中央圣马丁艺术与设计学院为我提供了一项研究奖学金,让我有足够的公休假来完成本书的写作。为此,我要感谢时装与纺织学院院长简·拉普利。最后,我还要由衷地感谢泰晤士与哈德逊有限公司的员工,感谢特里·麦克林,是他的爱和笑声让我安之若素,潜心工作。

对于本次以"闭关"状态写成的修订版,我还要特别要感谢将著作分享出来供我参考的安托瓦内特·拉斯特-艾歇尔、对澳大利亚土著纺织品具有深刻见解的玛丽-特蕾泽·维希尼奥夫斯基,和在纺织品学院跟我谈话给我建议的苏·沃利斯,以及我的邻居诺拉·斯托克(和可爱的小狗珀西),尤其是尼古拉·克利夫(加上必不可少的猫埃莉)。在上面提到的那些人中,迪莉斯·布卢姆、玛吉·米尔罗斯和安娜贝尔·韦斯特曼提供了有意义的电话和数字生命线,罗珊·霍克斯利也是如此。最后,我要衷心感谢我长期以来的私人助理黛安·麦凯,她为这次修订作出了重要贡献。